— 公务员关注中外政治读物 —

东亚四国

DONGYASIGUO
BUKESHUODEMIMI

不可说的秘密

宋国涛 著

中国财富出版社

图书在版编目（CIP）数据

东亚四国不可说的秘密 / 宋国涛著.—北京：中国财富出版社，2012.12
（2014.2 重印）

ISBN 978-7-5047-4474-6

Ⅰ.①东… Ⅱ.①宋… Ⅲ.①日本—概况②韩国—概况③朝鲜民主主义人
民共和国—概况④蒙古—概况 Ⅳ.①K931

中国版本图书馆 CIP 数据核字（2012）第 225882 号

策划编辑	李慧智		**责任印制**	方朋远
责任编辑	康书民　宋　宇		**责任校对**	孙会香　　杨小静

出版发行	中国财富出版社
社　　址	北京市丰台区南四环西路 188 号 5 区 20 楼　**邮政编码**　100070
电　　话	010-52227568（发行部）　　010-52227588 转 307（总编室）
	010-68589540（读者服务部）　010-52227588 转 305（质检部）
网　　址	http://www.cfpress.com.cn
经　　销	新华书店
印　　刷	北京京都六环印刷厂
书　　号	ISBN 978-7-5047-4474-6/K·0093
开　　本	710mm×1000mm　1/16　　**版　　次**　2012 年 12 月第 1 版
印　　张	19.5　　　　　　　　　　　　**印　　次**　2014 年 2 月第 2 次印刷
字　　数	299 千字　　　　　　　　　　**定　　价**　39.80 元

　　日月经天，江河行地，天行有常，周而复始。举目眺望，在太阳升起的地方，在世界的东方，在亚洲的东部，因地理而结缘，与中国共同生活着的，还有日本、韩国、朝鲜和蒙古，大家同属于东亚地区。

　　日本是东亚地区一个相当独特的国家，是世界上面积不算最大、人口不算最多的岛国，但在近代史上不同时期内都有震惊世界之举。日本在近代也曾被迫打开国门，但明治维新后却有着长期对外扩张侵略史，其所表现出的日本民族特性也是亚洲国家人民难以忘却的。第二次世界大战后，日本人发挥忍耐坚韧、精明机智、勤奋好学的精神，创造了震惊世人的奇迹，成为仅次于美国的世界第二号经济大国，世人不得不承认日本确实是一个不同凡响的国家。在维护东亚和平稳定，促进中日关系发展方面，日本具有重要影响，有着举足轻重的作用。近期以来，围绕钓鱼岛主权归属、东海海洋权益等敏感问题，日本国内奇谈怪论频出，各类政治人物粉墨登场，不断上演"购岛""抢岛"闹剧。这些争端缘何而起，背后隐藏着怎样的阴谋？有着怎样不可告人的秘密？自然成为本书的重点，并占据较多的分量。

韩国、朝鲜和蒙古都是东亚地区的重要国家，具有悠久的文明史和灿烂的民族文化。"冷战"的结束，给东亚地区吹进了缓和之风，出现了经济大合作、文化大交流的新气象，各国之间以及与中国之间的关系，得到了迅速发展。这些国家的历史文化有何特点？他们走过了怎样的发展道路？经济与军事实力如何？与中国也存在领土争端与边界纠纷吗？这些都是本书关注的热门话题。

中国地处东亚，自古以来与地区内各国有着传统的友好交往历史，官方与民间交流频繁热络，彼此关系密切。中国离不开东亚，东亚的和平稳定也少不了中国。

从神话到现实，第二次世界大战结束转瞬 60 年，世界发生了沧桑巨变，东亚地区的变化也是天翻地覆。这些变化给各个国家既提供了前所未有的机遇，又提出了新的挑战。所谓机遇，东亚国家间的合作有着广阔的前景；所谓挑战，不断变化的形势给各国政府带来全新的考验。东亚各国的主政者与有识之士，能否顺应时代潮流，重新寻求各自在东亚的定位，采取有助于地区和平、合作与发展的战略与政策？本书通过对各国国情、习俗以及国民性格的介绍，对执政者性格特征、执政理念的分析，梳理重大历史事件的来龙去脉，拨开重重迷雾，挖掘内幕隐情，解开谜团，与你共同探究深层次的真相与答案。

宋国涛

2012 年 10 月

目 录

contents

第一章　神奇的岛国——日本

第二章　雾幕后的国家——韩国

第三章　神秘面纱笼罩——朝鲜

第四章　隐秘的草原之国——蒙古

第一章
神奇的岛国——日本

明媚的春光中，上野公园里成千上万朵樱花或含苞或怒放，远近相间，连成了一片花的海洋。樱花树下，赏花的日本人，人头攒动却极具秩序，只听得花海中传来阵阵窃窃私语和轻轻浅笑。

温泉池中，热气腾腾，用石头铺就的汤池，上面是简朴的茅草顶棚，一切都显得优美而自然。池中人舒服地躺在水中，透过袅袅雾气欣赏远处雪景，细细品尝着手中的清酒。

战争中，两个日本军人，高高举起武士刀，面无表情向面前跪着的中国人砍去。旅顺屠城三日，幸存者仅36人。南京大屠杀，两个凶残的日本兵，追逐手无寸铁的平民百姓，进行一场杀人比赛。

赏樱花，泡温泉，品清酒，杀人比赛……哪个是真实的日本人？日本文化经过千年沉淀，似乎无处不显示着优雅和美丽。然而，看似温文尔雅的日本人，为什么来到曾经用文化乳汁哺育了自己祖先的中国，竟然会做出那样丧失人性的举动？

美国人鲁恩·本尼迪克特在他的《菊与刀》中，对日本人的性格特征曾有这么一段经典的描述："刀与菊，两者都是一幅绘画的组成部分。

日本人生性极其好斗而又非常温和；黩武而爱美；倨傲自尊而又彬彬有礼；顽梗不化而又柔弱善变；驯服而又不愿受人摆布；忠贞而又易于叛变；勇敢而又懦弱；保守而又十分欢迎新的生活方式。"

　　在外人的眼中，日本和日本人本身是截然不同的矛盾体，但在日本人身上却得到完美的统一，形成了独特的日本性格。而造就这种性格的原因，除了偏居岛国等地理因素外，历史凝聚而成的文化传统也不可忽视。让我们穿越浩浩荡荡的历史长河，观照眼下的日本，告诉你一些不能说的秘密。

一、告诉你一个真实的日本

1. 神奇的历史跳跃

在浩瀚无际的太平洋西北角、亚洲大陆东岸的大海中，自东北至西南分布着一列细长的岛屿。这串岛首尾相连，弯弯的呈弓形布局，与亚洲大陆隔海相望，这就是日本列岛。

提起日本，我们都很熟悉，日本与我国一衣带水，渊源深厚，但若问起日本这片土地是如何形成的，日本国这个国家又是怎样建立的，日本大和民族是怎么发展起来的，知道的人恐怕就不多了。

如同我国"女娲补天"的故事一样，关于这片土地的起源，日本人也想象出许多美好的故事与传说，代代相传下来。据日本古书《古事记》记载的传说，日本是这样产生的：

世界开始的时候既无天地之分也无阴阳之别，整个宇宙是混沌一团。后来，轻清者上浮为天，重浊者下沉为地，天地间生出最早的神——天之御中主神，之后又相继形成了四组八神。

众神的世界高高在上，他们将自己居住的世界称为"苇原中国"，先是出现创造世界的五位别天神，然后又出现了七代大神。这神世七代中的最后一代是一对兄妹，分别称作"伊耶那歧神"和"伊耶那美神"。二神结合，成功地创造出八个孩子，成为八个岛屿，共同组成了今天的日本列岛。

后来，"伊耶那歧神"生出一个美丽女神，名曰"天照大御神"，统管日本列岛。天照大御神的重孙神武天皇在这块土地上即位，成为日升之国的第一位皇帝。

由于神武天皇的神话传说，日本人将天皇看成是天照大御神的后裔，依"神敕"实行世袭统治，称日本为"神国"，将日本人看做天照大御神属下诸神的后裔，祭祀场所也被称为"神社"或"神宫"。

当然，这些神话故事仅是传说而已。据地质学家和考古学家研究，在很久很久以前，大约大冰河时期，日本列岛曾与亚洲大陆相连，现在的日本海当时恰如一个内陆湖，直到一万年以前，由于地壳变动，海面上升，日本列岛才逐渐成为今天与大陆隔离相望的岛屿。

从历史的长河往前追溯，停留在新石器时代，那时的地球比现在年轻一万多岁。当时，日本这块土地和亚洲大陆已经隔离开来，成为四面环海的列岛。渡过大海去和大陆来往，这对当时的人来说，几乎是不可能的事情。所以，从日本的北海道到九洲，日本列岛上的社会，在一万年前基本上处于孤立状态，而不得不走上独自发展的道路。他们以自己的方式在这片地球的孤岛上生活着，越活越勇敢，越活越丰富，创造了日本列岛上独特的生活方式和岛国文化。

从公元前4世纪到公元前3世纪，中国社会的生产力和文化发展非常迅速，这给周围的朝鲜半岛以及日本带来有力的影响。公元前3世纪末期，汉帝国兴起时，拥有农耕和铁器的中国文明传入朝鲜半岛，从那里渡过朝鲜海峡，进入日本。一万多年来，朝鲜海峡使日本列岛的社会同大陆文明隔离开来，犹如天堑。但到这个时期恰恰相反，朝鲜海峡成为联结两国文明的通路。外来文化首先出现于九州北部并逐渐向东发展，到了后期基本上遍及除北海道以外的日本全境。

农民开始学会使用灌溉技术，摆脱了以前单纯依靠自然雨水耕作的限制，农业产量大幅提高并且稳定下来。当时的人们非常重视农业，尤其珍惜辛苦劳作一年得来的丰收果实，当粮食有剩余时，便建起了架得高高的粮仓来储藏粮食。用于祭祀的房屋像储藏粮食的粮仓一样，下面用无数根木头柱子支起来，但是，它比粮仓要高大而漂亮，甚至还在房顶做上弯角的装饰，以表明它的特殊身份。后来，由仓库的样式衍生出各式各样的祭祀宫殿，祭拜心中同样重要的神灵。所以，一般认为最开始的高架式仓库，是日本神社的起源。

生产力发达的同时，有了贫富差距和贵贱身份的分化。开始出现族长这样掌管一族事务的首领，也有了普通的被统治的族民，慢慢形成了国家。

中国的《汉书》曾有这样的记载，公元 1 世纪后半叶，"乐浪海中有倭人，分为百余国，以岁时来献见云"。意思是说，朝鲜乐浪那边的大海里有倭人，他们分成 100 多个小国，每年来中国进献。到公元 57 年，倭国的使者不仅到乐浪，甚至到达了位于中国中原的首都洛阳。就是从这时开始，日本社会一直不停地汲取着中国的先进文明，而日本也迅速地脱离野蛮的原始社会阶段，进入更加先进的文明阶段。

在今天，如果把日本和日本人称为"倭"，带有明显的贬损含义。但是事实上，在古代，"倭奴"却是日本人的自称，考古发现也证实了这一记载的真实性。1784 年，在九州福冈县的志贺岛曾出土一颗金印，上有蛇钮，分三行刻有五个隶体字"汉倭奴国王"。一般认为，这颗金印就是东汉光武帝在公元 57 年对前来朝贡的倭奴国王所赐的那枚印章。

金印被发现后，由福冈藩主黑田家收藏，现为日本国宝，陈列在日本的福冈市。据此认为，倭国之名是从中国传入，当时日本列岛的人接受了这一称呼，自己也使用这一名称。据史书记载，邪马台国曾经先后三次遣使来洛阳朝贡曹魏政权，而曹魏也回派了使节。曹魏还赐给卑弥呼女王一颗"亲魏倭王"金印。

就在邪马台与中国礼尚往来之际，在日本本州中部，另一支被称作"大和"的政治力量迅速崛起，并在 100 年后统一了日本列岛。公元前 42 年前后，神武天皇将其建国的地方称作"和"或"大和"，意为多山之地，是以地形命名的国名。随着日本列岛的统一，"大和"这个名字也就长期成为日本的国名。

公元6世纪，倭国开始大力吸收中国的先进技术、文化，从而使其政治、经济迅速发展，国力渐强。倭国国王遂对"倭"的称号感到不满，并自认为居于东方，乃日出之处，便逐渐用"日"字代国名。日本一名是从日之国演变而来的，意为日出之国。

大化元年（645年），日本孝德天皇即位后，通过大化革新完成了日本全境的统一。为了区别以前的大和政权，将国名正式改为日本国。有关这一过程，在《新唐书·日本传》中也有记载：咸亨元年（670年），倭国遣使入唐，此时倭国已"稍习夏言，恶倭名，更号日本。使者自言，因近日出，以为名"。由此可见，日本得名与日出有关系，至少在公元670年已改用现在的国名。

在公元4世纪末5世纪初，日本基本完成了统一。日本统一大业的实现，是无数民族英雄和大批底层平民经过长期奋战，克服重重障碍和困难才换来的。在大和政权的领导下，日本列岛国泰民安，国势蒸蒸日上，作为国家的日本慢慢凸显出来，大和成为日本的精神统一体。直至今日，整个日本列岛都称自己为大和，而所有的日本国民，也称自己为大和民族人，就像中国人自豪地称自己为炎黄子孙一样。

2. 征战朝鲜初尝败绩

公元4世纪，朝鲜半岛形成了三国鼎立的局面，高句丽、新罗、百济各自占据一方，高句丽在北，新罗居东南，百济居西南，这三个国家虎视耽耽地相互对峙着。

随着形势的发展，北部的高句丽实力增强，开始积极南下，南部的百济与新罗之间也互有侵扰。百济不断受到高句丽和新罗两面夹击，苦不堪言。为摆脱这种处境，百济不得不远交近攻，采取一系列外交牵制手段，与中国北方政权通好以牵制北边的高句丽，与东边隔海相望的大和国结交以牵制东边的新罗。这给大和国染指朝鲜半岛提供了机会。

大和国历来把朝鲜半岛视作"宝国"，觊觎日久。因此，百济主动与之结交，无异于送上一块蛋糕，岂有不吃之理？于是，它利用朝鲜半岛对峙的形势，趁机侵占了新罗的伽椰地区，称之为"任郑"，并设立了任那日本府。

新罗看到自己势单力薄，无法还击，便向北边的高句丽发出求援。求援信中写道："倭人遍布我的国土，入侵我的城池。"高句丽和新罗毕竟同属于一个民族，兄弟阋于墙，外御其侮，当外族入侵时立即矛头一致，共同对外。

公元400年，高句丽派遣步兵和骑兵5万人，大举南进，并与新罗联手包围百济，攻打任那，很快就击退了大和国军队。大和国不死心，预谋再次入侵。

公元404年，又一轮的袭击如狂风怒涛般猛烈，其范围之广，甚至席卷了朝鲜半岛西北部。然而，高句丽的反击更加猛烈，大和国再次遭到惨败，反败为胜的希望彻底破灭。

公元562年，设在任那的日本府终于垮台，从朝鲜半岛撤退，这对大和国是一次严重的打击。首先，皇族和中央贵族一直从朝鲜获得先进的技术，现在退回日本列岛后，这一来源失去有力保障。其次，朝廷威望在地方贵族眼中也一落千丈。与朝廷的弱势相比，地方贵族们凭借自己在地方政权中的地位和权利，不断扩张自己的势力，以各种名目兼并土地，抢占部民，经济实力日渐膨胀，生活也日益奢华，大和国中央统治的权威面临挑战。

大和朝廷不甘心自己的没落，不断出兵远征朝鲜半岛，以期提高皇族的威望。但是，这种侵略战争仅仅利于大王和他的皇族及中央贵族们，于民众和地方贵族，则是无尽地服役和缴纳军粮军需。民众和地方贵族对此积怨已久，也越来越难以忍受下去，抵制远征的反抗时有发生。

没有什么政权能统治万世江山。大和国成立 150 多年以后，对外远征朝鲜失败，对内地方豪族反叛，内忧外患的局面不断地刺痛着朝野上下的神经。

3. 第一次挑起对中国的战争

公元 655 年，孝德天皇死后，中大兄的母亲皇极天皇再次登上皇位，这次不叫皇极天皇，改称"齐明天皇"。

此时，朝鲜半岛上高句丽、百济和新罗三国鼎立，史称"朝鲜三国时代"。三国皆欲统一朝鲜半岛，故而三国之间的关系显得极其微妙，时友时敌。新罗最初与高句丽结盟以对付百济，百济因受此威胁，转而向与其有较长时期经济与文化交流的日本寻求援助，而日本也希望通过百济以达到其扩张势力的意图，于是，两国结盟。

但随着高句丽势力南下，局势开始发生变化，当初与百济交恶的新罗逐渐放弃与高句丽的盟约，转而开始与百济结盟对付高句丽。然而，自新罗从百济手中夺得被高句丽霸占的汉江流域，疆土抵达黄海后，新罗开始面对高句丽、百济以及日本的联合进攻，遂与有意攻灭高句丽、收复辽东地区的唐朝结盟以对付百济、高句丽以及日本。至此，在 7 世纪中后期的朝鲜半岛，形成了以唐朝、新罗为一方，高句丽、百济、日本为另一方，双方对峙的局面。

公元 660 年，唐朝在解决了北方突厥问题之后，得以腾出手专心解决新罗问题。唐军进攻高句丽受挫，唐高宗决定绕开高句丽，直接渡海出兵百济，以救援新罗。唐高宗以左卫大将军苏定方为神丘道行军大总管，率领水陆军 10 万自成山（今山东荣成）渡海进军百济，新罗武烈王闻讯之后率兵 5 万与唐军会师。此时，百济军屯守熊津口（今锦江入海口）进行抵抗，但在唐军南北夹击之下很快溃败。7 月 18 日，百济义慈王自熊津出降，百济灭亡。

百济灭后，唐朝在百济故地设置五都督府，留下大将刘仁愿率领 1 万唐军留守，并任命左卫郎将王文度为熊津都督，但王文度在赴任途中不幸病死，于是唐高宗诏以刘仁轨接替王文度为熊津都督。从此，百济处于唐朝统治之下。

百济被灭后，原来的贵族残余以鬼室福信为核心，重新起来组成一支叛军，据守周留城，抗击唐军。660 年 10 月，鬼室福信为了重建百济王朝而向日本发出救援："希望贵国归还 631 年就开始作为人质留在日本的丰璋王子，使其继任百济国王，并且请求日本派遣援军以复兴百济。"

百济朝廷残余势力向日本传去的百济灭亡的消息，着实令日本大为震惊。当时的日本，由于大化改新成功，意气风发，踌躇满志，把百济前来请求救援，视为大展日本国威的良机。日本统治者认为："非救百济不可，这是重要之战，应由天皇亲自率领军队，以提振士气。"

中大兄太子决定陪齐明天皇亲自西征解救百济。然而，661 年 7 月，齐明天皇在西征途中病故，太子中大兄即皇帝位，是为日本"天智天皇"。

虽然日本齐明天皇病逝，但是日本征战的决心却没有改变。662 年春，天智天皇用 170 艘军船送丰璋王子回国，还送给百济大量作战物资。由此可见，日本对百济的支援颇为尽力。6 月，天智天皇命令已先期进抵半岛的日军发起进攻。日军兵力 2 万余人进攻新罗，直接威胁唐军与新罗军队的联系通道。唐高宗得知日本出兵百济后，立即命令熊津道行军总管孙仁师率唐军 7000 人救援熊津。

然而不久，百济发生的巨变却从根本上改变了半岛局势。同年 8 月，鬼室福信被百济王扶余丰以谋反之罪所杀，百济国力受到极大的削弱。唐新联军在得到唐军孙仁师部补充之后，趁此百济动乱之机，击破熊津。不久，百济王扶余丰遣使向日本求援，日本水师进发百济。于是，引发了史上有名的"白江口之战"。

663 年 8 月 27 日，日本与百济水军 4 万余人，乘坐 1000 多艘战船抵达白江口。此时，唐军刘仁轨、杜爽及扶余隆率领的唐新水军 1 万余人，分乘

170 艘战船也进抵周留外围，停泊在白江口之上，并按照命令列出战斗队形，严阵以待。

狭路相逢，双方水军于此遭遇。日本与百济水军经过简单布阵之后，率先冲向唐新水军水阵。由于唐军船只都是巨舰，舰大而坚利于防守，而日军船多是舢板小舰，船小而薄弱不利于攻坚，双方战船一经接触，日本与百济水军立刻便处于下风，慌忙将战船撤回，并重新整队布阵，与唐新水军继续对峙。但此时，唐新水军并没有乘胜追击，而是立刻重整水阵坚守。

8 月 28 日，经过一夜重整的双方水军继续鏖战。唐新水军凭借船高舰厚，自上而下发射火箭，日本与百济水军因舰小船薄，纷纷中箭燃烧，水军军士弃船跳入海中，又于海中中箭，顿时鲜血四散，海水染成了红色。见此形势，日本与百济水军统率命令向唐新水军舰船发射火箭，但是唐新水军船高舰厚，虽然一处着火，随即可以扑灭。眼见发射火箭亦无作用，日本与百济水军开始慌乱。有的舰船不辨方向与唐新水军巨舰相撞，即刻沉没，军士死伤无数；有的舰船慌忙逃窜，烟雾之中不分敌我，竟然与己方船舰相撞，也即沉没，军士死伤无数。眼见大势已去，日本与百济水军残军溃退。见此状况，先前在岸上守备的百济王扶余丰立刻乘小船逃窜，前往高句丽。

白江口之战的失败，使日本统治阶级精神上受到沉重打击，从信心百倍与唐王朝抗衡的亢奋心态，一下子堕入了一筹莫展的境地。也促使以日本天皇为首的统治集团进行了深刻的反省。他们认识到，当时的唐王朝，是东亚和世界强国，日本想要和唐朝抗衡，必须向唐朝学习，不断加强自身实力，实现国富民强。

4. 遣唐使来到中国

发展对唐关系，全面吸收唐朝的政治、经济、文化制度，是当时日本对外关系的核心内容。派遣唐使，就是其重要措施。

白江口之战后，日本统治者认为，要使日本经济文化迅速发展，需要有一个和平的国际环境。故此，日本致力于发展与唐朝的关系，而唐朝也不计前嫌，主动遣送白江口之战的日本俘虏回国，并派遣在唐的日本留学生和学问僧回国。

唐朝是当时世界强国，政治、经济、文化均处领先地位。因此，所谓四方蛮夷朝贡之国络绎不绝，或求其庇护，或与之发展贸易。作为唐王朝，只要承认主从关系，不论国家大小，皆爱之如一，怀柔存抚。唐朝出兵帮助新罗的主要目的，就是扶持弱者免遭欺凌或吞并，借以维持朝鲜半岛的和平与稳定，继续保持业已存在的关系，满足天朝大国的虚荣心理，当政治和外交途径行不通时，才出兵帮助新罗大败百济与高句丽而完成统一。白江口之战之后，唐朝主动从朝鲜半岛撤兵，进一步加强了同新罗的政治、经济、文化关系，使统一后的朝鲜半岛经济、文化得到更快发展。

需要指出的是，当初日本派遣遣唐使的主要目的，是想通过外交途径，维持其在朝鲜半岛南部的政治地位和经济利益，同时探听唐朝的对日政策，以便及时采取相应措施，免遭不测之祸。此后，日本从政治、经济、文化制度到民间风俗习惯等方面，全面吸收唐朝的物质和精神成果，以致形成了所谓"唐风文化时代"。

遣唐使是日本朝廷派遣的国使，大多由博通经史、娴习文艺的学者和文人担任，并有医师、乐师、阴阳师等随行。实际上，早在推古天皇的时候，日本就曾四次派遣使者远渡重洋，到达中国隋朝的都城洛阳，这是日本作为国家和中国正式交往的开始，是日本派遣大型文化使团直接吸收中国先进文明的开端，遣隋使可以说是后来遣唐使的先驱。

从公元 7 世纪初至 9 世纪的 200 多年里，日本先后派遣 19 次遣唐使。其中有两次任命后因故中止，一次专为迎接日本遣唐使回国而派遣"迎入唐使"，三次陪送唐朝赴日使节回国而派遣"送唐客使"，实际上正式派遣到唐朝的遣唐使共有 13 次，最多一次出行 4 艘大船，共计 600 余人。

派遣遣唐使是日本朝廷的一件大事，使节出发前，按照惯例，天皇要设宴相送，授刀赠诗，举行隆重的仪式。第10次遣唐使出发前，当时的孝谦天皇专门做了一首和歌，预祝他们旅途平安，早日归国。

这些遣唐使和留学生回国时，带回大量的中国典籍、著作和科学技术。留学生吉备真备利用汉字楷书偏旁表示声音，创造了片假名；后学问僧空海利用草体汉字表示声音，创造了平假名等。在这种文化交流下，日本上至政体、官制、典章、军事，下至建筑、服饰等都效仿唐朝。

遣唐使中比较突出的代表是阿倍仲麻吕，他有一个更为中国人所熟悉的名字晁衡。716年，16岁的阿倍仲麻吕作为遣唐留学生到达中国，并进入唐太学读书，由于他聪颖好学，不久居然考中了进士。阿倍仲麻吕深得唐玄宗的赏识，唐玄宗授予他左补阙、左散骑常侍、镇南都护等官职，后来又授予秘书监兼卫卿等要职。

这位日本来客十分擅长吟诗作文，与王维、李白等中国诗人建立了很深的友谊，交往频繁，他曾送过衣服给李白，李白在诗中还对此有所记载。

阿倍仲麻吕在中国一直生活了30多年，非常怀念故国，他在一首题为《三笠山之歌》的和歌中写道："翘首望东天，神驰奈良边。三笠山顶上，想又皎月圆。"

751年，阿倍仲麻吕在长安遇到了日本遣唐使藤原清河，便计划随藤原回国探亲。阿倍仲麻吕临行时，长安的友人纷纷为他送行。王维还特别为他写了一首赠别诗，字里行间洋溢着他对晁衡深厚诚挚的友情。

在当时的科学水平和技术条件下，横渡大海是一件生死难料的冒险行为。阿倍仲麻吕随同船队先由陆路从长安到苏州，然后在苏州乘船出发回日本。船行至琉球，不幸遇到暴风恶浪，船队飘散，阿倍仲麻吕所在的船只漂流到越南，这艘船不幸倾覆的消息于753年传至长安，李白等朋友们以为晁衡遇难，都十分悲痛，李白还专门写了一首《哭晁衡》的诗。阿倍仲麻吕后来又活着回到长安，朋友们惊喜交集，愈感友谊弥足珍贵。阿倍仲麻吕从此再也没有回过日本，他在大唐的土地上去世，日本赐予他正二位的官衔。

为后人所熟知的是，在阿倍仲麻吕所在的船队中，同行去日本的还有一位重要人物，那便是大唐高僧鉴真。

日本僧人受日本佛教界和政府的委托，邀请鉴真去日本传戒，鉴真欣然应允，他先后5次率众东渡日本，但是都因天时、人事不和而失败。第5次出航时，船队遭到恶风怒涛的袭击，在海上漂了14天，最后漂到海南岛的振州。返回长安途中，日本弟子荣睿病故，鉴真伤心过度，加上天气炎热，突发眼疾，最后双目失明。但他东渡弘法之志愈加坚定，同阿倍仲麻吕一起，第6次踏上东渡行程。船队再次遇到大风暴，鉴真所乘船只历尽艰辛，后来终于在日本鹿儿岛登陆。

一个多月后，在盛大隆重的欢迎仪式下，鉴真进入都城平城京。鉴真曾为日本天皇、皇后、太子等人授菩萨戒，日本从此开始正式的律学研究，鉴真也被尊为日本律宗初祖。在营造、塑像、壁画等方面，鉴真与弟子给日本带来唐代最先进的工艺，为日本奈良时代艺术高潮的形成作出了贡献。

鉴真对日本最突出的贡献，是医药学知识的传授，他也因此被日本国人奉为医药始祖。鉴真及其弟子大都擅长书法，去日本时携带的王羲之、王献之父子真迹，给日本书法带来深远的影响，至今日本人都对中国书法艺术热爱之极。

当时日本的佛典，多由朝鲜传入，无论是口口相授，还是手抄本，都难免产生错误，天皇曾专为此委托鉴真校正经书的错误。鉴真去世前，他的弟子们采用干漆雕塑这一最新技艺，为他制作了一尊坐像，被日本奉为国宝。

日本的发展，离不开大批遣唐使和中国去日使者，中日两国使者，历经千辛万苦开辟出一条友谊之路，为两国睦邻友好作出了不朽贡献。

5. 独具特色的奈良文化

奈良时代，日本朝廷大力推进文化发展，明确宣布："文人武士，国家所重，医卜方术，古今斯崇。"经过这样的提倡与发展，历经几百年发展的日本古代文化，终于在奈良时代迎来了历史上第一次灿烂绽放。

这个时代最引人注目的特点就是唐风的盛行，无论是儒学、佛教、政治，还是学术研究、艺术等各方面，都是照搬唐朝的样式，或者仅仅稍加修改增删，总之，几乎没有一样能与"唐风"脱了干系。

当时人们以唐文化为世界最高水平，因此想尽一切办法模仿学习，以期达到它那样的辉煌。而唐文化在当时又具有丰富的世界性，首都长安繁华热闹，街上川流不息的人群中，不仅有中国周围各民族、国家的留学生和商人，甚至还能看到遥远的顶着大包头的印度人、金头发蓝眼睛的西欧人等，长安成为当时世界上最大的象征国际化和文明的都城。

日本不仅从长安学到唐朝文化，还通过长安的世界性，直接站在国际舞台上获得和各国交往的机会，吸引外国友人来日，例如，东大寺大佛开眼时担任导师的印度婆罗门僧正菩提仙那等。正因为如此，奈良时代的文化呈现出清新活泼的姿态，充满明朗豁达的气氛。

天皇等统治阶层对儒学倍加推崇，尤其赞赏儒家学说中的忠、孝、礼、义，把这四条作为治国治民的准则。孝谦女皇一再要求各级官吏，侍奉君主的时候，把孝变为忠，并强调治民安国必须用孝这个道理，这才是施行百事的根本。孝谦女皇还曾下达一道敕令：百行孝为先，全国家家户户都要备置一本《孝经》，每日精读勤诵。对那些不孝、不恭、不顺之人，要予以惩罚、判罪、流放。当然，实际上这不可能完全实行，但是仅从这个命令上，就足见儒学在当时的气势如何强盛。

　　这一时期的建筑成就，主要体现在平城京的建设和佛教寺院的修建上。全国大大小小的寺院总数达到 400 多所，连边远的北方和列岛南部都建有佛教寺院。

　　奈良时代涌现出一大批优秀的文学作品，有和歌、史书等，这些作品以简单朴素的语言，展示出奈良时代独特的文风和较高的艺术水平。《万叶集》是日本最古老的和歌集，按内容可分为杂歌、相闻、挽歌等，从四季风物，到狩猎、旅行、宴请等都在表现之列。诗歌内容充实，饱含着淳朴、诚挚的热情，诗风清新刚健，表现出当时人坦率的情感，歌唱了自然的心灵。《古事记》是日本现存最古老的史书，同时它又是一部精美的文学作品，全书生动地记叙了日本远古的神话传说和帝王时代相传的谱系。其后不久，另一部模仿中国正史纪传体体裁的史书《日本书记》问世。

　　奈良时期的美术丰富多彩，绚丽夺目。雕刻、绘画、工艺自成风格，题材大部分为佛教人物，工匠们形象地展现了众神栩栩如生的形象。有的娴静秀丽，有的和善丰满，有的脚踏妖魔、双目怒视。佛雕体态匀称，风貌雄伟，铸造技术精妙，无论从哪一方面说都可称之为绝世佳品。除佛像雕刻外，还有不少肖像雕刻，唐招提寺的鉴真和尚像，集中体现了这个时代的特点。

　　在绘画方面，正如美术史家势专一郎说："日本一切文化皆中国舶来，其绘画也由中国分而成长，有如支流小川对本流江河。"著名的法隆寺金堂壁画，绘制了佛教净土宗各尊菩萨，线条严谨，色彩富丽，让人感到一种扑面而来的盛唐时期隆重庄严的气息。

　　工艺方面尤为发达，保存下来的正仓院御用物种类繁多，有武器、文具、乐器、日常用品及娱乐用品等。其工艺技法变化万千，应有尽有，有的甚至已经失传，时至今日都无法了解其制作工艺，对世界文化艺术来说，可谓是珍宝。

6. 被称作"国技"的相扑

日本的相扑运动最早源于中国。据《礼记·月令》记载："天子乃命将帅讲武，习射御、角力。"日本体育百科全书记载："日本的相扑与中国的角抵和拳法有相互关系。"

据记载，日本的相扑最早出现于公元前 23 年。但是公元 453 年，中国派遣特使到日本，在允恭天皇的葬礼上表演素舞致意，被认为是中国相扑首次传入日本。到了奈良时代以后，相扑运动开始兴盛起来。

公元 695 年，日本有了相扑比赛，开始去粗取精，摈弃拳打、脚踢之类的粗暴行为，升华为完全以"技"及"力"取胜的运动形式。719 年，朝廷设拔出司（后相扑司），专门管理相扑运动相关事宜。不久，相扑进入贵族的生活圈。公元 728 年，宫廷中设立"相扑节"。到了平安时代的第 52 代嵯峨天皇时，正式将相扑制定为宫中重要仪式之一，与弓箭、骑射并称为"三度节"。由于是在宫廷内举行的"国占"，这时期的相扑节仪式不但非常隆重，事前准备与当天进行的程序也极为繁杂。镰仓时代以后，相扑作为武士的武技而在武士中盛行，成为武士训练的一部分，更派生出了柔道。

17 世纪末出现营利性职业相扑，到江户时代开始盛行"劝进相扑"，江户成为全国相扑中心。"劝进"的意思是筹募盖庙或造桥等经费的活动，而这些活动举办人往往不仅是相扑手，还有专职的"相扑浪人"。他们举办活动时，通常是在闹市区随便挂个招牌或旗帜，就地表演，再让观众丢钱币。劝进相扑是一种开放性的活动，并不禁止临时报名参赛，任何看热闹的观众都可以上场。那些想夸耀自己本事或力量的人，或者某些有头有脸的侠客，甚至路过的旁观者，都会沉不住气，纷纷跳出来比试高下。

由于管理混乱，在相扑中出现了很多流血事件，幕府不胜其烦，遂加强对相扑运动的管理。经过种种评议，制定了相扑场的界线、手技法与各种犯规限制，排除了临时报名的参赛方法，同时规定职业相扑手都必须隶属于各相扑集团才能参赛。

这时候的相扑运动与今天的相扑比赛相比，在程序上已经极为相似。受到日本传统神道仪式的影响，相扑比赛前的踩脚仪式的目的是将场地中的恶鬼驱走，同时还起到放松肌肉的作用。场地上还要撒盐净化，因为神道教义认为盐能驱赶鬼魅。

相扑手在日本称为力士，在比赛时，两位相扑手束发梳髻，下身系一条兜带，近乎赤身裸体上台比赛。相扑手不仅要有气力，而且还要有熟练的技巧，技巧是决定比赛胜负的关键，相扑手要灵活运用各种技术相互进攻。

相扑被认为是一种高尚的职业，相扑手所到之处备受人们尊敬。据说这与日本人的帝皇君主传统观念有很大关系，因为古代相扑手只能在御前为天皇将相表演，当时的相扑节会是宫中重要仪式之一，相扑手把有幸上场视为毕生荣誉，人们亦视其为英雄。到了武士当权的幕府时代以至今日，日本人仍然十分尊重相扑。当代职业大相扑比赛的相扑手，必须通过相扑协会举办的训练班，严格训练包括思想修养、饮食、相扑技术、运动医学、生理学及汉诗。

明治维新时，新政府认为"相扑是裸体的野蛮游戏"，于明治 6 年发布禁令。很多一心向西方学习的官吏也盲从附和，大力批评相扑是"不合时代的裸体舞"。这种排斥相扑的气氛一直持续到明治时代中期，但是在黑田清隆、伊藤博文和板垣退助等政府老臣的保护下，相扑运动才未被彻底消灭。到昭和时代，日本国粹主义抬头，相扑运动也再次兴起，迎来又一次高潮。

20 世纪初，相扑以日本国技的姿态广泛开展，1909 年东京建起一座专供相扑比赛使用的国技馆，在开幕式上，作家江见水荫起草的致辞文中称"相扑是日本的国技"，从此以后，这个观念被大家普遍接受。

1941 年相扑被列为学校体育正式科目，相扑的国技地位，在日本获得进一步肯定。时至今日，相扑比赛每年都要举行多次，每到比赛期间，很多日本人前去观看，或者是紧紧围坐在电视机旁，闲暇谈话的主题全是相扑，可见这项运动已经深深根植于日本人的生活之中。

7. "武士道"：从神坛到迷途

武士是日本具有传奇色彩的、身穿铠甲的剑客。在过去的 1500 年历史中，武士在日本社会扮演着举足轻重的角色。那么，武士是怎样产生的呢？

进入平安时代，日本上层贵族们醉心于骄奢富贵的生活，自我陶醉于首都京城，很少出巡外地。京都之外的乡村生活与首都的雅致优美形成强烈对比，农民住在简陋的木屋里，耕种田地。星星点点的土地都被开垦出来种植水稻，从沼泽到河滩，从森林到高地。

随着新开垦的土地被逐渐纳入庄园，庄园的面积和数量迅速增加，庄园之间的矛盾斗争日益增多，经常为了土地发生争斗，必须雇用卫士来保护生命与财产。于是，被称作侍者的武士阶层逐渐形成。

先是一部分庄民被武装起来，开始时还是亦农亦武，以农为主，以武为辅，平时为农，战时为武。后来这部分庄民渐渐脱离农业，成为专门保卫庄园和对外争斗的武装人员，也就是职业武士。

寺院和神社则组织自己的"僧兵"，借助神佛的威势予取予夺，甚至和武士集团一起，介入到对抗朝廷的权力斗争中去。地方政权为了维护秩序，也着手武装自己，网罗地方豪族组成地方武装，称为"郎党"。

与此同时，中央行政机关的衰败，使得私人携带武器自卫的现象普遍存在，那时的武器多以刀为主，这就是武士刀的最早出现。

国家开始实行征兵制度，贵族成员或庄园主阶层充军服役时，也有私人携带武器的行为。贵族阶层逐渐变成武士阶级，接受军事训练，参与战事，为现有的权威体制服务，以遏止地方上的动乱。因为被频繁召集参加密集的军事行动，武士们有渐渐形成集团、部队的趋势，逐步形成了武士阶层。武士出现后，逐渐从分散走向集中，聚集在一地区最强大豪强贵族的旗下，形成称霸一方的武士集团。

这些武士为他们的领主服务，也为自己的荣誉和利益而战，对于武士来说，荣誉就是对他们领主的无限忠诚。他们大都簇拥着某一领袖人物，狂热的"孝""忠"思想与武艺、地位相结合，形成了独有的武士道精神。

就这样，武士这个从乡间发展起来，为上层贵族所不齿的阶层，踩着贵族的肩膀，一步步登上日本的政治舞台。在新生武士集团中，以藤原氏、源氏和平氏的威信为最著，并开始在中央政界产生了自己的影响。

平氏开始独裁统治，如同在全盛时期的藤原家一样，平清盛忘却了武家的本质，极力模仿贵族，沉迷于骄奢淫逸的生活。这时对他不满的，不仅仅是中央贵族，连最初支持他的武士们，也开始反对他。武士阶层的基础是地方豪强，他们希望建立一个不同于以往贵族统治的新政权，这个新政权能对原来的统治进行一些有利于本阶层的改变。

然而，平清盛确实让广大武士们失望了，出身武士阶层的他，步入中央政权以后，不但没有魄力大胆改革腐败的政治，反而与皇室贵族为伍，醉心于权力的角逐。不知不觉中，他已蜕变成一个寄生于腐败政治下的新的贵族。各地武士怨气冲天，全国反平氏的势力接踵而起。在四面八方的怨声中，最先举起反平氏大旗的是宫廷武士源赖政。源氏家族卷土重来，平氏家族受到致命打击。

这一时期，武士集团演绎了日本的政治发展史。武士阶层与政权的结合，形成了日本独特的武士道文化。日本的民谣中唱道："花是樱花好，人中有武士。"武士们效忠领主，把"义、勇、仁、礼、诚、名誉、忠"作为他们的信条和最高准则，毕其一生为达到这个准则而严格训练自己，也就是后来所谓的"武士道"。

一个西方人以旁观者的眼光这样描述武士道："为荣誉而杀戮，对受惩者和失败者宽大，对卑鄙和赢利的人毫不留情，主要欣赏生活中人为的诗情画意的艺术美和死后冥府的月光般的清幽世界，这就是武士道。"

武士道起源有二，一个是公元6世纪由中国传入日本的佛教，另一个是日本的传统信仰神道教。佛教要求心境平和，万事超然，临危不惧；而神道教要求对神、对君主要绝对无条件忠诚。这些要求恰恰符合成为一个优秀武士的最高标准，因此，武士们为了给武士道寻求一个合理和令人信服的理由，就把佛教和神道推上武士道起源的神坛。

日本武士认为，"义"和"勇"是辩证统一的。义不同于勇，义即决心，道理既晓，付诸行动，顽强不屈，当死时，必敢于死；当征讨时，必敢于征讨。因此，无义，纵有才能、学识，不足以立身。有义在，纵有粗俗、无礼之弊病，也足以称为武士。

武士道中的"勇"表现为面对危险和死亡时的沉着及从容，大难临头仍在吟唱诗句，死亡在即还在对着和歌。据说，江户城太守太田道灌被刺客一剑刺中时，那个刺客知道太田喜欢吟诗作歌，便高声吟诵："唯死当知生之难！"濒临死亡的太田听到这句诗后，忍着伤口的剧痛，用尽全身力气也高声对道："生死之事非所惜！"

还有一个例子说，在一场战争中，东部军战败，首领安倍真任落荒而逃，追兵首领塬义屋快要追上他时高声喊道："战袍经年，皮开线绽！如果下马投降，就可以免死！"

话音刚落，安倍真任停马转身，从容不迫地应道："经年线乱，其奈我何！忠义乃武士天职，岂可背弃？"

听到这句话，塬义屋叹息道："在溃败的情况下，仍能如此沉静，我实在不忍心让这样的武士受辱！"于是他放下手中的弓箭，任其逃之夭夭。

名誉被武士们放到极高的位置上，他们对名誉怀有变态般的重视，甚至由于名誉的原因，做出毫无意义甚至令人毛骨悚然的事情。一个商人提醒身边的武士背上有一只跳蚤，这善意的小小提醒，谁知竟令武士以为他在羞辱自己而恼羞成怒，一跃而起把商人砍成两截。

在《平家物语》中，有这样一个故事：当源氏和平氏对垒时，平氏军中年轻武士平敦盛于夜半时分难以入眠，取出心爱的名笛"小枝"吹奏一曲。夜深月高，优雅的笛声传到源氏阵中，熊谷直实武士凝神细听，赞叹道："不想平氏阵中，有此风雅之人，大战将发，坦然吹笛，而笛声清澈动人，没有丝毫紊乱之象。"

第二天双方交战，平氏军队大败。熊谷直实向海边直追而去，看见一骑武士正奔向海湾的船只，策马下海，已经游了一段距离。熊谷一见，马上举起扇子来招呼："喂，我看你是位武士，临阵脱逃，不感到羞耻吗？快回来！"

那人真的转回来了，不过当他正要上岸时，熊谷跃马上前，将他击落马下，按住要割取首级。按照当时武士们的规矩，被按倒的人必须实力与之相当，否则无须处死。他便问道："你到底是何人，报上名来。"

"你又是何人？"

"我是个平常的人物，武藏国住人熊谷次郎直实。"

"这样说来，碰到了你，我倒不想通名了。对你说来，我算得上是个像样的对手，我不用通报姓名，你砍了首级去问吧，人们会认得出的。"

熊谷一把拉开他的头盔，诧异地发现对方竟是个如女子般年轻俊美的少年。熊谷扶他起来，便说："你这美丽的年轻人，走吧，回到你母亲的身边，我的刀不会沾上你的鲜血。"

然而，这位年轻人拒绝离开，再三请求熊谷割下他的头颅。熊谷心中犹豫再三，不忍落刀。这时，50余骑源家队伍已经跟了上来，年轻人已再无逃脱的可能，熊谷大声说："与其让无名武士杀了你，还不如让你死在我的手中吧！"

说罢，手起刀落，年轻人倒在血泊之中。熊谷取了少年的首级，同时把那人装在锦袋里的笛子取过来挂在腰间。

战争结束后，熊谷凯旋，把这笛子呈给源义经看。在场的人们无不流泪，原来这少年就是16岁的平敦盛。熊谷心里也十分遗憾，放弃了武士生涯的辉煌，削发为僧，倒骑毛驴云游四海去了。

这个故事后来被传为凄绝的民间故事被到处传唱。

8. 刀锋上的剖腹文化

武士家的男孩子们从小就被训练学习如何成为一名优秀的武士，他们要学习击剑、骑射、柔道、长矛、兵法、书法、伦理学、文学以及历史等课程。开设武功课程的同时，还开设文学、书法、历史等文科课程。这大概是为了把后代培养成为文武兼备、有品位的高贵人才吧！

刀是武士的象征，代表着武士的勇气和力量。男孩子最开始便学习使用刀，年满五岁后，便扔掉手中的玩具刀，开始佩戴真刀，不过这个真刀是没有开刃的钝刀，这时他已经具有武士的身份了。从此，不带上刀这个身份的象征，他便不会踏出家门一步。

15 岁后，少年成年，他被允许佩戴锋利的刀，自由行动。刀代表忠义和名誉，无论白天还是夜晚睡觉，只要不带在身上，就一定放在最显眼的位置。当时日本的冶炼和刀具制作技术世界一流，日本刀的性能只有北印度和西亚出产的大马士革钢刀可以媲美。

在古代，大马士革钢刀一般只有贵族才能拥有，相比之下，日本刀的优良性能主要来自其独特的后期淬火工艺，制造成本低廉，普通武士都可拥有一把好刀。刀柄上缠绕着细细密密的鱼皮和丝线，中间露出一排黄金制成的装饰花纹，刀背上雕刻着精致的图案，刀刃上冒着森森寒气，一抽出便反射出耀眼的冷光，像暗夜中流星一闪而过。在日本人眼中，每一把刀都有它的守护神。因为刀匠在制作刀的过程中，已经把自己的灵魂孕育其中。

武士们把切腹作为接受死亡的方式，因为他们认为，腹部是人的精神所在，切开腹部就是为了让对方看看，自己精神所在的地方，里面是清清白白的，还是污浊不堪的。因此，武士们把切腹看做是一项殊荣。

日本民间流传切腹自杀的故事多得不计其数，其中左近、内记和八磨三兄弟的故事最令人震撼，在日本被传为美谈。

左近、内记为报父仇企图刺杀敌将，但是他们刚悄悄进入敌营便被捕了。将军赏识他们的勇气，下令让他们以荣誉的方式去死，赐他们全家男子自杀，包括当时才 8 岁的小弟弟八磨。

他们三人被带到一座用做行刑场的寺院。一个当时在场的医生写下的日记，记述了当时的情景。当他们并排坐在等待死亡的席位上时，左近面向幼弟说："八磨，你先切腹吧，让我看看你的切法是否正确。"

幼弟答道："我还未见过切腹，等先看哥哥做的样子，然后再仿效做。"

哥哥含泪微笑说："你说得好，刚强的小家伙，不愧是父亲的儿子。"

八磨被安排坐在两个哥哥中间，左近将刀扎进左腹说："弟弟，看着，懂了吧？切得太深了，就会向后倒，把双膝跪好向前俯伏。"

内记也同样一面切腹一面对弟弟说："眼睛要睁开，否则就像女人的脸一样。即使刀尖停滞了，或气力松弛了，也要鼓起勇气把刀拉回来。"

八磨看到哥哥们所做的样子，在两个人都咽气之后，便镇静地脱去衣服，照着两位哥哥所教的样子，漂漂亮亮地完成了切腹。

武士把自己比作樱花，喜爱它生之时便热热烈烈地绽放，色彩柔美，香味清淡；死之时毫无眷恋，落英缤纷，来去潇洒，就像武士的一生，活着的时候轰轰烈烈，征战疆场，临死毫不畏惧，洒脱自然。樱花作为武士的象征，进而引申为整个日本国民性格的象征。由此，就不难理解为什么日本人如此喜爱樱花了。

仁、义、礼、智、信仅仅是作为一名优秀武士的最高理想，但又有多少人可以完美地做到这一切？有人能把其中的一两项做到极致就已需付出生命的代价。或者说，虽然坚持做到这个标准，内心却要忍受极度的痛苦、窒息、压抑等常人难以忍受的折磨。所以，就好像在走钢丝，一边是心灵的痛苦、压抑的疯狂，如果向这边倾斜得过多，很容易一下子反弹到另一边，那便是道德的沦丧和残酷的发泄。

9. 书院、茶道与和服

日本室町时代的建筑风格，总的趋势是各种建筑样式趋于向混合统一的方向发展。前期仍是公家贵族的寝殿样式，后来由于加入佛教寺院的建筑风格，逐渐形成书院样式。

书院样式是武士阶层中地位较高的武士的住所。所谓书院，原本是指伸出檐下走廊，用来读书的小屋，后来便把建有这种小屋的整座建筑物都称作"书院"。

这种住宅结构复杂，有正门，里面用拉门隔成许多房间，室内铺着榻榻米，四周有宽敞的走廊。具有这一特色并保存至今的著名建筑，有鹿苑寺的金阁和慈照寺的银阁。

金阁是足利义满在其北山别墅中建造的三层阁楼式建筑，它的底层和中层采用贵族家的寝殿样式，而最上层却又采用武士阶层中流行的书院样式。更令人叹为观止的是楼阁的中层和最高层表面全部用金箔贴就，恍若不真实的华丽。尤其是在雪后，一片白茫茫之中，兀然矗立着一座金碧辉煌的楼阁，那么耀眼迷人，那么优美潇洒，宛若一个高贵优雅的贵公子。

银阁是足利第八代将军足利义政在京都将军府于应仁之乱中被烧后，在东山新建的别墅东山殿中的阁楼。其设计大体与金阁相同，但是仅仅有两层。听到银阁这个名字，我们一定也会认为和金阁一样，表面贴满银箔，其实不然。虽然当时足利义政也是这么计划的，但终因财政原因，没能办到。由此可以清楚地看出室町府政权在这 100 多年间衰落的情景。

公元 1191 年，日本僧人荣西首次将茶种从中国带回日本，日本开始遍种茶叶。公元 1259 年，日本南浦昭明禅师来到中国浙江余杭径山寺求学取经，学习了该寺院的茶宴仪程，首次将中国的茶道引进日本，成为中国茶道在日本的最早传播者。镰仓幕府末期，斗茶游艺又从中国传入。

斗茶，源于唐朝，兴盛于宋朝，是一种按照茶的优良次劣排名顺序的比赛活动。直到元代、明代，斗茶之风才开始渐渐衰弱。说是斗茶，其实雅致之极。在茶艺馆内，穿着艳丽服装的妙龄茶艺师款款走上茶艺台，哪道茶好，哪道茶略逊一筹，完全呈现在如酒盅大小的茶杯内，珍奇的名贵茶叶齐聚一堂，现场竞技一决高下，而孰优孰劣则由在场茶客的舌头来决定。

参加斗茶的人，首先要各自献出自己所珍藏的名茶。之后，除了观察茶叶的色相、闻茶叶的芳香度、品茶汤的香醇度外，还需要品鉴茶具的优劣、煮水火候的缓急等，轮流品尝，集体品评，拥有最上乘茶叶的人为胜。

南北朝时代至室町时代，日本茶会频繁，庶民间自由聚会也以茶为中心，斗茶日本化以后即盛行起来。从此时起茶会之法逐渐固定，称茶礼，能阿弥等还设计和制定了茶道仪式。东山时代上层武家开始流行肃静的茶道，斗茶之风衰落。

室町幕府末期，村田珠光吸取禅的精神，并由武野绍鸥、千利休继承而集茶道之大成。安土桃山时代至江户幕府初期，丰臣秀吉及诸大名人也好茶道而达于极盛，千家等许多流派纷纷出现。以后成为定式，直至今日。

真正发展成日本茶道的是高僧千利休。他吸收禅宗对孤寂简单的追求，演化出一套完整的日本饮茶之传统。他提出"和、敬、清、寂"为日本茶道的基本精神。和、敬是指通过饮茶做到和睦互敬，清、寂是指要以幽雅清静的环境和古朴的陈设，造成一种空灵静寂的意境，给人以思想上的熏陶。

日本有一句格言："茶室中人人平等。"象征阶级和地位的东西如武士的佩刀、珠宝等都不能带进茶室。

茶室的门一般很小，只有半米多高，必须跪着才能进去。房间内装饰简单，最多就是一幅书画或者一瓶插花，显得清幽古朴。饮茶的仪式相当严格，虽然烦琐，但这是经过精心提炼后形成的最周到、最简练的动作。茶道引导人们留意自然，让人们在静静地茶饮中忘掉世间的喧嚣、欲望和傲慢，使心情归于新生儿一样的纯净和自然。

千利休大师不仅在审美情趣上高人一等，其智慧和幽默也能让人们领略到大师风范。传说有一次，千利休举办茶会款待武将加藤清正。千利休摆好各式道具正准备点茶时，突然发现清正将自己的武士刀带进了茶室，这一举动违反茶道的礼节，对茶室主人非常失礼。千利休语气和缓地对清正说道："请您把刀放在茶室外面的刀架上之后再进入茶室。"清正傲慢地说道："刀是武士的灵魂，一刻也不能离身。"丝毫没有歉疚的意味。千利休便不再说什么，静静地开始点茶。

不知是千利休故意所为，还是一时失手，点茶时竟一下弄翻装满水的茶釜，结果"嘭"的一声，炉灰四处飞散。清正惊慌之下，仪态全失，起身便往茶室外逃去。在炉灰弥漫之中，利休不慌不忙地站起来，微笑着说道："加藤殿下，您把武士的灵魂落在这里了。"真乃一语双关！

和服是日本的民族服装，极富日本传统文化特色。因为日本人中90%以上的人口都属于大和民族，因而得名。在日语中，它又叫做"着物"。

和服除了保暖、护体外，还有很高的艺术价值。和服，尤其是女性和服，色彩艳丽，式样美观，腰部还配有漂亮的宽幅带子，简直就是一种艺术品。和服延续千百年，直到今天仍然是日本人的最爱，无论是在节日庆典、毕业典礼、婚礼、葬礼等重大场合，随处可见传统和服的身影。

和服的起源可追溯到公元3世纪左右。贯头衣是日本人原始服装的基本形式，用直线形的布遮蔽身躯而露出脑袋。实际上，这样的形式便已经是和服的雏形了。

从神治时代起，日本的服饰文化始终带着鲜明的"外来"印记。这一点不仅体现在服装的形式上，还体现在衣料的织造技术上。日本著名汉学家内藤湖南曾经说："日本民族未与中国文化接触以前是一锅豆浆，中国文化就像卤水一样，日本民族和中国文化一接触就成了豆腐。"和服文化自然也不例外。大和时代，倭王曾三次派遣使节前往中国，带回大批汉织、吴织以及擅长纺织、缝纫技术的工匠，而东渡扶桑的中国移民中也大多是文人和手工艺者，他们将中国的服饰风格传入日本。

从应神天皇时代起，日本与韩国、中国交往密切，为文化的传输带来有利条件。推古天皇甚至模仿隋朝的服装，制定了冠服和朝服。到了奈良时代，模仿唐朝的服装和穿戴方式又成为时尚。

公元 718 年，日本遣唐使团来到中国，受到唐朝皇帝的接见，获赠大量朝服。这批服饰做工精细，色彩艳丽夺目，回到日本以后，日本朝中的文武百官均羡慕不已，一致赞叹和喜爱。

第二年，天皇终于下令，日本举国上下全穿模仿隋唐式样的服装。平安时代也是日本的"国风时代"，这是在全盘消化唐的文化后，开始以毕业生的面目出现在历史舞台上。此时的服装也渐渐摆脱外来的影响，发展出独有的奢美与精致的特色。

随着时间的推移，更具个性和魅力的服装时代来临了。镰仓和室町幕府时期，相对精干、简易的武家文化出现，这一时代特征也反映在服装上。直垂和侍乌帽子是时髦的男装，普及很广，而女装变得十分简洁。

织田信长的安土桃山时期，女子流行穿着小袖，虽然美丽，但比起唐衣之类，还是简陋。这一时期，带有鲜明民间性的能乐逐渐成形，绮丽豪华的能装束出现。此时，公卿的服装没有大的改变，基本是平安时代宫廷服装的延续，而公家与武家的最终融合是在明治时期，那是后话。

到了 14 世纪的室町时代，按照日本的传统习惯和审美情趣，带有隋唐特色的服装逐渐演变并最终定型，在其后 600 多年中再没有较大的变动。腰包则是日本妇女受到基督教传教士穿长袍系腰带的影响而创造出来的，开始腰包在前面，后来移到了后面。

腰带的种类很多，其打结的方法也各有不同。比较广泛使用的一种打结方法叫"太鼓结"，在后腰打结处的腰带内垫有一个纸或布做的芯子，看上去像个方盒，这就是我们常看到的和服背后的装饰品。由于打结很费事，后来又出现了备有现成结的"改良带"和"文化带"。

江户幕府时期，男装、女装虽有变化，比如女装的小袖形状变得接近现代，而男装流行羽织（以黑五纹为正装，茶、黄次之）带结开始流行。

到了明治时代，现代意义上的和服体系就基本定型了。在这个体系中，不仅有男女和服的分别，还有未婚和已婚之分，更有便服和礼服之分。一般来说，男式和服款式少，色彩较单调，多深色，腰带细，穿戴也方便；女性和服款式多样，色彩艳丽，腰带宽，不同的和服腰带的结法也不同，还要配不同的发型。已婚妇女多穿"留袖"和服，未婚小姐多穿"振袖"和服。此外，根据拜访、游玩和购物等外出的目的不同，穿着和服的图样、颜色、样式等也有所差异。

在 1868 年明治维新之后，上层社会中的男士开始流行穿西服。1923 年日本关东大地震时，由于当时的妇女仍穿和服，故因行动不便而多遭遇不幸或身留残伤。此后，日本妇女才逐渐改穿套裙或其他服装。

10. 丰臣秀吉企图蛇吞象

丰臣秀吉是日本战国时代、安土桃山时代的武将及大名，原名木下藤吉郎、羽柴秀吉等，绰号猴子、秃鼠，本是一个下级步兵，后因侍奉织田信长而崛起，自室町幕府瓦解后再次统一日本，并发动万历年间征伐朝鲜的战争，最高的官位是关白。

秀吉于 1537 年 3 月出生在日本名古屋，幼年丧父，因与继父不和而离家出走。据说因其自幼生活艰辛、营养不良而身材矮小且酷似猿猴，因此被称为猴子。秀吉出身于下级武士家庭，刚开始是替信长拿拖鞋的仆人，后凭才干逐步高升，成为信长手下的一员大将。

1566 年，在多次进攻斋藤失利后，信长决定修筑墨股城，但猛将柴田胜家与佐久间信盛先后失利。秀吉临危受命，他在非常困难的情况下成功完成任务，墨股城一夜筑成，深得信长的信赖，也为后世称道。

修筑墨股后不久，信长迁居岐埠城（即稻叶山城），并以天下布武的名义开始了统一日本的战争。

秀吉率部转战南北，立下赫赫战功。1573 年，秀吉因军功受封，开始跻身于战国群雄之列。同时他取织田家名将柴田胜家与丹羽长秀名字中各一字，给自己创造出一个新名字羽柴秀吉。

1583 年，秀吉开始在大阪修建一座超越安土城的城堡，并于两年后完成。大阪城修建得极其豪华壮丽，参观者无不惊叹。次年 3 月，与秀吉合作的信长次子织田信雄联合德川家康反对秀吉，双方展开激战。起初秀吉派军偷袭家康，谁知偷袭部队反被家康伏击，手下两员大将森长可和池田恒兴战死。在此情况下，秀吉先与织田信雄议和，迫使家康退兵，而后又以极其优厚的条件招降了家康。

1585 年，秀吉征伐四国，希望成为征夷大将军，在公卿的劝阻下转而向朝廷索取关白的封号，因为日本素来有关白只能出自藤原一族且有世袭的传统，秀吉便放弃此计划，而要求朝廷赐予新的姓氏。于是朝廷便赐予他"丰臣"这个姓氏，并就任关白。丰臣也由此成为继"藤原""源""平""橘"四大姓氏之后的第五大姓氏，从此羽柴秀吉正式改名为丰臣秀吉。

丰臣秀吉挟天子以令诸侯，用抬高天皇地位的手法，来向世人表明自己有合法的最高权力和地位。1588 年，丰臣秀吉将京都户税收入 5500 多两白银全部献给天皇，做皇室的日常费用。丰臣秀吉宅邸新建成时，设宴招待后阳成天皇，宴会连续进行了五天，排场之大，花费之巨，令世人咋舌。在这样的情况下，虽然天皇还是丰臣秀吉手中的傀儡，但是关系还算融洽，天皇甚至让自己的弟弟智仁亲王认丰臣秀吉为义父。

1589 年，丰臣秀吉先联合毛利氏征讨九州岛岛津氏，迫其投降，随后又远征关东，攻克后北条氏的主城小田原城，灭亡了后北条氏，迫使东北诸大名皆归服。一连串的胜利，使丰臣秀吉完成了日本的统一，成为了"天下人"。

在统一过程中，秀吉对各地进行"检地"，即丈量土地、清查田户；同时推行"乐市乐座"发展商业；颁布"刀狩令"收缴私人武器，维护治安；推行"兵农分离"，建立职业军队加强军队战斗力。这些措施加强了中央集权，是秀吉得以统一全国的重要保证。

"检地"完成以后，丰臣秀吉突然发布命令，出兵朝鲜。其实这不过是实现他早在1578年就已经萌发的野心："图朝鲜，窥视中华，此乃臣之夙志。"

1592年4月，日军在釜山登陆，朝鲜军队一触即溃。6月16日，平壤即告失守，日军一直挺进鸭绿江南岸。仅仅两个月，朝鲜几乎全部被日军占据，国王李昖逃往义州，频频派出使节请求明朝出兵增援。

捷报传来，丰臣秀吉得意忘形地打算亲自渡海留驻宁波府，进而攻占北京，然后迁都北京。他还打算让他的养子丰臣秀次做北京的关白（相当于丞相），把北京附近的10个县作为天皇的领地。等到真能统治中国，秀吉还打算继续进军天竺（印度）。这一年是日本的文禄元年，史称"文禄之役"。而这一年在中国历法中是壬辰年，所以中国和朝鲜的史书上称之为"壬辰倭乱"。

战争之初，由于朝鲜国内的政治混乱导致战场失利，虽然李瞬臣率海军大破日本海军，挫败了日军水陆并进的计划，但仍然于事无补。半壁江山落入敌手，连首都汉城及陪都开城和平壤也先后陷落。

然而，就在秀吉得意忘形之际，朝鲜各地义军开始反击。名将李舜臣率领的朝鲜水军，更是屡败日本水军，截断了日军的海上运输线。进入寒冬以后，明朝的救援军队又赶到朝鲜。日军人数虽多，但由于战线过长补给跟不上，丰臣秀吉的美梦最终成为一枕黄粱。明军装备精良，战斗力极强，日军在饥寒交迫中屡次被明军击败，伤亡惨重，厌战气氛弥漫。

1593年4月，双方开始停战谈判。在谈判中间，丰臣秀吉向中、朝两国提出苛刻的条件，诸如要明朝皇帝把女儿嫁给日本天皇，恢复中日勘合贸易，要明朝将朝鲜4个道的国土划给日本，朝鲜王子和大臣到日本为人质，朝鲜需发誓永不反日等。

明朝的和谈使为沈惟敬，此人本是嘉兴市井无赖，靠着能言善辩谋得官职，所以在谈判中一味大言欺骗。而日方代表小西行长出身于商人家庭，精于商业诈术，于是二人尔虞我诈，演出了一场外交闹剧。两人不但互相欺骗，对本国政府也隐瞒真相。沈惟敬对明朝万历皇帝说，日本同意称臣撤军，以求封贡；小西行长向丰臣秀吉报告说，明朝愿意遣使谢罪求和。之后，双方军队后撤，脱离战争状态。

1595 年年初，小西行长的亲信小西飞拿着一封伪造的丰臣秀吉"降表"到达北京。万历皇帝被蒙在鼓里，封丰臣秀吉为"日本国王"，同时派遣使者杨方亨，带同朝鲜使者一起赴日册封。

杨方亨抵达日本，于 1596 年 9 月举行册封仪式。本来满心欢喜的丰臣秀吉这时才发现，原来议和并非如他所想象的那样，明朝不是卑辞求和，也根本没有割让朝鲜领土的打算，他得到的不过是一纸空文。在明朝特使宣读诏书时，丰臣秀吉把诏书摔在地上，轰走中朝两国的专使。当晚，他传令准备再次征伐朝鲜。

1597 年 1 月，丰臣秀吉又调集 14 万军队，第二次侵入朝鲜，此为"庆长之役"。开始时日军吸取"文禄之役"的教训，取得了不少战果。但随着李舜臣的复出，日军再次陷入困境，只是占领了沿海的几个据点，士兵的厌战情绪日益高涨。

此时，明朝的将领杨镐寄了一封信给丰臣秀吉，好言好语地劝道："你都 60 多岁了，还能有几年活在世上？你的儿子还不到 10 岁，将来靠谁呢？听说，日本各地酋长都等着钻你的空子，准备来报复你。你不如息兵散众的好，否则，悍将拥兵在外，一旦你们国内有个风吹草动，你的手下岂能久居人下，将来又岂能居于你儿子之下？以形势情理来说，你还是收兵回国，与朝鲜和好吧！"

丰臣秀吉收到信后虽然气得暴跳如雷，但事实证明，深通权谋之道的杨镐还真的是有几分眼光。日本国内并不支持丰臣秀吉的侵朝战争，农民抗租，军人哗变，使得丰臣秀吉焦头烂额，忧愤成疾。

1598 年 8 月 5 日，63 岁的丰臣秀吉把 5 岁的儿子丰臣秀赖交托给心腹大臣五大老，希望他们辅佐幼子继位，并吟咏了一首哀伤的和歌："吾似朝霞降人世，来去匆匆瞬即逝。大阪巍巍气势盛，亦如梦中虚幻姿。"就这样，这位日本早年的侵略者带着无穷的遗憾死去了。

丰臣秀吉死后，日军开始撤退回国，明军与朝鲜军队在后追杀，在露梁海战中大败日军。自此以后近 300 年的时间里，日军再未踏出国门一步。

有人总结丰臣秀吉一生的成败得失，概括为"强于内政而输于外事"。他在日本自身实力十分低下的情况下，居然人心不足蛇吞象，妄图侵占朝鲜、占领中国，进而称霸亚洲，这种不知天高地厚的目标选择，必然会碰得头破血流。

11. 德川幕府时代歌舞伎

1598 年 8 月，"天下人"丰臣秀吉病死于伏见城。在死之前，秀吉把 5 岁的儿子秀赖拜托给五大老，嘱托他们竭力辅佐秀赖。在当时的情况下，秀赖年纪幼小，又没有得力的心腹支持，难免有人会有想法。而当时作为五大老之一的德川家康，为天下众望所归，慢慢掌握了实权，遂渐有取而代之之势。

1603 年 2 月，家康被朝廷任命为征夷大将军、右大臣、源氏家族的族长。同年，他在江户（今东京）开设幕府，成为了德川幕府的第一代将军。

到了此时，丰臣氏的衰落已不可避免。家康让秀赖母子离开大阪城搬到江户去，其实就是去做人质，如果秀赖能低头臣服，家康也不会赶尽杀绝。然而秀赖本人是个大草包，事事都要征求母亲淀姬的同意。淀姬又毫无见识，总认为自己是主人，家康不过是家臣，哪有主人臣服家臣的道理？她断然拒绝了家康的要求。

此时的家康已过古稀之年，他已经没有时间和耐心去等待秀赖臣服了。1614年，家康的心腹在秀赖所铸的方广寺大钟的钟铭中发现有"国家安康"和"君臣丰乐"的语句，遂诬告说此语有腰斩家康、以丰臣氏取代皇室的嫌疑。家康趁机质问，淀姬惊怒不已，于是向家康宣战。

1614年11月，德川联军20万包围大阪城，"大阪冬之阵"开始。最后家康获得胜利，淀姬母子自杀，秀赖6岁的幼子被杀，丰臣氏从此血脉断绝，再无后代。

随后，家康授意幕府颁布《武家诸法度》和《禁中并公家诸法度》，进一步加强了对各地大名的控制，使其从割据势力彻底转化为幕藩体制下的"藩"，再也无力发动叛乱；后者则加强了对天皇和朝廷的限制，使天皇和公家除保留祭祀权外，彻底被剥夺了所有的世俗权力。这样，完整的幕藩体制就形成了，江户幕府依靠这个体制统治日本近300年。这标志着延续近两个世纪的战国时代终于结束，德川幕府时代降临了。

在德川幕府的统治下，战国时代动乱的记忆慢慢从人们的脑海中褪去，在和平的环境之下，文化尤其是市民文化蓬勃地发展起来，这一繁荣很大程度上归功于新兴的商业阶层，艺术由城市居民创造，反过来又要服务于城市居民的生活。历史上把这一时代的文化称为"元禄文化"。

当时的三大城市都形成了自己的娱乐区，这也是文化繁荣的焦点地区。在这些娱乐区，各种各样的消遣方式应有尽有，大小戏院，饭庄茶馆，耍猴把戏，驯狗跳舞，相扑摔跤，还有一些说不上名目的小玩意，等等。这里夜间灯火通明，通宵不眠的情况也很常见，几乎每个人都可以在这里找到自己心仪的节目。

这种恍若不真实的繁华，让人们在寻求快活的同时，内心又产生几许莫名的悲凉，深恐美丽稍纵即逝，有似浮华世界。江户时期作家浅井了意写道："他人穷困艰难，必能视而不见，无碍于心情，如葫芦之在水，只是随波逐流。如此，方可谓得'浮华世界'的真谛。"

在这里，妇女的角色不可或缺，她们的职业大多为妓女。最底层的妓女常常在栅栏后面展示自己，吸引顾客。也有一些高级的，称作艺伎，她们原则上来说不卖身，从小就被训练学习音乐、舞蹈、茶道、花道、谈话及其他娱人技巧。

艺伎仪态典雅，装扮清新，有自己的仆人和侍从。她们的交易在于满足男人们在平时得不到的浪漫和梦想，以及高雅情调中的高尚享受。男人们用餐时，她们跪在一旁斟酒上菜，微笑着和他们调情，中间不时穿插一些音乐节目，或者弹奏乐器，或者起身跳舞。她们的费用昂贵，因此经常与她们交往的通常都是上层社会的贵族或者有钱的商人。

对于普通市民来说，最重要的娱乐方式还是来自日趋完善的戏剧，特别是歌舞伎，源于17世纪早期的京都地区。歌舞伎是由当时风靡全国的风流舞发展而来，它是一种不戴面具，动作整齐划一的舞台剧，同能乐、狂言一样，是日本的古老剧种之一。

歌舞伎的发明者是来自岛根县出云大社一个专门从事奏乐、祈祷工作的叫做阿国的美女。为修缮神社，阿国四处募捐，她在京都闹市区搭起戏棚，创作了《茶馆老板娘》，阿国在表演舞蹈时加上音乐伴唱，同时还演一些幽默的活报剧，演出引起轰动。之后她和当时的风流人物名古屋山三结成夫妻，组织了一个剧团。

歌舞伎原来的意思是"倾斜"，引申为古怪癫狂的行为，他们的表演也的确如此，让看惯了正统严肃的能乐的人们眼前一亮，心情也随着幽默的动作而放松下来。

随后，歌舞伎在日本各个城市的娱乐中心迅速传播开来。早期，人们关注最多的还是演员的姿色，因此，最早的歌舞伎演员都是一些年轻貌美的姑娘。但是在歌舞伎演出的地方，人员成分复杂，常常发生因为女演员而争风吃醋的争吵和打斗，扰乱了社会秩序。1629年，德川幕府以有伤风化为由，下令禁止女演员登台演出。歌舞伎中的女演员转而被年轻俊美的少年取而代之，他们以表演舞蹈和惊险的杂技为主，但也兼有涉及情色的活动。为此，1653年，歌舞伎再次被幕府查禁。后来，以不跳艳舞和梳起刘海为条件，歌舞伎于第二年被允许继续上演。不过变成了没有年轻漂亮男女加入的"野郎歌舞伎",它借鉴能乐的经验,更加注重故事情节的创作,逐渐发展成为一个高度程序化的优秀剧种。

歌舞伎被称为"豪爽和华丽编织的舞台",它布景优美,演员服装华丽,化妆精致浓厚,剧情以描写贵族和武士的世界及平民生活为主。晚清诗人黄遵宪在《日本杂事诗》中赞美道:"玉箫声里锦屏舒,铁板停敲上舞初。多少痴情儿女泪,一齐弹与看芝居。"

为了留下歌舞伎演员的优美姿态,或是便于宣传,当时人们用手中的画笔画出一幅幅美丽细致的彩色图画,画面除了描绘浮世的歌舞伎,还有一些花街柳巷的风俗,因此被称为"浮世绘"。浮世绘以木版印刷,产量大,价格低廉,易于购买。到后来,发展到高峰时期,内容题材极其广泛,有社会时事、民间传说、历史掌故、戏曲场景和古典名著,有记录战争事件或抒写山川景物,其中尤其善于表现女性美,它几乎是江户时代日本人生活的百科全书,有很高的写实技巧。

12. 坚船利炮下门户洞开

幕府末年,虽然间或有一些农民暴动等局部动荡,但并没有触及幕府的统治基础。每当这些威胁有惊无险地度过后,上层社会便又沉浸在歌舞升平之中。这种奢靡的生活在闭塞的环境中,持续了相当长时间。而与此同时,纷纷崛起的西方列强为了争夺海外市场和原料产地,已经将殖民扩张的触角伸向地处东方航线末端、战略地理位置十分重要的日本。

最先叩响日本国门的是俄国人。从1711年起,沙皇俄国先后派人到千岛、择捉等岛进行"探险",并企图据为己有。1792年,俄舰卡塔琳娜号奉女皇叶卡捷琳娜二世之命,携带着价值2000卢布的"礼物",以护送海难中获救的日本人回国为由，抵达日本的北海道，要求日本开港通商，终因幕府的拒绝而未能如愿。

外国军舰的滋扰使幕府更加惊恐，他们开始加紧修筑海岸要塞和炮台，更加严厉地驱逐外国船只，对近岸的外国船只一律进行炮击。但是，1853年7月8日，所有的平静在这一天被打破。历史记住了这一天，幕府乃至普通的日本国民同样对此印象深刻。

两艘蒸汽军舰带着两艘风帆军舰组成的船队，高高悬挂美国国旗，冒着滚滚黑烟，轰隆隆地驶进江户湾浦贺海面。浦贺是江户湾的入海口，是守卫江户的门户。这4艘军舰中吨位最大的一艘，是日本最大船只的10倍以上，军舰四周装备着先进的大炮。因为这些不速之客的船体都被漆得乌黑，因此被日本人称作"黑船"。

这支美国船队没有按照幕府惯例开进长崎港口，而是直接逼近当时尚未开放的江户湾。江户湾近海赫然闯入这样的庞然大物，令幕府大惊失色，百年来从未遇到过这种事情，将军和幕府一时间都不知所措。

其实，美国军舰闯入并非偶然。当日本在锁国政策下局限于东北亚一隅时，世界正在快速转变，英、法、俄、美等国成为新一波称霸世界的强国，它们在经历产业革命的洗礼之后，开始为了产业革命后所需要的原料、市场、殖民地与转运站积极经营远东，日本自然被纳入视野之中。可以说美国军舰进入日本，是蓄谋已久的事情。率领此支舰队的是美国东印度舰队司令佩里，佩里带领560个士兵，傲慢地走下船，向将军府递交国书，要求开港通商。

第二天，幕府首席老中阿部正弘紧急召集大臣们开会商议。这4艘军舰共有63门大炮，而当时日本在江户湾的海防炮，射程及火力可与之相比的大约只有20门。在不开国就开火的威胁下，大臣们个个愁眉不展：接受国书，同意美国开出的通商条件，有悖于祖宗立下的规矩；如果不接受，美国军舰如此厉害，挑起争端，将为美军入侵提供口实。

时间在大臣们毫无结果的争论中一分一秒地过去，直至过去了两三天。

佩里司令认为给将军府的时间已足够多，遂于傍晚以测试水深为由，命令军舰进入江户湾。测试水深仅仅是个幌子，其真正的目的在于给迟钝的将军府一个下马威。佩里声称："若不受理国书，舰队就开进江户与将军直接谈判，万一开战，美国必胜，那时可手执白旗来见。"

幕府恐慌万分，迫不得已决定接受美国国书。阿部正弘借口要得到天皇的批准方可接受国书所书条约，并约定佩里第二年春天给予答复。当时幕府连国际交往的正式场所也没有，于是便在浦贺附近的久里浜临时搭建了个迎接外宾的棚子，幕府大臣们一干人站立两列，迎接佩里的到来。

佩里把国书递交给日本人时说到："请仔细考虑我国国书上所列内容，明年春天，我仍然率舰队来此，等待将军阁下给我国一个满意的答复。"说完，佩里带领他的舰队离开浦贺。但是，他并没有直接离开日本，而是命令舰队开至羽田附近示威。

江户城内群情哗然，大多商店停止开业，妓院也被下令关闭，往日熙熙攘攘的日本桥一带，一下子清冷了许多。不过，很多乡下人从没见过如此巨大的船体，纷纷专门赶到城里，一睹"黑船"的模样。

德川幕府在200多年之间，从来不准天皇参与政治。但这次为了减低各藩的反对声音，想以天皇的名义缔约，破例邀请各大名、藩士、学者，甚至平民，针对开国之事商讨意见。一时间，天皇及其朝臣、大名及其家臣纷纷举起救国的旗帜，趁机跃上政治舞台。你方唱罢我登场，日本政局一天比一天混乱，直接埋下幕府灭亡的导火线。

第二年春天，即1854年3月，佩里如约再次来到日本，这次他的舰队更加庞大，整整7艘军舰排列成长长一列，浩浩荡荡地开进浦贺，停泊在神奈川河口。3月31日，在横滨临时搭建的接待场所，日本和美国签订了《日美亲善条约》，又称《神奈川条约》。美方有300多人在场，双方各自的画师描绘了当时的情景。

日美《神奈川条约》共有正文12条和附录13条，条约规定：日本开放下田、箱馆（现函馆）；美国船只可以入港补充食品、燃料等其他必需品；

日本应救助漂流而来的美国渔民；美国在下田设驻日领事；日本给美国最惠国待遇等。

这是近代日本与外国签订的第一个国际条约。通过这个不平等条约，日本被迫走出开国第一步。佩里对这一结果相当满意，他曾如此评价说："虽然只是初步的，但对于今后将与日本政府建立的通商协定，却是重要的一步。"至此，日本的锁国体制宣告崩溃。

曾任驻日使馆参赞的清朝著名诗人黄遵宪，在他的《樱花歌》里曾写道："一朝轮舶炮声来，惊破看花众人梦。"

国门既已打开，之后英、俄、荷等国都依照美国先例，陆续强迫幕府签订类似的"亲善条约"。1858年（安政5年），美、荷、俄、英、法5国，先后在"亲善""修好"等名目下，强迫日本签订了《友好通商条约》。条约中的关税协定使日本失去了保护本国工商业的自主权，领事裁判协定则侵犯了日本的司法自主性。

不过，正如明治初年的著名思想家福泽谕吉所说："嘉永年间美国人跨海而来，仿佛在我国人民的心头燃起了一把烈火，这把烈火一经燃烧便永不熄灭。"这把火，就是打破幕府统治，汲取西洋文明并奋发图强的意志与行动。

13. 明治维新改天换地

随着锁国体制的崩溃，幕府独裁统治日趋动摇。将军府原来一直用种种条款架空天皇，对各地方大名更是严格限制。但是"黑船"事件之后，束手无策的幕府竟然向天皇及诸大名征询对策，企图借助天皇"神威"摆脱困境，并调整与诸藩的关系以获得实力派大名的协助。

从此，天皇和一些有实力的大名分享了干预朝政的权力。"尊皇攘夷"

运动慢慢浮出水面，并且逐渐演变为"倒幕"的一面大旗。

幕府在开国过程中的无能表现，也使日本各方看清了其色厉内荏的本质。外来贸易增加导致国内物价飞涨，平民和中下等武士深受其害，对幕府的不满越积越厚。农民和市民纷纷起义，中下层武士、商人和新兴地主中的改革势力也群起响应，借机开展倒幕运动。但是这些行动遭到了幕府的镇压。

1858年9月，幕府突然采取行动，大肆搜捕、迫害尊攘派领袖，制造了所谓"安政大狱"。尊王攘夷运动遭受沉重打击，并由此转入了低潮。这一事件让许多志士在充分认清了幕府的面目的同时，开始认真反思改革运动存在的一系列问题。

在安政大狱中被捕的吉田松阴就义时年仅29岁，他说："今日之幕府、诸侯皆已为醉人，无扶持之术，非草莽崛起之人无所望矣。"在刑场上，他慷慨赋诗一首以明志："吾今为国死，死不负亲君。悠悠天地事，鉴照在明神。"

很快，以樱田门之变为起点，倒幕斗争重新在全国如火如荼地蔓延起来。1860年3月24日清晨，偌大的江户城沉浸于霏霏细雪之中，水户藩和萨摩藩的18名浪人手持刀枪，悄悄来到樱田门外埋伏下来，准备刺杀幕府大佬井伊直弼。此人是守旧大名的代表，曾专断地决定同外国缔结条约等事情，而后又制造安政大狱，大肆逮捕他的反对派，致使100余人入狱，其中1/4被处死，大批大名和公卿被处分。

不一会儿，井伊直弼的卫队踩着积雪出现了。在60多人的卫队中间，便是井伊直弼的轿子。一声枪响，浪人们与井伊直弼的武士进行激烈的搏斗，幕府的武士们斗志已失，不几个回合便纷纷倒地。浪人们冲向井伊直弼的轿子，将他一把揪出轿外。手起刀落，井伊直弼已身首异处。

樱田门之变后，奄奄一息的幕府于1864年和1865年，先后两次发动征讨长州倒幕军的内战。长州倒幕军勇敢善战，加之各阶层民众的支持，士气高涨，结果幕府军被打得落花流水。

1865 年春，长州藩尊攘派领袖高杉晋作提出了武装倒幕的决定。在倒幕维新的大旗下，以长州、萨摩为首的西南强藩捐弃前嫌，很快结成了军事同盟，掀起了武装倒幕的高潮。两年后，年仅 14 岁的睦仁即位，反对幕府的公卿利用年幼的天皇，控制了朝廷，在政治上占据了主动。

1868 年 1 月 3 日清晨，倒幕派首领西乡隆盛指挥倒幕军队，击败幕府布置在皇宫的卫士，取而代之把守各个宫门，宫廷政变完成得干净而漂亮。天皇颁布《王政复古大号令》，宣布废除德川幕府，没收幕府末代将军德川庆喜的领地，成立天皇政府。

一个月后，天皇向欧美 6 国递交国书，申明以后天皇将亲自裁决内外政事，以大君（将军）名义缔结的条约，天皇朝廷将继续给予承认，但以后改用天皇称号进行国际交往。

4 月 6 日，睦仁天皇率公卿百官，在京都御所的紫宸殿祭祀天地众神，以神前宣誓的形式发表了《五条誓文》，昭示推行公议政治、开明进取的施政纲领和方针，为日本走上强国之路指明了基本的方向。

也就在这一年的 9 月，新政府宣布江户改称"东京"，并定为日本首都，同年 10 月，天皇举行即位仪式，将年号改为"明治"，睦仁称"明治天皇"。

"明治"取自《易经》中的"圣人南面听天下，向明而治。""向明而治"的意思是黎明即起便勤加治理，寄予美好希望的名字预示着一个崭新帝国的开始。明治政府开始着手实行维新改革，史称"明治维新"。

新政府中的改革派武士大都非常年轻，在著名的"维新三杰"中，西乡隆盛年近 40 岁，大久保利通 37 岁，而木户孝允仅 34 岁。他们凭借年轻人的热情和胆识，以积极进取、勤奋好学的精神克服了治国经验不足的缺陷。新政府实行太政官制度，确保天皇拥有无限的权力。

明治维新改革的内容，大致体现在以下几个方面：废藩置县，建立中央集权的统一国家；改革等级制度，取消武士特权；大力创办近代教育；建立近代常备军和警察，实行义务兵役制；改革农业税，统一货币；大量学习西方先进技术，经济上实现工业化；制定宪法，实行内阁制等。

不过，改革对武士阶层的冲击日益加大，触动了武士阶层的根本利益，引发了不满武士的多次叛乱。就连西乡隆盛、江藤新平这样的倒幕维新骨干人物，也加入了叛乱的行列。对于这些叛乱，明治政权给予了毫不留情的镇压。素有"维新三杰"之称的一代英豪西乡隆盛最终战死沙场，被快速前进的改革所碾倒。在平定西乡隆盛叛乱的过程中，政府军的伤亡人数很大，改革代价巨大，但由此可见明治政府改革的决心。

明治维新是日本近代史上一次具有划时代意义的历史事件。经过这次改革，日本顺利地摆脱了半殖民地的危机，用短短 50 年，走完了西方国家 200 多年才完成的近代化道路。按道理来说，地处东北亚一隅的日本，地理条件并不优越，国土面积有限，不仅矿产贫乏，而且经常遭受地震、火山和台风的袭击。但就是这样一个典型的东方国家，却能够在西方列强的冲击下，在很短的时间内脱颖而出、后来居上，发展成亚洲第一个独立自主的现代国家，具备足以同世界强国抗衡的实力，确实令世界为之震惊，也着实值得世人认真思考和深入研究。

14. 千奇百怪的日本姓氏

明治维新彻底地改变了日本社会文化，其中一个至关重要的方面，就是让大部分日本人拥有了自己的姓氏。

和中国社会一样，日本的姓氏也经历了一个从贵族向平民的普及过程。不过，直到 1875 年时，在日本仍然只有皇族、贵族、大名、武士等具有一定身份和权势的人，才有资格拥有姓氏，平民百姓是没有姓氏的，只有小名和绰号。

公元 4 世纪末，大和朝廷把日本列岛南部统一，开始通过氏姓制度来建立自己的家族统治脉系。一般来说，一个大的家族会有一个"氏"，氏的称呼有的来自官职，有的来自居住地、统治地的地名，有的来自神名，还有的来自技艺。例如，居住出云国的就叫做"出云氏"，做祭祀工作的就叫"忌部氏"。掌握大和朝廷最高权力的大王家，是当时最强大的氏。

一般来说，在皇族子孙中不能继承皇位的庶流，就被任为京职或下放到地方。后来，皇族对许多家族按与自己的亲疏、血缘远近、功劳势力大小，分别赐予"姓"。这个"姓"只是表示地位、门第、职务的称号，类似爵位。当时的姓约有 30 个，其中"相臣""君""直"等赐给皇族及显要的贵族，是最有势力的姓。

不过，如果连续几代都是庶流，那么就极可能失去皇族身份，而成为地方领主，成为一个大的氏的分支。这些分支为自己起了"苗字"。"苗字"意思是嫩芽、分支，即从本家分出的支。在这个过程中，就可能即以所在地方名苗字，并且可能出现另立门户，衍生出新的姓氏的情况。例如，藤原是一个大氏，在出现分支以后，居住在近江国的藤原氏，便取为"近藤"，而住地在伊势、远江、加贺的藤原氏就称为"伊藤""远藤""加藤"。

可以说，日本古代的氏可以表示部分家族血缘关系，姓表示家族的地位尊卑，苗字则表示新的分支。当然，这时的氏、姓、苗字只有贵族才拥有。

一些较古老的大家族经过转封，大都离开了原先的发迹地。而从大量较小的地方势力上，还是能看到这种以地名为姓的情况，如赞岐十河城的十河氏、土佐安艺城的安艺氏、摄津伊丹城的伊丹氏、骏河葛山城的葛山氏等。

根据地名而改姓的情况，在镰仓时代以前出现的很多，战国时代以后仍然时有出现。今川氏真风雅亡国，最后依靠德川家康而定居于江户品川，他的次子高久也就改以品川为姓。

赐姓也是姓的一个来源。丰臣、德川政权还分别以羽柴、丰臣和松平姓赐予亲信或有力大名。丰臣秀吉统治时期得到赐姓的有五大老及细川忠兴、筒井定次、丹羽长重、堀秀政、长谷川秀一等数十人，然而关原会战之后，随着德川家康的霸权确立和西军方诸大名被减封甚至除封，这些赐姓大都被废止了。

7 世纪中叶的大化革新废除了世袭的称号，这样表示家族地位的姓失去意义，氏与姓混合为一，有一部分成为流传到现在的姓。这时姓仍然是贵族的专利品，直到 19 世纪，姓也只限于武士、巨商和村里有权势的人。他们的姓是通过当局申请，得到特别许可以后才获得的。在当时，"苗字带刀"是一种特权的象征。

僧侣是舍弃了俗姓的人，往往被冠以寺号，如本愿寺、安国寺、曼殊院等，不能视之为姓氏。但公家常以作为一族永久的墓所而建的寺庙的寺号为姓，如西园寺、劝修寺等。寺院领地内的住人以所在寺号为姓，同样与寺庙有关，却都是货真价实的姓氏。

明治天皇时，政府感觉到没有姓，编造户籍，课税征役，非常不方便。为了彻底推行户籍制度，于明治 8 年（1875 年）下令，要求所有的百姓起名。可是由于人们长期以来的习惯，并没有谁想用姓。这时候，人们才匆匆忙忙找起姓来，举国上下兴起一股取姓的热潮。于是乎，住在青木村的就姓"青木"，住在大桥边的就姓"大桥"，家门口长棵松树的就姓"松下"，门前有一座山的，就姓"山口"。

有点文化的选择"福寿""长命""千年""松竹""朝日"等好听的词作姓，"松""鹤""龟"等长寿象征也成了姓，"百""千""万"也成了姓。有的想沾点贵族姓氏的光，就用以前贵族姓氏中的字，比如用"藤"字的就很多，诞生了"藤田""藤本""藤井""藤山""藤川"等姓氏。

而一些没有文化的人"慌不择姓"，以鱼、蔬菜、寺院、职业作姓，甚至随便对付一个，"我孙子""猪手""犬养""鬼头""茄子川"全来了。

因为日本人的姓来得突然，来得特殊，它的内涵也与众不同。世界各国的姓多是表示血缘关系的，而日本的姓却很少有这个意义，姓一个姓的不一定有血缘关系，不是一个姓的倒可能是亲戚。

1898 年，政府制定了户籍法，每户的姓这才固定下来。这也使日本人的姓成为世界上一大奇观，一个人口才一亿多的国家，姓却有十几万个，平均一个姓只有几百人。日本人的姓氏怪，名字也怪，男子的名多以"郎""夫""雄""男"等字结尾，以表示威武、英俊、忠信，而且多有表示排行的标志，长子叫"太郎"，二子叫"次郎""二郎"，排在第 11 位的就叫"余一郎"，也有把"郎"去掉的，直接是太、一、次、二，用"治"表示二，用"选""藏"表示三，用"助"表示小儿子。因此我们可以知道，小林光一肯定是长子，寅次郎一定是次子。

过去日本男子名多加上"兵卫""左卫门""右卫门"，这是由军职变化的名，也有的是为了显示尚武精神。

日本女子的名多以"子""江""代""枝"结尾，如，大关行江、宇野千代、大原富枝，听起来优雅、柔和。现在青年女子中，约有90%的人用"子"命名。按习惯，女子出嫁后要改用夫姓，比如中野良子嫁给川崎善弘后，改名川崎良子。

把数字用在姓名中，是日本人姓名的又一特色。有姓一丹、二井、三木、四岛、一味川的，有姓六角、七条、八马、九鬼、十石的，还有姓四十五、五十铃、百元、六百田、千家的，甚至有姓百代、万岁的。在名中用数字表示排行是常见的，但也有表示出生时间的，比如山本五十六，并不是排行第五十六，而是因为他出生时，父亲的年龄是 56 岁。

15. 蓄谋已久侵略中国

对于日本而言，明治维新时的富国强兵政策，从一开始就不单纯是为了修改不平等条约，而是要"开拓万里波涛，布国威于四方"。

早在德川幕府末年，长州的改革派政治家吉田松阴就曾声称："现在要加紧进行军备，一旦军舰大炮稍微充实，便可开拓虾夷，封立诸侯；乘隙夺取堪察加、那霍次克海；晓谕琉球，使之会同朝觐；责难朝鲜，使之纳币进贡；割南满之地，收台湾、吕宋之岛，占领整个中国，君临印度。"

吉田的这一思想，对他的弟子，后来成为日本内阁总理大臣的伊藤博文、参议院议长的山县有朋等产生了深刻的影响，成为当时日本政治家的主流思想。

特别是人称"后三杰"之一的山县有朋更是鼓动侵略的代表，他露骨地叫嚣充分表白了其对外扩张的野心："现今兵部之目标在于内，而将来则在于外。"在执掌了日本军队的大权之后，他主持进行了一系列军事改革，也鼓吹发动了一次次对外侵略战争。特别是明治维新以后，日本走上改革的道路，急需寻求大量原始资本，而国内的资源有限，日本把目光投向了与它一海相隔的大清帝国。当时的清朝国土广阔，物产富饶，但是却积贫积弱。日本心想：就是它了。

1873 年（明治 6 年），日本借口中国台湾居民误杀琉球渔民事件，出兵侵略台湾。琉球就是今天的冲绳，当时还不属于日本，而是中国的藩属国。日军出师不利，在军事上处于了劣势，但这并不妨碍它胁迫清政府于 1874 年 10 月与之签订《北京专条》，承认日本出兵侵略台湾是"保民义举"，并抚恤"遇害难民之家"，赔偿日本白银 50 万两。

这次战争使日本认识到清政府的腐朽本质：打一仗，他们就会乖乖地送上大把银子，这真是一桩极好的买卖！

于是，日本开始两手准备。一方面加紧扩军备战，前后多次实施《扩充军备案》，不断加大军费开支，到甲午战争前几年，其年度军费开支竟高达国民总收人的 31%。

1874 年，山县效法普鲁士在陆军省内设立参谋局，后将其改组并扩大为独立于陆军省的参谋本部，成为统辖军令的核心机关。参谋本部成立后所做的第一件事情就是下令侦察中国的地理和军事情况，派出大批间谍在中、朝活动，大量刺探、搜集情报。这些间谍活动使日本政府对中国军事情况了如指掌，甚至"比中国人自己更清楚地知道每一省可以抽调多少人出来作战"。此后不久，山县又设立了监军本部，后改为教育总监，专司军队教育和干部人事之责。至此，形成了由陆军省、参谋本部和教育总监共同组成的日本军队的最高指挥机构，即通常所称的"军部"。

这一系列改革使军部的权力也越来越大。1882年，天皇颁布了由参谋总长山县有朋提交的《军人敕谕》，要求军人以忠节、礼仪、武勇、信义和质朴为必须遵从的道德准则，绝对服从天皇的领导，不惑于舆论，不干预政治，唯有一心遵守自己忠节之本分。这实际上是把效忠天皇变成日本军人必备的素质。因此，日本的新式军队称为"皇军"，意为天皇的军队。

1887年，日本政府制定了《清国征讨方略》，决定在1892年前完成对华作战的准备，进攻的方向是朝鲜、辽东半岛、山东半岛、澎湖列岛、台湾地区及舟山群岛。7年后，日本正是按照这个时间表和路线图发动侵略战争的，并几乎达到全部目的。

大战前的日本早已磨刀霍霍，一旦时机成熟，便会图穷匕见。与之相比，清政府"犹在梦中"，认为日本乃"蕞尔小邦"，"不以倭人为意"。军权在握的李鸿章也认为"倭人为远患而非近忧"。

就在日本倾全国之力，欲与中国决一死战的紧要关头，清政府反而放松了国防建设，削减军费预算，从1888年开始停止购进军舰，1891年停止购买海军的枪炮弹药。这倒不是因为军火工业实现了国产化，而是因为钱被慈禧拿去修颐和园了。另一种说法是：光绪皇帝生父，主管海军衙门的大臣醇亲王奕譞为使慈禧远离紫禁城，方便光绪亲政，挪用了海军衙门经费修颐和园。慈禧说，光绪1875年登基时年幼，她不得不垂帘听政，到1886年改为"训政"，1889年"归政"。"我什么都不过问了，修修花园养老还不行吗？"

与明治天皇相比，对照何其鲜明！中国就是在这样的状态下，迎来了一场命运攸关的战争。

1890年，已经身为首相的山县有朋在第一届议会上公开鼓吹他的所谓"利益线"理论，指出国家独立自卫之道有二：一是防守主权线，即保卫本国疆土不容他人侵犯；二是维护利益线，即在与国家主权线安危密切相关的地区，必须经常处于优势地位。他指出，仅仅防守主权线已不足以维护国家的独立，必须进而保卫利益线。

利益线理论其实并不新鲜，不过是为推行武力扩张政策而精心编织的又一个蛊惑人心的理由。根据山县的要求，外相青木更加露骨地提出要在近期内抢先占领朝鲜、满洲和俄国滨海地区，甚至要把朝鲜、满洲并入日本。山县、青木的这些论调，是日本立宪后第一届内阁对邻国外交的总方针，也就是通常所说的"大陆政策"，此后成为日本对亚洲政策的核心内容。日本开始通过各种手段，力争使朝鲜脱离清政府控制，成为"独立国"，进而加以吞并。

1894 年 2 月，朝鲜爆发东学党起义，直逼首都汉城，朝鲜政府请求清政府派兵协助镇压。接到朝鲜政府的乞援信，特别是从袁世凯处获得日本不会出兵的保证后，清政府决定向朝鲜派兵。此时日本政府却违背承诺，以保护使馆和侨民为由，也派兵入朝。6 月 5 日，日本成立战时大本营，积极备战。但是几天后东学党起义军与朝鲜政府达成《全州和约》，汉城局势趋于平静。

至此，清政府建议中日共同撤兵，但日本不仅拒绝撤兵，还大举增兵。此时日本蓄意挑起战争的预谋已昭然若揭，但清政府仍抱有"和平"幻想，没有进行必要的临战准备，从而使日军从容完成兵力部署。

1894 年 7 月 25 日，日本不宣而战，在黄海丰岛海面伏击中国运兵船队。高升舰被击沉，操江舰被俘，近 2000 名中国将士葬身海底。同时日本陆军向驻朝鲜牙山的中国军队发动进攻，中国军队大败，退守平壤。8 月 1 日，清政府对日宣战，同日，日本明治天皇发布宣战诏书，战争正式爆发。

16. 甲午海战重创北洋水师

1894 年 9 月 15 日，日军大举进攻朝鲜平壤，这是中日双方陆军首次大规模作战。当时驻守平壤的清军共 17000 人，日军有 16000 多人，双方兵力旗鼓相当。战至中午，战局胶着，日军暂停攻击，退回驻地。

此时对清军来说，战事尚有可为。然而清军总指挥叶志超是个贪生怕死之徒，他于午后 4 时竖白旗停止抵抗，下令全军撤退，把平壤拱手让给了日军。清军在 6 天里狂奔 500 里，渡鸭绿江回国。日军扩大战果，很快便占领朝鲜全境。

9 月 17 日，甲午海战开始。日本联合舰队在鸭绿江口大东沟以南的黄海海面，突袭中国北洋舰队主力。战斗刚刚开始，北洋海军提督丁汝昌就受伤不能指挥，定远舰管带刘步蟾代替丁汝昌指挥作战。经远舰管带林永升同全舰官兵一起全部战死。致远舰管带邓世昌在弹药用完之后，命令军舰开足马力冲向日舰吉野号，准备和它同归于尽，但不幸的是中途被吉野号放出的鱼雷击中，全舰仅 7 人生还。邓世昌被自己驯养的狼犬救起，但他无意偷生，抱着爱犬一同沉入海底。

海战从中午开始，历时 5 个多小时，中国致远号等 5 舰沉没，伤亡官兵1000 余人；日本也有 5 舰重伤，官兵伤亡 600 余人。中国虽然损失严重，但主力尚存，日本聚歼北洋舰队于黄海的预谋并未实现，北洋舰队只要重整旗鼓，仍可与日本再战，但李鸿章却消极避战，命令北洋舰队躲进威海卫港，"保船避战"，不准巡海迎敌。这样，日本自然控制了制海权。

10 月 24 日，日军兵分两路进犯中国东北边境。日军第 1 军在不到 3 天内突破鸭绿江防线，清军望风而逃，日军不费一枪一弹占领九连城和安东县（今丹东）。第 2 军从花园口登陆，包抄大连、旅顺，于 11 月 6 日攻陷金州。大连不战而失。

11 月 18 日，日军进攻旅顺。旅顺是清朝经营多年的远东第一大军港，无论从地理位置，还是从防御体系来说，只要守城官兵士气旺盛，指挥得当，坚守数月是不成问题的。但守将龚照玙未见敌军就乘小船逃往烟台，守军土崩瓦解，日军仅用 6 天就攻占了旅顺。

占领旅顺后，日军屠城 3 日，近 2 万人遇害，全城仅 36 人幸存。英国人阿伦亲眼目睹了这场大屠杀，他在《旅顺落难记》一书中写道："日军进城后，满路都是被杀者的尸体，竟辨不清路。在一个池塘边，站满了日军，赶着一群老百姓，往池塘里跳。只见水里有断头的、腰斩的、穿胸的、破腹的，搅作一团。有一个妇女抱着一个孩子浮出水面，正往岸边爬来，日本兵就用刺刀对准她当心扎了对穿，第二个就刺那个小孩，只见刺刀往上一挑，小孩就被挑在枪头上。在另一个地方，10个日军兵捉了许多逃难的中国人，把辫子联在一起，当枪靶子打。有的斩了一只手，有的割下一只耳朵，有的斩断一只脚，有的砍头。"

旅顺失陷后，北洋舰队根据地威海卫港，成为日军进攻的主要目标。1895年1月29日，日军联合舰队掩护50艘运兵船共3.4万人，用5天时间在荣城登陆，他们没有遇到中国陆军的有效抵抗。海军近在咫尺，但是李鸿章命令"以舰队全力坚守刘公岛"，躲在威海港中坐以待毙。日军舰队司令伊东佑享后来承认："如丁汝昌率舰队前来，用鱼雷艇对我袭击，我军岂能安全上陆？"

荣城失守后，威海门户洞开，很快被攻陷。北洋舰队困守刘公岛，成为瓮中之鳖。虽奋勇还击，但大势已去。军舰大部分被击沉，剩余镇远以下10艘被日军俘获，海军提督丁汝昌、定远管带刘步蟾自尽，其余官兵投降，共计5124人。

1895年2月17日上午，日军举行受降仪式。旗舰松岛军乐队高奏日本国歌"君之代"，全体官兵齐集甲板，欢呼雀跃。"远东第一海军"北洋舰队至此全军覆灭。

随后，日军集中两万兵力进攻辽东，先后占领牛庄、营口等军事要地。清军虽有7万人，但毫无斗志，不到10天就从辽河东岸全线溃退。李鸿章的幕僚罗丰禄用无限悲哀的口吻描述这一段战况时说："倭人常谓中国如死猪卧地，任人宰割，实是现在景象。"

至此，清政府在军事上已彻底失败，海陆军主力损失殆尽，只有求和一途可走。

1895 年，中日两国在日本马关签订《马关条约》，条约共 11 款，主要内容有：①中国承认朝鲜的独立自主，废绝中朝宗藩关系；②中国割让辽东半岛、台湾地区及澎湖列岛给日本；③赔偿日本军费银 2 亿两；④开放重庆、沙市、苏州和杭州为商埠；⑤日本可以在中国通商口岸开设工厂。

签订条约时，日本总理大臣伊藤博文给清政府全权代表李鸿章讲了一个极具讽刺意味的故事。他说他当初在英国读书的时候，在全班只是第 7 名，但如今是日本总理大臣；当时的第一名是个中国人，现在却在福建当一名小小的县官。

1894 年的这场战争，中国称为"甲午战争"，日本称为"日清战争"。无论称呼是什么，其结果并无二致，日本竭尽全力与清政府博弈，却发现看似庞大的清政府不过是纸老虎而已，一场更大的预谋在军界暗暗地展开了。

17. 法西斯恶政鸣响丧钟

日本虽然在甲午战争中获胜，但是国内却是"富者常乐，贫者常苦，朱门之家骤马常肥，而面无血色之乞丐却比比皆是"。对外战争的辉煌与国内人民的苦难，形成了一副光怪陆离的景象。

1930 年 11 月在军部的唆使下，法西斯组织"爱国社"成员暗杀了不顾军部阻挠、执意推行裁军计划的内阁首相滨口雄幸，法西斯势力在当时的日本已经拥有了相当广泛的市场。1931 年犬养毅内阁上台时，日本朝野上下已经弥漫着军阀横行的腾腾杀气，多年来备尝艰辛才勉强争取来的政党政治，已遭到无情践踏。

军部法西斯势力为了转嫁国内矛盾，把国人的目光由国内的萧条转移到国外，提出"先外后内"。而他们第一个要蹂躏的民族，就是中华民族。

经过精心策划，1931 年 9 月 18 日夜晚，日本军人炸毁了沈阳以北 2.5

千米处柳条湖段一侧的铁轨，长度大约 78 厘米，并不妨碍火车通行。这时，早已埋伏在附近的日本军队大喊"中国兵炸毁铁路了!"并向中国驻军北大营发动进攻。

关东军的举动得到国内军部中央的支持。1932 年 1 月，日本占领中国东北全境，天皇发布敕语："使皇军之威武传遍日本国内外。朕深嘉其忠烈。"3 月 1 日，关东军在中国东北成立伪"满洲国"，日本参众两院全场一致通过决议，承认"满洲国"。这一年的 5 月 15 日，以少壮派军官为主体的法西斯分子发动暴乱袭击，杀死了首相犬养毅等多人，制造了"5·15 事件"。在这一事件的冲击下，日本政党政治宣告结束，成立了以海军大将斋藤实为首的包括军部、官僚和政党代表在内的所谓"举国一致"内阁。日本政权开始向军部独裁过渡。

1936 年 2 月 26 日，1483 名主张建立军事独裁的陆军青年官兵发生叛乱，最后因得不到其他部队的支持，和平投降，这次政变称为"2·26 兵变"。政变失败但法西斯势力非但没有减弱，而是进一步加强了。以东条英机为首的统制派借机清理皇道派军人的政治势力，法西斯军国主义得到巩固，确定了全面对外进行侵略扩张的国策。

1937 年 7 月，日军在北京发动了"卢沟桥事变"，全面侵略中国，世界大战的序幕被拉开。从此，日本开始了法西斯恶政，给中国和全世界的人民带来了梦魇般的痛苦回忆。

第二次世界大战开始以后，1940 年 8 月，近卫内阁正式宣布《基本国策纲要》，提出建立"以皇国为核心，以日、满、华的强固结合为基础的大东亚新秩序，确立包括整个大东亚的经济协同圈"。同年，外务大臣松冈洋右首次正式提出要建立"大东亚共荣圈"，建立一个以日本为主宰的，包括东亚、南亚、东南亚、大洋洲所有地区和国家在内的庞大帝国。

1941 年 6 月，德国突袭苏联，同时要求盟国日本向北夹击苏联。由于当时苏德局势未明，加上之前日本在与苏联的冲突中曾两次惨败，日本决定放弃北进，同时因为在谈判中美国态度强硬，不肯向日本做出哪怕是最小的让步，失去耐心的日本决心南进。

1941年10月，主战派东条英机内阁成立。11月26日，美国向日本递交《赫尔照会》，要求一切恢复到"九一八"事变以前的状态。12月1日日本御前会议决定向美、英开战。12月8日凌晨，日军偷袭美国在太平洋最大的海空军基地珍珠港。随后，美国国会通过对日宣战，太平洋战争爆发。美国投入了第二次世界大战，大大加快了轴心国失败的进程。

进入1944年，即第二次世界大战结束的前一年，战争局势对进日本愈加不利，特别是在太平洋战场上，日本海军更是连连受挫，节节败退。号称"世界第三海军"的日联合舰队已是日暮途穷，垂死挣扎。

1945年5月8日，德国宣布无条件投降，第二次世界大战接近尾声。在轴心国方面，只有日本还在顽抗，不过也已是日暮途穷，除了投降已无路可走。但是日本政府领导层不甘心失败，从6月到7月进行了3次全国战争动员，打算进行"本土决战"，不惜"一亿玉碎"也要战斗到底。

7月26日，美、英、中三国政府首脑发表《波茨坦公告》，促令日本无条件投降。对此日本拒绝接受，希求能在更有利的条件下媾和。面对不见棺材不掉泪的日本，盟国方面认识到，要使日本真正心服口服地投降，必须在战场上同日本做最后决战。

怎样才能在最短的时间内以最小的代价迫使日本投降呢？此时，美国人把希望寄托在刚刚实验成功的原子弹身上。8月6日，原子弹在日本的广岛爆炸，巨大的蘑菇云敲响了日本法西斯的丧钟。16个小时之后，杜鲁门发表声明，要求日本政府尽快接受《波茨坦公告》发出的最后通牒，否则就将再次遭到"来自空中的毁灭"。

虽然广岛的悲剧使日本十分震惊，但死硬的日本政府仍然没有接受无条件投降，日本大本营认为："这种炸弹并不可怕，我方有办法对付。"

8月9日凌晨，另一颗原子弹投向了长崎。撞了两次南墙的日本政府终于明白了原子弹的威力。在御前会议上，主战派和主和派争执不下，但迫于原子弹令人恐怖的威力，裕仁天皇决定接受《波茨坦公告》。

8月14日，天皇再次召开御前会议，决定无条件投降。天皇下令起草接受无条件投降的诏书，并将诏书录音，准备在第二天播出。当晚，少数少壮派陆军军官发动政变，企图劫走天皇广播诏书的录音唱片，逼迫天皇下令决一死战。由于没有军部上层的支持，政变很快失败。

8月15日上午，日本天皇的《致忠良臣民书》向全世界广播，宣布无条件投降。9月2日上午9时，停泊在日本东京湾的美国战列舰密苏里号上，日本外相重光葵和参谋总长梅津美治郎代表日本政府在投降书上签字。

丧钟为谁而鸣？历史看得见，谁做出倒行逆施的暴行，谁将最终为自己的行为而负责，历史同样也很公平。随着日本的投降，第二次世界大战正式宣告结束。

二、历任日本首相的从政之路

日本首相又称内阁总理大臣，是日本政府的最高行政首长，也是握有实权的国家领导人。有人说，当世界各大国领导人站在一起的时候，人们最难认出的就是日本领导人，他们的名字连国际新闻爱好者也记不住。有媒体戏谑道，在日本变化最快的事物中，除了丰田的新车型，恐怕就是不断更替的新首相了。

日本的首相不好当，这是人所共知的事实。除了党内有各派制约，党外要看财阀脸色，在国会要接受在野党的质问，民间要不断讨好老百姓，各家媒体和机构还会隔三差五不时推出支持率调查，首相还担任党内总裁职务，需要承受党的选举压力。为了平衡各派势力，当选首相的人有时候并非是党内能力最强的人。

第二次世界大战后几十年，日本首相跟走马灯似的不断更替，很少有人能干上三四年或更长时间，甚至有人抱怨"好不容易才把首相、大臣对上号，又得从头来"。第二次世界大战，日本 30 余位首相中有 5 位因病辞职，其中小渊惠三任内突发脑溢血，辞职后不到两个月即病逝；大平正芳因为大选心急上火，突发心脏病倒在了首相位子上。自 1947 年 5 月 3 日第一次吉田内阁日本新宪法实施以来，平均每任首相的任期约一年出头，战后未出百日的首相就有 4 位。羽田孜上任后第 64 天就解散了内阁，还有两位首相未干满 70 天。难怪有人说，成为日本首相的先决条件必须身体过硬。

第 1 任 操纵选举上台：吉田茂

吉田茂的祖籍位于日本神奈川县，他是日本著名的政治家、自民党创始人之一。

在日本昭和年代，有两次史上有名的选举。一次是昭和 17 年（1942 年）4 月，当时的首相东条英机搞的"翼赞选举"；另一次是昭和 27 年（1952 年）8 月，吉田茂首相突然解散众议院，实行大选。尽管东条与吉田两人在本质上是不同的，但这两人却都是强权政治的代表人物。

东条英机当时以"完成圣战"为名，授意翼赞政治体制协议会把候选人分为"推荐"与"非推荐"两类，有骨气的、不听招呼的政治家自然都不在"推荐"之列。这些人不仅因此而陷入了单枪匹马参选的困境，而且在选举过程中还受到了来自政府方面的各种干涉。结果，被"推荐"的候选人有80% 当选，这些人几乎都是为战争歌功颂德的"有功之臣"。东条英机把这些人作为"刺客"，派到"非推荐"候选人的选区，从而实现了阻止后者当选的目的。

吉田茂操纵的1952年大选，则是以驱除自由党内反吉田的鸠山派议员为目的。他采取的手法是趁其不备、突然袭击，即在国会开会的第二天，在其政敌毫无准备的情况下，突然宣布解散众议院。对此，鸠山派干部三木怒斥吉田茂是在搞政变。吉田茂为达到自身的目的，采取了把反吉田茂的急先锋河野一郎等人开除出党的措施，从而使自己得以上台执政。

吉田茂上台后，急需在一片废墟上恢复经济，"轻武装，重视经济"是吉田茂选择的基本方针。当时的吉田茂，被嘲笑为是"追随美国的外交"，但留给日本的也只能有上述的唯一"选择"，于是投向"华盛顿的怀抱"是吉田茂的外交必然。不可否认的是，老奸巨猾的吉田茂通过对美外交，成功地使战后日本实现经济复苏。

战后日本宪法规定，任何宗教团体都无权接受国家特权，国家及其机关不得参与宗教活动。但是，从美军结束占领后，右翼势力又开始蠢蠢欲动，掀起了一股把靖国神社重新国教化的逆流。1951年10月，旧金山条约签字后，在举行大祭当天，首相吉田茂率阁僚及众参两院议长正式参拜了靖国神社，由此开了内阁首相参拜靖国神社之先河。

第2任 第一位社会党出身：片山哲

片山哲1887年7月28日出生于和歌山县田边市的一个律师家庭，东京帝国大学法学部毕业后先给其父当助手，后自任律师，在东京帝大基督教青年会开设法律咨询所，后开设中央法律咨询所。他从学生时代起就热心于社会运动，主编《中央法律时报》，倡导法律平民化，同年兼任日本劳动总同盟法律部长。

片山哲于1945年日本投降后创立日本社会党，担任书记长，第二年被选为委员长（党首）。1947 年，日本社会党联合民主党、国民协同党赢得首相选举，共同组阁，片山哲出任首相。

在片山哲执政期间，日本虽然修改通过了《刑法》《民法》《国家公务员法》等议案，但迫于美国占领军和大资本家的压力，他未能实现竞选时提出的各种诺言，其经济政策"倾斜生产方式"和"新物价制度"遭到反对，加之社会党内部抗争加剧，出现党内左派否决补充预算案的情况，1948 年 2 月被迫辞职。

片山哲 1955 年访问过中国，他积极主张实现和平，反对重整军备。1963 年落选众议员，宣布退出政坛，后从事世界联邦促进活动。他生平信仰基督教，酷爱汉诗，著有《大众诗人白乐天》《人事调停法概论》《民主主义展望》《新时代之女性之法律》。

1978 年 5 月 30 日，片山哲在东京逝世，终年 90 岁。

第 3 任 终身众议员：芦田均

芦田均 1887 年 11 月 15 日出生，京都府人。儿时梦想是做一名外交官，所幸的是他在外交官考试中合格，东京帝国大学毕业后进入外务省。先后在俄罗斯、法国、土耳其、比利时等大使馆工作。1932 年当选众议员，以后终生保持了众议院议员的地位。

战后初期，他同鸠山一郎等人创建自由党，因与吉田茂政见不合而离开。后参与民主党的建立，任民主党总裁，曾任币原内阁的厚生大臣和片山内阁的外务大臣。

1948 年，片山内阁因社会党党内左右两派纠纷而倒台，在社会党右派的支持下，以两票之差击败民自党的吉田茂，成为当时日本民主党总裁，组成了由社会党、国民协同党参加的三党联合内阁，出任日本首相。

芦田内阁标榜既不希望出现共产党政府，也反对建立反动的保守政权，把重建经济和恢复对外信誉作为内阁的重要使命。在经济上，提出了引进外资、复兴经济的政策。在战后时代的混乱景象中，为日本的国家重建不遗余力。芦田均于 1959 年 6 月 20 日逝世。

第 4 任 打造家族辉煌：鸠山一郎

鸠山家族的祖上是日本美作胜山藩的世袭武士。这个姓氏人口很少，却颇有贵气，至鸠山由纪夫为止，已经有四代家族成员任议员或在日本政府中担任高级官员，其中有两位首相。

鸠山家族发家于日本的北海道，这里曾经人人都是鸠山家的佃户。1894 年，鸠山一郎的父亲鸠山和夫响应日本政府开发北海道的号召，以低廉的价格在当地买下了大片"无主地"，开发成农场，鸠山家因此成了当地最大的地主。到了鸠山一郎继承这份家产，他已经不在北海道居住，成了"住在城里的地主"。

1942 年，第二次世界大战中日本农民纷纷破产，鸠山一郎的太太薰夫人果断决定直接给佃户免除租金，这个闪电式的土改让当地百姓十分感恩。

1954 年年底鸠山一郎强势上台，他有别于吉田茂的"师美政策"而秉承"敬美路线"，希望使日本的独立性上升一步，但遭到自民党内吉田派的强烈反对，他们不断用北方四岛这一领土问题对鸠山施加压力，而鸠山一郎是签署终止战争状态《日苏联合宣言》的日本政府代表。鸠山一郎的态度是，除非"整个北方四岛一并交还"，否则"不可接受"。为此，他于 1956 年 10 月亲自率团赴苏，但他一到莫斯科就病倒了。苏联外长葛罗米柯坚定地表示："（苏日）领土问题根本就不存在。"于是，鸠山一郎没有要回一寸领土。

鸠山一郎为了摆脱执政党占少数的局面，在他当选首相46天后即解散了众议院。他在政治上的战斗性，最突出的莫过于他对战后和平宪法的强烈不满，从一开始就提出修改宪法的主张。

鸠山一郎在1954年之后的两年多时间里执掌政权。自民党50年的历史中记载道："他提出了大胆的行政改革构想，排斥官僚政治，表明了实现由政治主导、内阁主导的决策方向迈进的决心。这些课题是终有一天必须实现的民主政治的大目标。"

令去世多年的鸠山一郎没有想到的是，他和妻子的墓碑于2010年5月遭人喷漆。据称，此举是对鸠山一郎的孙子、时任首相鸠山由纪夫在美军基地搬迁问题上的态度表示不满。鸠山由纪夫对此表示，对他个人的批判他可以接受，但请不要那样破坏他家的祖坟。

第5任 提出"小日本主义"：石桥湛山

第二次世界大战前，日本号称"大日本帝国"，就在这种狂热的军国主义氛围下，有一名勇敢的记者提出了"小日本主义"，以此反对日本军部的对外扩张路线，他就是鲜为人知的日本首相石桥湛山。

1884年9月25日，石桥湛山出生于日本东京，他的父亲是日莲宗学僧杉田湛誓。石桥湛山大学毕业后，相继进入东京《每日新闻》和《东洋经济新报》工作，他以《东洋经济新报》为阵地，反对干涉中国内政，早在1911年就明确提出了"小日本主义"。日本学者认为，石桥湛山提出的"小日本主义"核心是放弃中国东北。日本在取得甲午战争和日俄战争两场大战胜利后，萌发了吞并中国东北的念头，而石桥湛山用"小日本主义"来反对当时社会上扩军备战的思潮。石桥湛山以大量的统计资料来证明，拥有殖民地在经济上没有价值，"大日本主义"只是个幻想。可惜，"小日本主义"在战前并没有被日本主流社会所接受。

第二第世界大战结束后，石桥湛山进入政界发展，曾在吉田茂内阁任职，1955 年日本自由民主党成立，他加入了该党。1956 年，日本首相鸠山一郎打算引退，自民党开始选举新的总裁。起先，岸信介被认为最有可能登上总裁宝座，但石桥湛山同另一候选人石井光次郎联合，设法赢得了自民党总裁选举。1956 年 12 月 23 日，石桥湛山出任日本首相，他一上台就宣布要寻求同中华人民共和国建交，他的多项政策很受日本民众欢迎。不幸的是，石桥湛山在首相任内突然生病无法理事，1957 年 2 月 25 日，他不得不辞去首相一职，任期仅为 65 天。1973 年 4 月 25 日，石桥湛山以 88 岁高龄去世。

第 6 任 甲级战犯：岸信介

1946 年 5 月 3 日，远东国际军事法庭开庭对 28 名日本甲级战犯进行审判，岸信介作为受审的甲级战犯赫然在列。

岸信介 1896 年 11 月 13 日出生，山口县人，毕业于东京帝国大学法学院，同年入农商务省，在该省文书科、临时产业局等处任事务官。岸信介是狂热的军国主义分子，1936 年来到中国，历任伪满政府实业部总务司司长、产业部次长和总务厅次长等职，开展"满洲产业 5 年计划"，被称为操纵伪满的 5 大头目之一。据说，他曾得意地向人宣称："满洲是我的作品！" 1939 年，岸信介调回日本，历任阿部信行内阁、米内光政内阁、近卫文磨内阁等的商工省政务次官。1942 年 4 月，他在"大政翼赞会"支持下首次当选为众议员，同年 10 月任东条内阁商工大臣。1943 年任东条内阁国务大臣兼军需省次官。

日本投降后，岸信介被定为甲级战犯关进监狱。适逢"冷战"，美国将日本当成"对抗共产主义的防波堤",多名战犯没有遭到起诉就被释放了。岸信介借机卷土重来,连任两届首相,推进了《美日安保条约》。即使退隐后,他仍是"鹰派"元老自居,在政界仍有着不可小觑的影响力,人称"昭和之妖"。

1957年2月岸信介出任首相。任首相期间,与美国签订新的《日美安保条约》,因该条约遭到民众反对而被迫下台。

岸信介和蒋介石关系亲密,他们设立了"胜共联合",并将从台湾流亡到日本的所谓民运分子强制送还。蒋介石死后,岸信介还是"蒋介石总统遗德显彰会"的活跃分子。岸信介于1987年8月因病去世。

第7任 收音机推销大王:池田勇人

担任首相的池田勇人,还拥有"晶体管收音机商人"的头衔。

随着日本电子产业的进一步发展,日本的黑白电视、彩色电视和照相机等产量暴增,海外市场的需求也越来越大。令日本企业高兴的是,池田勇人首相在出访过程中频频使用日本产收音机,结果被法国的戴高乐总统戏称为"晶体管收音机商人"。不过,池田推销的可不仅仅是收音机,还包括一系列其他产品。

1961年11月,池田首相访问巴基斯坦、印度、缅甸和泰国4个亚洲国家,分别向巴基斯坦总统、缅甸总理和泰国国王赠送了价值约为4万日元的8毫米可变焦照相机。1962年5月,池田出访欧洲时更是不惜血本,把晶体管收音机送到了各国副部长、局长甚至处长级别的官员手中。

1962年11月,池田打算再次访问英国、法国、西德、意大利、比利时、荷兰和梵蒂冈。早在出发前两个月,他就让下属研究如何送礼,并制定出两项原则:一是要"省",要求外务省人员"尽量准备一些简朴的礼物";二是要和商品出口联系起来。为此，池田亲自修改礼单，加入了晶体管收音机、电视机和照相器材之类的礼物。最终，池田带着一系列日本的新潮产品，开始了访欧的"推销之旅"。

首相帮忙推销，自然肥了日本的电子企业，尤其是索尼公司受益最多。在这期间，索尼公司不断在美、英、德、法等国设立分公司，先是占领了美国低档收音机市场，后来又几乎垄断了全世界的收音机市场。索尼的发展带动了整个日本电子业的繁荣，正是靠着电子产业的强劲增长，日本的经济实现了腾飞。

第8任 政治生涯"有惊无险"：佐藤荣作

佐藤荣作是岸信介的亲弟弟（岸信介原姓佐藤，是岸家的童养女婿），佐藤家和时任外交大臣的松冈洋右是亲戚。松冈洋右是第二次世界大战前日本在联合国的全权代表，"大东亚共荣圈"的鼓吹者，更是日、德、意三国同盟的主导者。

佐藤荣作娶了堂妹也就是松冈洋右的侄女宽子为妻，依靠这层亲戚关系，佐藤荣作顺利进入铁道省，成为日本历史上著名的"铁道官吏"。

佐藤荣作的政治生涯可以用"有惊无险"来形容。佐藤荣作得到吉田茂的赏识，被破格提拔为官房长官，之后虽因违反政治资金相关法规被起诉，但得逢日本加入联合国而免诉。他最大的"亮点"在于提倡"非核三原则"，在国际上受到广泛认同，本人也因此获得1974年的诺贝尔和平奖。

佐藤荣作是自民党唯一连任4届的党首，并连任3届日本首相。1971年，佐藤荣作首相在国会有关"国家利益"的发言达到50次之多。与此同时，"国家利益"一词开始频繁出现在日本媒体上，国家利益论开始逐渐兴起。然而，佐藤荣作执政时期，东西方对立。以佐藤荣作为首相的日本政府，依据《日美安保条约》，极力追随美国，敌视中国，支持美国的反共包围圈，而且变本加厉地制造"两个中国"，严重损害了中国的国家利益。

解密的苏联档案资料显示，时任首相佐藤荣作在访美时要求美国保证将日本置于其"核保护伞"之下，甚至默许"美国在日本部署核武器，并针对中国进行核试验"。作为一直强调自己是核武器受害国并坚决反对核武器的日本来说，这种对核战争毫不避讳的主动姿态，几十年后一经解密，在日本国内和国际上引起了很大轰动。

已连任 6 年首相的佐藤荣作本有意"让贤"给羽翼丰满的福田赳夫，但在田中角荣的力挺之下，佐藤再次当选首相，佐藤的蝉联使田中有时间站稳脚跟，并掌握了佐藤派 2/3 的选票。党内两派如此较力，佐藤只好将两人叫到一起协商，确定在下届大选中，预选位居第二的人就要投票给第一名。虽然双方当时表示同意，可到了实战阶段，两个人都没有遵守承诺。最终，田中以 282 票对 190 票击败了福田，成为日本新一届首相。

第 9 任 实现中日邦交正常化：田中角荣

田中角荣于 1918 年 5 月 4 日出生，新潟县人，16 岁到东京谋生，当过学徒、职员和见习记者，东京中央工学校土木系毕业后，在东京创办共荣建筑事务所。

对中国人来说，在众多日本首相中，田中角荣是名气最大的一个。正是他冒着可能被日本右翼分子刺杀的危险出访中国，实现了日中关系正常化。1972 年 7 月，田中任日本首相和自由民主党总裁，同年 9 月访问中国，诚心诚意地向中方谢罪。9 月 29 日，中日两国总理和外长发表《联合声明》，宣布两国在和平共处五项原则基础上建立和平友好关系，结束两国之间的战争状态，正式恢复邦交。

田中角荣和中国的关系可以追溯到日本侵华战争期间。他于第二次世界大战期间应征入伍，那时，从事建筑业的田中入伍后被派驻中国黑龙江等地，未直接参加作战，因患重病被送回日本医治，以伤病原因退役。回国后成立田中土木建筑工业股份公司并任总经理，该公司成为日本50家最大的建筑公司之一。由于战后房地产价格暴涨，田中一举成为富翁。

田中担任第二届吉田内阁法务省政务次官，后因与贪污事件有牵连而去职，并被美国占领军当局逮捕，两年半后宣布无罪释放。他还曾经担任池田内阁和佐藤内阁的大藏大臣、佐藤内阁的通商产业大臣。

1972年2月尼克松访华后，田中当机立断于同年9月率团访华。在当时的形势下作出访华决定有很大风险，日本社会党委员长浅沼稻次郎就是因主张中日邦交正常化而被右翼分子刺杀的。田中起程前，也遭到了日本右翼分子的威胁，但他不改初衷，坚定地对女儿说："万一我被刺杀，你千万不要惊慌。我此行的目的是为了在不远的将来，中国、日本的普通国民能够自由来往。我为实现这样的时代而去！"

1974年11月，田中角荣因洛克希德公司行贿事件涉嫌，辞去首相和自民党总裁职务，成为自民党内田中派领袖。两年后因洛克希德事件被捕而退出自由民主党，但田中派依然是自由民主党内一实力较强的派系。在以后的众议院大选中，他以无党派候选人身份继续当选为众议员。

1992年8月，在中日邦交正常化20周年之际，田中角荣和他的夫人来华访问。随行的有他的女儿田中真纪子、女婿田中直纪，以及给他当中文翻译的外孙。为什么田中带了女儿一家前往中国？田中角荣逝世时，在他的上衣口袋中装了两件东西，一块祖传的怀表和一张独生女儿田中真纪子当选议员的新闻报道复印件。可见，这个女儿是多么地让他骄傲和惦念。

日本众议员马渊最崇拜田中角荣，在读小学的时候，听老师讲过一句话："田中角荣只是一个小学毕业生，却能够成为日本首相，真是了不起。"这句话曾激发了39岁的马渊挑战国会议员，并终获成功。马渊熟读田中角荣在国会的所有答辩记录，并从中学到了很多强辩的方法。

在日本政坛，田中真纪子如同一个传说。她继承了父亲田中角荣的许多天性，有一段时间，日本舆论推她担任首相的呼声很高。真纪子生于 1944 年，毕业于早稻田大学商学部，曾经赴美留学。在早稻田读书时，她就十分活跃，热衷于演戏剧，还是辩论高手。父亲非常看重这个独生女，一心要她继承衣钵，他甚至在女儿婚前说服女婿改姓了田中。由于母亲多病，真纪子在父亲成为首相后，事实上扮演起了"第一夫人"的角色，陪着父亲迎来送往，出访外国。她在父亲身边，目睹了很多日本政治的重大场面，也增长了政治操作的经验。她在广大国民中颇受爱戴，尤其是主妇们，称她为"我们的平民妇女政治家，我们的真纪子"。

田角中荣于 1993 年 12 月 16 日逝世，作为日本有影响的政治家，著有《我的履历书》《日本列岛改造论》等著作。

第 10 任 奉行和平主义：三木武夫

三木武夫 1907 年 3 月 17 日生，德岛县人，先后毕业于明治大学商学系、美国加利福尼亚大学和明治大学法律系，首次参加众院选举，即当选为全国最年轻的众议员。

日本侵华战争期间，三木武夫曾任大政翼赞会、大日本产业报国会参事和翼赞政治会干事等职，并曾兼任大江山镍工业公司、富士机器制造公司和日本冶金工业公司董事。1974 年 12 月至 1976 年 12 月任自民党总裁、内阁总理大臣，后任自民党最高顾问。

三木武夫的夫人三木睦子，毕业于东京都著名的白鸥中学，是一位积极的政务活动家。2004 年 8 月，东京都教育委员主张从次年春季开始，在东京都白鸥中学初中部采用由右翼学者编撰的歪曲历史、美化侵略战争的《新历史教科书》课本。东京都教委采用右翼历史教科书一事遭到了日本广大认真反省侵略历史、爱好和平人士的强烈反对。以三木武夫的夫人三木睦子为召集人，由白鸥历届高中毕业生组成的"白鸥有志者之会"，不断举行请愿、散发传单、征集签名等各种活动，抗议东京都教委强迫母校使用歪曲历史的教科书。

2005年7月，日本东京和广岛的上万名各界人士分别举行集会和研讨会，反对小泉政府试图修改现行宪法中的和平条款，三木睦子等人发起成立的"九条之会"，是游行集会的主要组织者。

日本佐藤内阁在1967年针对武器出口问题提出的著名的"三项基本原则"。1976年，三木武夫进一步发表"政府统一见解"，全面禁止出口武器。根据该原则，日本不仅不能出口武器，还不能和外国联合开发和生产武器，对"三原则"对象以外的地区也不出售武器。

在三木武夫之前，几乎每届首相都到靖国神社参拜，但明目张胆地在8月15日（战败日）以首相身份参拜的，则为数极少。1975年，三木原想以"自民党总裁"的身份前往，但思虑再三，最终仍然以私人名义参拜。三木武夫参拜靖国神社后，为以后的首相留下了私人参拜的四个标准：①不用公车；②自费购买献神用的"玉串"；③在签到簿上不写明"总理大臣"头衔；④公职人员不得随行。

三木武夫曾多次访问中国。毛泽东逝世后，绝大部分发达国家的政府都给了毛泽东极高的评价，首相三木武夫说："毛主席作为世界的大政治家在历史上留下了巨大的业绩。"

第 11 任 签订中日和平友好条约：福田赳夫

福田赳夫 1905 年 1 月 14 日生，群马县群马町人，1929 年东京帝国大学法学院毕业，后入大藏省工作。1976 年 12 月至 1978 年 12 月任首相和自民党总裁。卸任首相职务后，担任自民党最问顾问。因在大藏省任职 40 余年，同日本财界有着广泛的联系，著有《世界通货政策的动向》等。

福田赳夫幼时天资聪颖，被誉为"神童"。进入政界后，与当时首相池田勇人对抗，结成"党风刷新联盟"，后发展为"福田派"，成为自民党一大重要派阀。在与田中角荣的激烈角逐中，导致了自民党内部分裂，大选惨败。这场由个人对决发展成派系乱斗，最终导致自民党失利的政治斗争被称为"角福战争"。福田赳夫在任时日本经历了石油危机的震荡，他主张实务，曾自嘲"打扫型政治家"。

福田纠夫在外交政策上暴露出一定的矛盾。他的外交理念是"全方位的和平外交"，表示重视与亚洲国家的协调。但在与田中角荣竞争时，针对田中提出应尽快与中国恢复邦交正常化，福田纠夫主张重视与台湾的关系，因此被称为"外交鹰派"。然而到了 1977 年，他在菲律宾发表了重视与亚洲国家关系的"福田主义"。

福田赳夫曾数次来华访问，1978 年 12 月，福田赳夫代表日本政府签订了具有历史意义的《中日和平友好条约》。后来也成为日本首相的他的儿子福田康夫经常说，1972 年的建交使得中日两国搭起了友好交流的桥梁，但人员往来每年只有 1 万人次，只是一座"吊桥"。此后，其父亲签订的《中日和平友好条约》，使得中日两国的桥梁变成了"钢铁之桥"，每年有 500 万人次往来，可以说一天就有 1 万人次以上，这对促进中日两国民间的交流具有非常重要的意义。

1995 年 7 月 5 日，福田赳夫因病逝世，终年 90 岁。

第 12 任　鞠躬尽瘁：大平正芳

大平正芳 1910 年 3 月出生，出身贫苦，毕业于东京商科大学（今一桥大学），夫人大平志华子。

大平正芳曾参加基督教青年会和救世军的活动。1960 年任内阁官房长官，1962 年在池田内阁中任外务大臣。相关解密文件显示，在此期间，大平正芳领导的日本外务省非常关注中国的核试验情况。1963 年 1 月 9 日，大平正芳收到一份美国驻日大使转交的机密文件，内容包括中国 5 个导弹发射中心的图片和详细设置图，为日本判定中国进行核武器试验的时间提供了依据。根据此后美国陆续提供的各种秘密情报，日本外务省断定中国是在 1963 年以后开始进行核试验的。大平正芳及日本外务省认为，由于中苏关系变冷，中国依靠苏联的核武器开发技术已经中断，因此评估中国发展核武器不具有威胁性。

大平正芳在田中角荣内阁担任外相，1972 年 9 月 26 日，中日双方开始正式会谈，日本首相田中角荣与中国国务院总理周恩来举行"高峰会谈"，日本外相大平正芳与外交部长姬鹏飞举行"外长会谈"。大平正芳为日本与中国的关系正常化做了重要工作，大平正芳还和田中角荣一起，在北京中南海受到了毛泽东主席的接见。

1978 年大平正芳在自民党支持下当选为首相，1980 年 6 月 12 日，因为大选突发心脏病倒在了首相位子上，不幸逝世。

第 13 任 实话实说：铃木善幸

1980 年 7 月上台的铃木善幸，当选自民党总裁演讲时说："自己清楚没有当总裁的能力，但是既然选我，那就接受了。"由于此前铃木在海外没有什么知名度，当时美国媒体甚至有题为"谁是善幸?"的报道。铃木内阁在政治和经济上疲于应付了两年，最终还是放弃了连任连选。

美国是第二次世界大战后历任日本首相首次出访次数最多的首选国家。曾经有一段时期，因出于对日美同盟的重视，日本首相就任之后往往首访美国，先与美国总统"打个照面"。从池田勇人到大平正芳，6 任日本首相全部选择了美国作为自己首次出访的目的地。此后首访选择美国的还有竹下登、海部俊树和桥本龙太郎等。而铃木善幸则别具一格，他最先出访的不是美国，而是东南亚 5 国。由此可见，铃木善幸重视与东南亚国家的关系。1981 年访问雅加达时，铃木善幸还与印尼总统苏哈托进行了钓鱼比赛。

铃木善幸的女儿千贺子嫁给了麻生太郎，麻生太郎后来也成为了日本首相。

第 14 任 强烈民族主义立场：中曾根康弘

中曾根康弘 1918 年 5 月 27 日生，群马县高崎市人，1941 年东京帝国大学法学院毕业，同年高等文官考试合格，入内务省工作。后应征入伍，任海军的军需少校，参加太平洋战争。第二次世界大战后，任香川县警务科长和警察厅监察官。

中曾根在 1978 年出版的自传中提到，自己曾在菲律宾等地的日本海军中设立慰安所。他写道，当时，在他率领的 3000 人的海军中，"我设立了慰安所，这曾一度令我深感痛苦"。20 世纪 90 年代，一些曾被强征为"慰安妇"的菲律宾妇女认为中曾根的自传证明他曾参与性奴役，并以此作为要求东京对受害者进行赔偿的新证据。中曾根后来辩解说，他当时在军中设立的设施是供军队中的工程师"放松和下围棋"用的。

中曾根一向以其民族主义立场而著名。1985 年 8 月 15 日，中曾根在出席政府举行的"全国战殁者追悼会"后，以公职身份率领内阁成员正式参拜靖国神社，成为日本第二次世界大战后第一位以公职身份参拜靖国神社的日本首相。但由于远东国际军事法庭判定的 14 名"甲级战犯"于 1978 年合祭在靖国神社，因此中曾根此举遭到了中国等国的强烈反对。

中曾根著述很多，有《保守政党新的理论》《青年的理想》《修正资本主义和社会团结主义》《日本的主张》以及讲话集《日本的防卫》《关于日美安全保障的建议》等书。

中曾根曾多次访问中国。1992 年 9 月，他第 5 次访问中国并参加中日邦交正常化 20 周年纪念活动。2001 年 2 月到中国参加博鳌亚洲论坛，当选为博鳌亚洲论坛主席。

第 15 任 里库路特丑闻下台：竹下登

竹下登 1924 年 2 月 26 日出生，岛根县人，1947 年早稻田大学商学部毕业，后从事教育和青年工作。1958 年首次当选众议员，1971 年首次进入内阁。

1987 年 7 月正式成立竹下派（经世会），同年 10 月起任自民党总裁，11 月任内阁总理大臣。由于与里库路特案件有牵连，1989 年 4 月 25 日发表辞职声明书。1989 年 6 月宇野宗佑取代其总理大臣职务。1998 年 6 月被推选为日中友好协会名誉顾问。2000 年 5 月 1 日，他因受"脊椎变形症"的困扰正式宣布退出政界。

竹下登曾多次访问中国。1996 年 5 月，他和夫人专程到中国出席"中日友好环境保护中心"落成典礼。9 月，来中国参加中国全国政协举办的"展望二十一世纪论坛"会议。

竹下登对安倍晋三呵护有加，1991 年安倍晋三正式踏足政界，并于 1993 年当选众议员。在政途上，安倍晋三从不缺乏显贵之人的庇护，竹下登等多位政坛大佬对他鼎力扶助，在他结婚时，时任自民党干事长的竹下登特地到场祝贺，并写祝词说："安倍从小就有做政治家的雄心，要好好向你父亲学习，如有不顺之处，就来找我竹下登。"

20 世纪 80 年代，随着美国日益重视亚太地区，日本开始把亚洲与北美、澳新作为一个整体——环太平洋来考虑，以扩大经济外交活动空间和回旋余地。竹下登执政不久便出访东盟，提出"亚洲故乡论"，称亚洲为日本的故乡。日本还通过设立"东盟日本开发中心"、推进资金回流计划、日本与东盟综合交流计划等，积极发展同东盟及"亚洲四小龙"的经济关系，为建立"东亚经济圈"奠定基础。

竹下登于 2000 年 6 月 19 日去世。

第 16 任 爆出桃色丑闻：宇野宗佑

宇野宗佑 1922 年 8 月 27 日出生，滋贺县人，就读于彦根高等商业学校和神户商业大学。1951 年当选滋贺县议员，曾任滋贺县教育委员、县议会副议长。1960 年加入自由民主党，曾任自民党代理干事长、通产大臣、外务大臣。1989 年 6 月出任自民党总裁和内阁总理大臣。

日本前首相竹下登因里库路特丑闻下台，自民党本来想推举形象良好的伊东正义出任首相，但遭到拒绝。无奈之下，中曾根派的宇野宗佑被推出来收拾残局。

宇野宗佑是一名旧日本陆军少尉军官，后加入自民党。没想到，宇野宗佑出任首相没几天，就爆出桃色丑闻，他被揭露花费 300 万日元包养神乐坂（日本著名花街）一名艺伎。起初，这一事件没有在日本国内引起轰动，然而，当美国《华盛顿邮报》从日本《每日新闻》转载这一桃色丑闻后，宇野宗佑在国际上变得臭名远扬，他只好在 1989 年 8 月 10 日引咎辞职，担任首相日期仅为 69 天。宇野宗佑辞职后，很多自民党议员都羞于同他联系，宇野宗佑成了"桃色政客"的代名词，1998 年 5 月 19 日，他在日本守山市悄然逝世。

第 17 任 开照相馆出身：海部俊树

海部俊树 1931 年 1 月 2 日生，爱知县人，夫人海部幸世。海部俊树曾就读于中央大学专门部法科，1954 年毕业于早稻田大学法学院。1960 年首次当选为国会议员。历任自民党青年局学生部长、青年局长、国会对策委员会副委员长等职。1990 年 2 月至 1991 年 10 月任日本首相。

所谓"世袭制度"，是日本政界一种特殊的传统。日本的政治门阀色彩浓厚，常有政治世家出现。这些世家在地方选区上多半有自己的"自留地"，通过长期经营，有组织地控制当地选票，在固定地区形成别人无法抗衡的势力范围。由于这种势力范围是属于家族的，当家族领袖退休时，选区被当做政治遗产传给后代。无论其后代才德如何，都可以顺利进入执掌日本国政的国会，成为"二世"或"三世"议员、大臣，甚至首相。据统计，第二次世界大战后日本共有 30 多位首相，出身平民的只有家里开照相馆的海部俊树和渔民家庭出身的村山富市。菅直人曾感叹说："自民党内如果不是首相的儿子或孙子，根本没机会成为首相。"

海部原属自民党三木派，河本敏夫继承三木派以来，又成为该派的核心人物。1994 年 6 月 29 日，海部宣布退出自民党，1994 年 12 月 8 日任新进党党首。

1996 年海部出任日本"中国新疆尼雅遗迹学术研究机构"的名誉会长，后任日本日中青年研修协会会长。1982 年首次访华，以后曾多次访华。1993 年 10 月 30 日北京大学授予他"名誉教授"称号，1994 年 5 月被深圳授予"荣誉市民"。1991 年 8 月，海部俊树访华并发表了《新的世界与日中关系》的讲演，并提出建立"世界中的日中关系"，强调从全球的观点出发，发展日中关系，使日中关系处于新形式交往的起跑线上。

第 18 任 自傲而不服输：宫泽喜一

宫泽喜一 1919 年 10 月 8 日出生，广岛县松山市人，1941 年高等文官外交科考试合格，同年东京帝国大学法学院毕业，曾赴美国留学。

宫泽喜一出生在一个显贵的家庭，外祖父曾经担任过司法大臣等要职。由于其毕业于东京帝国大学（现在的东京大学），所以宫泽喜一有着很深的学历情结。他几乎见到所有后辈同行或者记者时，都要先问问人家的学历。

宫泽书法造诣十分高超，但却拒绝为人题字。他还说王羲之把书法推向了高潮，不可能再有人写过他了，所以自己也不想题字。这一举动让其他高高兴兴讨他题词的人们十分尴尬。这还不算，他自傲的性格使他常常恃才傲物。当记者问他田中角荣、福田赳夫等人的书法如何时，他居然反问记者，你认为他们写的那是书法吗？

宫泽在仕途上的发展，得益于其性格中忠实、乐观、好胜、决不服输等好的一面。1984 年 3 月，当时已经 60 多岁的宫泽，在宾馆会见假扮成"立正佼成会"会长秘书的暴力分子，结果对方持刀相向。宫泽无奈与其展开了一对一的搏斗，时间长达 30 分钟，他虽然头部受重伤，最终还是将对方留在房中，并交给了警方。这件事情被传为佳话，流传至今。也许正是这种不屈的性格才造就了宫泽这个成功的政治家。

1991 年，72 岁的宫泽喜一击败其他两位有力对手，当选为日本第 78 任首相。1998 年，小渊内阁成立，宫泽被当做拯救金融危机的"关键牌"荣任大藏大臣。因为工作出色，他在连任两届内阁大藏大臣之后才被"请"下台。而"请"他下台的就是把老龄政治家都当做"老害"的小泉纯一郎。

1992 年，日本通过了联合国维和活动法之后，宫泽决定向柬埔寨派遣自卫队，这是日本第一次向海外派遣自卫队。在 1954 年创设自卫队时根本就无法想象，自卫队会走出国门去执行这样的任务。此举意味着"后冷战期"已经真正结束，战后的日本已经进入了新的阶段。

1991 年 11 月，宫泽组阁后强调，在新时期日本对外政策中，日中关系与日美关系同样重要，并表示要以"为世界作贡献的日中关系"为目标，竭尽全力建成"能克服任何困难的坚韧的日中关系"。

宫泽组阁后强调，新时期的日本对外政策，日中关系与日美关系同样重要，他表示要以"为世界作贡献的日中关系"为目标，竭尽全力建成"能克服任何困难的坚韧的日中关系"。

第 19 任 "清廉"与改革旗手：细川护熙

细川护熙 1938 年出生于一个官宦世家，熊本县人。他是原熊本藩主细川家的直系第 18 代传人，其祖父护立系明治时期的侯爵，贵族院议员，外祖父曾任首相，父亲是第二届近卫内阁的首相秘书，母亲早逝。

细川护熙于 1963 年上智大学法学部毕业后进入《朝日新闻》任记者，1971 年首次当选参议员，从此步入政界。1983 年成为全日本最年轻的县知事（熊本县），并连任两届。1992 年 5 月组建日本新党，并自任代表。1993 年 8 月 6 日起任日本首相。他主张摧毁政界与产业界之间的腐败政治结构，改革政治制度，尊重日本宪法。因涉嫌购买股票，1994 年 4 月 8 日宣布辞去首相职务。被日本传媒称作"清廉首相"与改革旗手的细川护熙，上台几个月之后就被揭发"涉嫌受贿 1 亿日元"而被迫引咎辞职。日本选民厌倦了日本政治，对政治家存有"天下乌鸦一般黑"的看法，促使一般选民对虚假的"政权更换"存有过多幻想与期待。"政权有更换就好""政党有交替就好"是普通选民的普遍心理。

细川联合政权成立后，基本继承了前自民党执政时期的对华政策，从日本战略利益出发，维护日中友好合作关系的外交主线不变。细川曾多次访华，他强调把建立"面向 21 世纪，更为良好的日中关系"作为对华政策的基本方针，并把日中关系与日美关系相提并论，强调两者均为日本外交的重要支柱。

细川爱好体育运动，他任知事时曾作为运动员参加日本全运会。著有《掌权不要过十年》《日本新党与有责任的变革》等，他的座右铭是：从容不迫，堂堂正正。

细川的妻子细川佳代子，1942 年生于中国东北，家中排行最小，1963 年考进上智大学文学系英国文学专业，后留学英国。大学时代，在学校的高尔夫俱乐部，爱打高尔夫球的佳代子认识了高年级的同学细川，当时只是普通朋友，1971 年她与细川在日本驻罗马的大使馆重逢，并接受了细川的求婚，同年 9 月结婚，生有一男二女。佳代子懂英语、德语和法语，除打高尔夫球外，还喜欢滑雪、游泳。

第 20 任 政坛短命者：羽田孜

羽田孜 1935 年 8 月 24 日生，长野县人，1958 年成城大学经济学院毕业。曾任小田急公司公共汽车科科长、众议员羽田武嗣郎（羽田孜的父亲）的秘书。历任邮政省政务次官、农林省政务次官，自民党国民生活局长、组织副委员长、国会对策副委员长、农林部会长等职。

羽田孜自称是中国移民后裔，祖先是随徐福到日本寻找长生不死药的下属。不过，大多数日本民众都把他看成是土生土长的日本人。他曾是日本自民党竹下派的骨干成员之一，1992 年与小泽一郎一起退出竹下派，1993 年退出日本自民党，组建新生党，造成日本自民党自战后上台后首次丧失执政权。1994 年 4 月 28 日，羽田孜出任日本首相。然而，在他就任首相后不久，日本社会党退出了执政联盟，羽田孜在国会失去多数支持。由于没有国会支持，1994 年 6 月 30 日，羽田孜只好辞职，他的首相任期仅为 64 天。

羽田原属自民党竹下派核心人物，被誉为"21 世纪新领袖"之一，擅长调解派系矛盾。主张建立"语言相通"的政治，大刀阔斧地实行政治革新，被称为政治改革派的旗手。他平时注意饮食平衡，总是吃日本式饭菜。平素不苟言笑，喜欢下围棋和步行锻炼。

羽田孜曾数次率团访问中国，1996 年 9 月，他率日本第八次"长城计划"友好交流使节团访问中国。1997 年 5 月 18 日，谴责新进党国会议员西村真悟等人擅自登上钓鱼岛的行为。1999 年 1 月 23 日，他在民主党大阪府联合会成立大会上指出，自民党和自由党联合内阁的防卫政策是"在军事上猛跑，孕育着危险的因素"。他还说，这种政策"有引起亚洲各国进行军备竞赛和走到意想不到的方向上去的危险"。

第 21 任 贫民出身：村山富市

村山富市 1924 年 3 月 3 日出生于大分县一个渔民家庭，青年时家境贫寒，白天在机床厂工作，晚上读夜大。夜大毕业后，他参加了渔民运动，曾任陆军二等兵。明治大学毕业后加入社会党，曾任社会党委员长。1994 年 6 月至 1996 年 1 月任日本首相。

1996 年 1 月，村山在竞选连任社会党委员长时主张：社会党应该重新组建一个由民主自由势力广泛参加的、并能担当起政权责任的新党，以迎接下届大选。他还主张继续维持社会党和自民党及新党魁三党联合执政的体制，在组建新党问题上争取新党魁的合作。

村山富市是第二位社会党首相（第一位是片山哲）。村山当选社会党委员长后，努力致力于建立社会党的新形象，积极在党内左右两派间进行调解，以图改变社会党给人内部不团结的形象，力争恢复社会党的势力。在社会党内，村山历任社会党劳动部长和该党国会对策委员长等职。他反对日本成为核国家，反对美国在日本设立军事基地和对朝鲜实行制裁，也不赞成过去自民党推行的税制、防卫等政策。

村山富市首相组阁后，新文部省针对第二次世界大战的侵略行为发表奇谈怪论，村山首相当即表示，这是不对的，是令人遗憾的。这说明，村山内阁不愿意看到日中关系的到退，也一再表示，应继续发展合作关系。

村山曾多次访问过中国。1998 年 5 月 24 日，他到南京参加"中日合作修复南京古城墙三周年纪念活动"，并参观了南京江东门纪念馆。1998 年 6 月被推选为日中友好协会名誉顾问。1998 年 10 月 22 日到中国参加中日和平友好条约缔结 20 周年纪念活动。

村山性格随和，遇事果断，并且善于做调解工作。他的座右铭是：经常与大众在一起，向大众学习。他的著作是《你的养老金》。

第 22 任 剑道人生：桥本龙太郎

桥本龙太郎 1937 年 7 月 29 日出生于冈山县的一个官宦家庭，是前厚生大臣桥本龙伍的儿子。他于庆应大学法学院毕业后，曾在吴羽纺织公司任职，后任原厚生大臣西村荣一的秘书官。1996 年 1 月至 1998 年 7 月任日本首相。

出任首相后，桥本在国内大力推动行政、财政、经济、金融、社会保障和教育 6 大改革。这场过于广泛的改革，因为触及到政客、官僚集团和原有体制的既得利益者，而注定面临重重阻力。最终，改革没有获得成功，日本经济却重跌谷底。自民党在 1998 年参议院大选中惨败，桥本被迫引咎辞职。从此，桥本的后半生就再没顺利过，2001 年在自民党总裁选举中败给小泉，2004 年被爆献金丑闻，2005 年正式宣布退出政坛。

对日本政坛来说，桥本龙太郎是个有点复杂的异类。作为生长在日本这片特殊政治土壤上的政治家，桥本在对华态度上经历了从强硬到温和的奇妙转化。桥本曾长期担任"大家都来参拜靖国神社国会议员会"会长，还在 1993 年出任支持参拜的"日本遗族会"会长，之后每年 3 次，他从不间断地以公职身份参拜。1996 年 7 月 29 日，他以首相身份参拜靖国神社，结果遭到中、韩等国的强烈抗议。从此，桥本发生了转变。出于大局考虑，他宣布放弃在首相任内参拜靖国神社。1997 年，他来到中国东北参观"九一八纪念馆"，写下"以和为贵"的留言，成为第一位进入该馆的日本首相。

退出政坛后的桥本，将更多精力放在了日中友好交流上，多次率友好团体来华访问。他作为日本国际贸易促进协会会长，率七大日中友好团体联袂访华，希望以经促政，带动两国关系改善。

桥本29岁时与久美子结为伉俪,育有二男三女。久美子喜欢打高尔夫球,桥本爱好登山和摄影,曾任攀登珠穆朗玛峰登山队长。在父亲的熏陶下,他自幼就喜欢剑道,他考上庆应大学时,父亲送给他一套珍藏多年的日本剑道防护用具。五段高手的桥本,堪称政治家中的一流剑客,尽管政事繁忙,只要能抽出时间他就会一显身手。在桥本看来,练习剑道不仅可以强身健体,还能磨炼勇气、忍耐、技巧等意志品质,他从中领悟到了一种"剑道人生"。或许也是因为习剑,他的性格中又有一种孤傲。有人批评他个性太强,刚愎自用,对人态度傲慢且不善于做议员工作。桥本不像其他政坛大佬那样,身边聚集着众多嫡系心腹,他始终是党内、派内缺少党羽的"单干户"。曾有记者问他为何被称作"剑道首相",他回答说:"可能是因为我不懂得灵活变通吧!"

在讲究派系、关系的日本政界,唯他坚持孤傲本色,不肯拉帮结派,无论官至自民党总裁还是首相,始终独来独往,给世人留下一个"孤狼"的背影。从政42载却没有交下多少朋友的桥本,在家人的陪伴下安静地走完了自己68岁的人生。

第23任 谨慎务实:小渊惠三

小渊惠三1937年6月25日出生于群马县吾妻郡,1962年毕业于早稻田大学文学系英文科,1963年首次当选众议员,1970年任邮政省政务次官,后历任自由民主党国会对策委员会副委员长、总理府总务副长官、建设省政务次官、自民党青年局次长、自民党通信部副会长和自民党国民运动本部副部长等职。1998年7月30日出任日本首相。2000年4月2日,他因脑血栓住院而不能履行首相职务。

小渊惠三的父亲是众议员小渊光平,夫人小渊千鹤子,儿子小渊刚,长女小渊晓子，次女小渊优子。值得一提的是，小渊优子 34 岁时，进入麻生太郎内阁，她成为第二次世界大战后日本最年轻的内阁成员。

1998 年 8 月 11 日，小渊在众议院就"历史认识"问题回答议员质询时表示，日本将在 1995 年村山富市首相谈话精神的基础上发展同有关国家的关系。在谈到日美防卫合作新指针时，他说："政府关于安保条约的立场没有变化，周边事态不是地理概念。台湾问题是中国人之间的问题，（日本）强烈希望当事者通过谈判和平解决。"1999 年 7 月 8 日，他作为首相首次正式访问中国，双方一致同意在"为和平与发展建立友好合作伙伴关系"的基础上，继续推进面向 21 世纪的日中合作。

2000 年 5 月 14 日因病去世，享年 62 岁。

第 24 任 独特历史观：森喜朗

森喜朗 1937 年 7 月 14 日出生，石川县人，夫人智慧子，生有一儿一女。森喜朗酷爱体育活动，特别热衷于橄榄球项目。从早稻田大学商学院毕业后在《产经新闻》任记者，以无党派人士参加众院选举并首次当选。2000 年 4 月任自民党总裁，2000 年 4 月任日本首相。

森喜朗组阁后，在众议院预算委员会回答民主党政调会长菅直人提出的"你是否认为日中战争是日本发动的侵略战争"的质询时说："我们应该深刻反省那段不幸历史。在总结那个时代、那段经历的基础上发展同新中国的关系极为重要。"他还说："关于战争，在不同的时代背景下，会存在各种各样的看法。日本是否进行了那场侵略战争，应由大家在历史中作出判断。不管日本还是其他国家，国与国之间的战争都是不应该的，更何况是侵略战争。"菅直人当即反驳说，这种说法与日本前首相村山富市在纪念第二次世界大战结束 50 周年时的表态有很大的不同，当时村山富市明确承认是侵略战争，并表示了反省。

2000 年 5 月 16 日，森喜朗在东京召开的神道政治联盟国会议员恳谈会上说，应当让国民理解，日本就是以天皇为中心的神的国家。为此，神道政治联盟已经活动了 30 年。他还表示，他现在虽然是站在政府的立场上，但依然会积极推行宗教方面的主张。他这一公开鼓吹"皇国史观"的言论受到了政界的广泛抨击。17 日，他不得不在参议院会议上对日本是"神的国家"的讲话表示道歉。但是，在 26 日的记者招待会上他拒绝收回这一讲话。31 日，日本民主党、共产党、自由党、社民党 4 个在野党向众议院提出了内阁不信任案。

6 月 3 日，森喜朗在奈良市发表竞选演说时使用战前日本军国主义惯用的"国体"一词，再次遭到日本舆论和在野党的严厉批评。舆论认为，日本军国主义在发动对外侵略战争期间经常使用"国体"一词，这个词意味着将天皇作为精神和政治中心的国家存在形式。森喜朗在竞选中不假思索地使用"国体"一词，如同他"神道国家"的发言，表明了他内心的政治信念和历史观。

1995 年 8 月 15 日，森喜朗以日本阁员的身份参拜了靖国神社。

第 25 任 "笑面法西斯"：小泉纯一郎

小泉纯纯一郎 1942 年 1 月 8 日出生于神奈川县横须贺市，1967 年庆应大学经济系毕业（无派系），1968 年赴英国伦敦大学留学。1969 年他父亲患癌症去世，他从英国返回日本参加议员选举，但未能成功。2001 年 4 月 24 日当选自民党总裁，4 月 26 日就任日本首相。

小泉身高 169 厘米，体重 60 千克，A 型血，爱好读书、欣赏音乐，喜欢看歌舞剧和电影等，喜欢的格言是"无信不立"。他会讲英语，最崇拜的人是英国首相丘吉尔。小泉被称为"怪人""反常者""一匹狼""直言居士"。

小泉纯一郎的祖父、父亲都曾是众议员。小泉纯一郎为自民党原三冢派的第三号实力人物，跨派系政策集团"新世纪集团"座长。他从政后，因继承其父辈强有力的后援团体、稳固的选举地盘及稳定的政治资金收入，被日本舆论界称为实力人物。

小泉纯一郎把"没有禁区的改革"和"伴随着痛苦的结构改革"作为他执政的号召旗号，这个没有复杂派系背景的首相出现在讲究人脉关系的日本政界，以及他那叛逆性格的强人作派，重新点燃了日本民众的改革期冀。女性选民尤其喜欢他那蓬乱头发、不苟言笑很酷的样子。日本少女说他的头发很像贝克汉姆，她们疯狂地购买他的竞选海报，仿佛上面印的是贝克汉姆。西方的媒体说，这位像摇滚明星一样受欢迎的政治明星，正变成日本版的戈尔巴乔夫，在进行一场他没有能力驾驭的改革。英国《卫报》的专栏作家评论说，小泉也许会像20世纪50年代丢掉苏伊士运河控制权的英国首相一样，无可奈何地目睹着帝国的衰落。美国最著名的亚洲专家，哈佛大学教授傅高义在接受报界采访时，毫不掩饰地称小泉是个夸夸其谈的人。

1997年8月15日，小泉以内阁大臣身份参拜靖国神社。2001年8月13日，小泉在中国和韩国的反对声中再次参拜靖国神社，虽然他迫于各方面的压力，避开了8月15日这一天，但此举仍然遭到了日本国内有识之士和亚洲邻国的强烈谴责，也受到了欧美一些媒体和知名人士的强烈批评。这次参拜的后果是严重的，严重破坏了中日关系的政治基础，影响到了中日关系的健康发展。

2005年9月小泉纯一郎参加大选，从小泉的讲演风格以及回答记者提问的神态，就能让人感到那种微笑背后隐藏的杀机，小泉的思想倾向和政治手法被称之为"笑面法西斯"。

第26任 庞大政治家族：安倍晋三

安倍晋三1954年9月21日出生，籍贯山口县，毕业于成蹊大学法学系政治学专业，后前往美国南加利福尼亚大学留学。

安倍晋三出生在一个政治世家，祖上是江户时代经营酒和酱油酿造发家的豪门。他的祖父和父亲都毕业于东京帝国大学政治系，属于学院派出身的政治家。

安倍晋三的祖父安倍宽是明治时代创立的日本进步党党员，参加过1928年第一次全国普选。后来，安倍宽得了肺结核回老家疗养，期间开办了农村私塾，此举深得村民爱戴，因而当选为村长，后又成为县议员。安倍宽属于温和的"鸽派"，曾猛烈抨击东条英机推行的军国主义。可惜的是，在第二次界世大战后第一次选举前，安倍宽突发心脏病去世。安倍宽夫人静子的父亲是陆军军医监，祖父是陆军大将，参加过侵华战争。也许是因为家族政见不同，安倍宽很早就和夫人离婚了。

安倍晋三的父亲安倍晋太郎，历任众议院议员、自民党干事长，连任4届中曾根内阁外交大臣，他重视和亚洲邻国的友好关系，被认为是"亲韩派"，并与自民党的竹下登、宫泽喜一并称为新一代领导人——"安竹宫"。安倍晋太郎仕途平顺，职务距首相宝座仅一步之遥。

安倍晋三的家族在日本政坛经历了风风雨雨，人际关系复杂，同样，在财经界的实力也很雄厚。安倍的夫人昭惠出身豪门，父亲是日本食品业巨头"森永制果"前总裁，少女时代的昭惠就被日本媒体形容为"华丽的存在"。

安倍昭惠是安倍晋三的幕后形象设计师。在日本，笼络住女性选民才能维持高人气。安倍似乎也深谙此道，一直以潇洒、时尚的形象出现在公众面前。安倍晋三获得 2002 年"最佳着装先生"称号应该归功于夫人的熏陶。

2006 年 9 月安倍晋三接替小泉就任首相后，将改善中日关系视为当务之急，在双方共同努力下，同年 10 月安倍即访华进行"破冰之旅"，恢复了两国高层领导人往来。之后，安倍晋三与到访的中国领导人共同启动中日经济高层对话机制，标志着中日经济合作机制提升到更高层次，对提高两国经济合作水平、拓展两国经济合作领域将发挥积极作用。

第 27 任 子承父业当首相：福田康夫

福田康夫 1936 年 7 月 16 日出生，早稻田大学政治经济学系经济学专业毕业后，进入丸善石油公司，并被派驻美国两年，2007 年 9 月 25 日当选首相。

1976 年，福田康夫的父亲、年届 71 岁的福田赳夫当选日本首相。31 年后，同样是 71 岁的福田康夫成为日本历史上首位子承父业的首相。政坛的"家族世袭"传统是日本社会特殊的现象之一，从"打江山"的父辈那里，"世家子弟"们既继承了令人羡慕的政治财富，也不可避免地背上了家族的政治包袱，这一点从日本历史上出现的第一对"父子首相"身上看得尤为清晰。

福田的妻子贵代子也出身政治世家，是前日本众议院议长樱内义雄的外甥女，其父亲是原日本《每日新闻》社长，而与福田结婚的介绍人就是已故前首相岸信介。樱内义雄是自民党大佬，曾为中日友好作出重要贡献。贵代子性格开朗，注重礼仪，常穿和服出入公众场合，很有风度，被媒体称为"和服美人"。

2007 年 12 月，中日关系正经历特殊时刻，福田康夫与夫人福田贵代子访华，在中国受到"超规格"礼遇接待，日方将福田访华形容为"款待规格之高在历任日本首相中可谓罕见"，就连一向右翼色彩浓厚的《产经新闻》也专门发文评论称，福田首相明确表示不会参拜靖国神社，这与前首相安倍晋三在此问题上所持的"暧昧态度"形成了"鲜明对照"。

隆冬北京，雪后初霁，滴水成冰。福田康夫身着白红相间球衣、头戴红色棒球帽，来到钓鱼台国宾馆的体育馆，同中国青年棒球手们共同练习。福田康夫来到北京大学发表演讲称："日中关系正迎来第二个春天。我的这次来访可以说是迎春之旅。"他还引用鲁迅的话说："其实地上本没有路，走的人多了，也便成了路。"福田的演讲通过电视进行现场直播，这是首次直播日本首相在中国发表的演讲。在日本有"孔子通"之称的福田，专程来到孔子的故乡山东，用漂亮的汉字写下参观孔子故里的感言："温故创新"，在供奉孔子的大成殿里，福田和夫人贵代子双双向孔子塑像行鞠躬礼。

第28任 身世显赫：麻生太郎

麻生太郎1940年9月20日出生于福冈县，其身世显赫：高祖父是明治维新三杰之一的大久保利通，曾祖父麻生太吉曾是日本三大煤炭财阀之一，外祖父是日本著名政治家、自民党创始人之一、前首相吉田茂，岳父是自民党第二代领导人之一的前首相铃木善幸。

麻生太郎毕业于日本学习院大学政经学部，后曾在美国斯坦福大学学习。1976年，作为日本射击运动员参加了蒙特利尔奥运会飞碟射击比赛。日本媒体称"麻生自幼学习'帝王学'，为出人头地他接受了超出常人几倍的训练。虽然嘴上不饶人，但表里一致，在朋友圈子里是个直爽、笑容可掬的人"。

麻生太郎是自民党内保守派的一名成员，他经常发表大胆的言论，在起草邮政系统私有化基本计划方面发挥了重要作用。麻生太郎的政治立场和政策观点多与安倍相近，2006年7月朝鲜试射导弹之后，他作为外相与安倍共同推动联合国安理会通过对朝鲜的谴责决议，得到安倍肯定。在2006年的自民党总裁选举中，麻生太郎与安倍同时竞选，得票位居第二，成为小泉内阁成员中除安倍外唯一留任的阁员。

麻生太郎是日本政坛亲美派的典型代表，也是亲台团体"日华关系议员恳谈会"的副会长，过去还积极支持"台独"分子李登辉访日，并在"非典"期间访问过台湾。

大名鼎鼎的麻生家族的血统所带来的强大政治优势，使麻生家族与7位前首相有关，其中包括他的外祖父吉田茂。吉田茂参加了有关结束第二次世界大战的和平条约以及与美国签署的安保条约的谈判工作。在第二次世界大战后最初的几年，吉田与鸠山两人领导着两个强大的保守派集团，而吉田茂赢得了势力强大的官僚阶层的支持。

第29任 出身政治世家：鸠山由纪夫

鸠山由纪夫是北海道人，毕业于东京大学工业专业，政治世家出身。其妻鸠山幸，1943年生于中国上海，曾是演员。

鸠山上台标志着日本政坛出现根本性的权力更迭，结束了自民党建党以来几乎不间断的一党独霸地位，而正是鸠山由纪夫的祖父鸠山一郎于1955年创立了自民党。鸠山由纪夫在日本公众眼中是一副贵公子形象，他出身日本最有钱有势的家族，日本媒体一直把鸠山家族称为"日本的肯尼迪家族"。

鸠山由纪夫是家里的第4代政客。他的曾祖父鸠山和夫，在1896年至

1897 年出任日本国会众议院议长，当时日本处于明治时代。他的祖父鸠山一郎，在 1954 年至 1956 年期间 3 次出任首相，而且是执政党自民党的创始人和首任总裁，1956 年恢复了与苏联的外交关系，并使日本加入了联合国。他的父亲鸠山威一郎，曾任大藏省次官和外务大臣。

鸠山的外祖父石桥正二郎是世界最大的轮胎制造商普利司通的创始人。鸠山的妈妈安子在日本政界被称为"教母"，她利用从她父亲那里继承的大量财产帮助两个儿子实现他们的政治抱负，尤其是在 1996 年，鸠山两兄弟创立民主党时，安子捐赠了数十亿日元。鸠山由纪夫的弟弟鸠山邦夫，后来又回到了自民党，在麻生太郎政府中担任总务大臣。安子也许不会想到，在此后的几十年中，她的公公当上了日本首相，她的丈夫当上了日本外相，而她的儿子也当上了日本首相。这一切与安子的父亲石桥正二郎的政治眼光密不可分。石桥正二郎取得商业成功后，非常重视与政界人士交往。很长一段时间，每天都有数十名政治家出入石桥家，安子也耳濡目染，从幼年开始就在"政治环境"中接受熏陶。而鸠山由纪夫的祖父前首相鸠山一郎就是在石桥家作出了成立自由党（自民党的前身）的决定。鸠山兄弟俩的很多童年时光也是在石桥家度过的。

在儿子的教育上，安子倾注了大量的心血，为了让儿子能够考入东京大学，她反复为儿子选择学校。鸠山由纪夫赴美留学期间，爱上了一家日本料理店老板娘的弟媳。这种恋情在日本人看来是很不道德的，更何况发生在政治豪门中。在丈夫的反对、媒体的炒作和各种压力下，安子选择支持儿子由纪夫。她不仅动用关系平息此事，还亲赴美国出席婚礼。在由纪夫的婚礼合影上，大多数人都穿西式服装，而安子身穿和服默默地站在后排。也正是因为这个原因，鸠山由纪夫的妻子鸠山幸十分感激和尊敬婆婆。

鸠山由纪夫以其在安全及外交事务方面的政见著称，强调日本军事自卫的权利，同时批判日本现行外交政策过于依附美国等西方盟国，主张加强与亚洲国家的关系。在民主党建设方面，鸠山由纪夫表示将致力于构筑全党一致的体制和实现政权更迭。在靖国神社问题上，鸠山表示不会去参拜靖国神社，并会要求阁僚在这一问题上自我约束，主张另建国家追悼设施。

关于安保政策，鸠山说，民主党不准备改变"专守防卫"原则，也没有大幅增加防卫预算的打算。而关于日本的"无核三原则"，鸠山认为，民主党主张日本永远不拥有核武器，但是否有必要将"无核三原则"法律化还应进行讨论。

关于外交政策，鸠山承诺建立"独立思维的外交政策"，"在密切且平等的基础上"构建日本与美国的同盟关系。尽管与美国的安全纽带仍将是"外交基石"，但日本必须加倍努力，密切与中国和韩国等亚洲邻国的联系。鸠山曾任"日中友好议员联盟"副会长，多次来华访问。他表示，日本有必要就从前的侵略战争和殖民统治作出明确的反省和谢罪，并主张对随军慰安妇给予国家赔偿。

第 30 任 政坛"师奶杀手"：菅直人

菅直人 1946 年出生于山口县宇部市，1970 年毕业于东京工业大学理学部，1994 年加入日本新党。1996 年 9 月，他与鸠山由纪夫等人组建民主党，并与鸠山共同出任党首，是民主党创始人之一。菅直人与鸠山由纪夫、干事长小泽一郎被视为民主党的"三驾马车"，在民主党内很有威望，口才极好，和日本民主党元老小泽一郎是 20 年的棋友。2010 年 6 月 4 日，菅直人当选日本首相。

人称日本政坛"师奶杀手"的菅直人仪表堂堂，擅长搞市民运动。某种程度上，菅直人年轻时推动市民运动的理想，在他真正掌权后，变成了现实。菅直人早年从事左翼社会运动，令他充满了对现实的批判性和斗争精神。日本政界对菅直人一致的印象，就是喜欢辩论，性子急，动不动就要跟人唇枪舌剑一番。他在担任厚生相时期，人们常常能听到从他的办公室传出大声训斥人的声音。菅直人在竞选演说时称，他将努力开创一个没有政治献金丑闻的政治环境，为实现日本"新生"继续努力。

菅直人于 2012 年 8 月 1 日被以"违反原子能等规制法罪"和"业务过失伤害罪"进行立案侦查。日本国会核泄漏事故调查委员会和民间调查委员会均认定，菅直人在处理核泄漏事故中存在瞎指挥问题。

菅直人担任首相期间，日美同盟关系是其外交政策"基轴"，他也强调中国对日本的重要性，称日中关系与日美关系"同样重要"。菅直人曾连续21 年操办中日青年友好交流活动。

第 31 任 是"泥鳅"不是"金鱼"：野田佳彦

野田佳彦，1957 年 5 月 20 日出生于千叶县船桥市的一个军人家庭，父亲是日本陆上自卫队最精锐的第一空降师自卫官，母亲是千叶县人。野田佳彦的夫人野田仁实，出生于东京江户区，家中经营街道工厂，上大学时主攻声乐，两人结婚后育有两个儿子。

野田佳彦早年毕业于早稻田大学政治经济学院，大学刚毕业进入被称为"日本政治家摇篮"的松下政经塾。从松下政经塾毕业后，野田佳彦沦落为社会游民，当过家庭教师、煤气公司抄表员、私立儿童教育相谈所所长等。1987 年，29 岁的野田在没有任何政党支持的情况下，参选千叶县议员成功，成为千叶县议会最年轻的议员。

1992 年，野田加入日本新党。日本新党成为联合执政党后，野田作为党的副代表干事支持细川内阁。日本新党下野并宣布解散后，野田加入小泽一郎领导的新进党。加入民主党后，野田就任总务局长、国会对策委员长和代理干事长等职，2011 年 8 月任民主党党首，9 月 2 日由天皇任命，正式登上首相宝座。

野田佳彦秉持低调务实风格，承认自己缺乏魅力，把自己比喻成"泥鳅"，而不是闪闪发光的"金鱼"；执掌权柄以后，自称"泥鳅首相"，刻意打造"平民首相"形象，在政界以及民主党内更是采取"低姿态"。他在宣布自己参选首相时说："我是个普通人，我没有庞大的财力资源，我不时髦，外表不是我的卖点。"

野田被认为是"亲美"的鹰派人物，他基本延续了前任首相的外交政策，继续菅直人内阁亲美的路线，将美国视为重要的盟国，主张"日美同盟对日本的安全和外交而言是最大的财产"，对行使集体自卫权持积极态度。

野田自称是"日中交流之子"，1984 年作为日中青年友好交流 3000 人访华团成员首次访华，担任首相不久即于 2011 年 12 月 25 日进行正式访华，并感谢中国政府和民众对日本抗震救灾给予的大力支持。野田被称为民主党内保守派代表人物，主张对华强硬，是民主党内鹰派人物的代表，素有"民主党小泉"的称号。在靖国神社问题上，野田曾经向时任首相的小泉纯一郎递交过一份意见书，认为"被称作为甲级战犯的这些人不是战争犯，因为供奉战犯而反对首相参拜靖国神社的这种论调是不可理解的"。在对待"南京大屠杀"的问题上，野田认为"南京大屠杀肯定派的理论已经是漏洞百出"，对于日本政府在否定"南京大屠杀"问题上采取的"软弱"立场进行了批判。在钓鱼岛问题上，野田向国会提出了要求国会通过确认"钓鱼岛"（日本称"尖阁列岛"）属于日本领土的决议案，支持日本议员登岛。尤其是在国际场合，野田佳彦逢人就说钓鱼岛，被称为"国际祥林嫂"。

2012 年 12 月 26 日，野田宣布内阁总辞职，正式辞去日本首相职务。

三、现任首相安倍晋三：著名鹰派政治家

生平：

1954 年，9 月 21 日出生于日本山口县。

1977 年，毕业于日本成蹊大学法学系。

1979 年，任职日本神户钢铁公司纽约分公司。

1982 年，任日本外相（安倍晋太郎）政治秘书。

1993 年，首次当选众议员。

2000 年，出任内阁的官房副长官。

2003 年，9 月任日本自民党干事长。

2005 年，10 月任内阁官房长官。

2006 年，9 月 20 日当选自民党总裁。

2006 年，9 月 26 日出任日本首相。

2007 年，9 月辞去首相职务。

2012 年，9 月 26 日任自民党总裁。

2012 年，12 月 26 日第二次出任首相。

1. 出身"纯种政治世家"

在日本政坛，平步青云的幸运儿能够出道，多得益于政坛显贵政要的庇

护，一直以来，显赫的家世背景几乎是日本政治家踏入政坛的通行证，安倍晋三于 2006 年和 2012 年两度出任日本首相，绝非偶然。

安倍晋三出身于庞大的政治家族，祖父安倍宽为众议院议员，父亲安倍晋太郎曾任日本外相。安倍显赫的母系家族更是"首相多产户"，外祖父岸信介和外叔祖父佐藤荣作，都曾担任日本首相。岸信介曾被列为"二战"甲级战犯，在东条英机等 7 名甲级战犯被处死后获释，成为日本政治权力中枢的罕见政客。

安倍晋三的父亲安倍晋太郎，是一位早期即积极从政的政治人物。安倍晋太郎和前首相岸信介的长女岸洋子结婚时，就萌发了从政的野心。从东京大学毕业后，安倍晋太郎到日本媒体求职，面试官问他："你一生中最大的目标是什么？"他毫不犹豫地答道："像父亲一样成为一名政治家。"婚后不久，安倍晋太郎便提出竞选国会议员，虽遭到岳父的反对，但仍以高票当选。此后，安倍晋太郎官运亨通，相继出任农林水产大臣、内阁官房长官、通产商业大臣、外务大臣和自民党干事长等职，成为日本 20 世纪七八十年代活跃于日本政坛的显赫政治家之一。安倍晋太郎曾两次竞选日本首相，虽然最终都未成功，但离首相宝座只有一步之遥。得知父亲竞选首相失败的消息，担任父亲秘书的安倍晋三痛哭失声。据安倍晋三说，他从父亲那里接受的教训是："作为一名政治家，为了达到自己的目标决不能淡泊"。安倍晋太郎担任外务大臣时，把自己的儿子安倍晋三选为政治秘书，手把手地传授儿子从政经验。在担任外务大臣期间，安倍晋太郎曾出国访问 38 次，开辟了所谓"创造性外交"，其中有 20 次是携安倍晋三同行，安倍晋三后来津津乐道的所谓"主动出击"的外交，即得自父亲的真传。

安倍晋三的母亲岸洋子，从小沉浸在政治斗争的氛围里，20 岁就开始跟随父亲进行竞选演说，在几百上千人面前发言也从无惧色，成为父亲岸信介竞选首相的左膀右臂。洋子从小就非常崇拜作为首相的父亲，将能否当上首相视作评价男人的唯一标准。平时，洋子不苟言笑，但关键时刻却能语出惊人，并能对政治风云做出最恰当的判断。岸洋子 22 岁时嫁给安倍晋太郎，从此改名安倍洋子，她倾尽全力支持丈夫竞选首相，但天不遂人愿，安倍晋太郎两次竞选失败而无缘首相宝座。洋子便把培养自己儿子成为日本首相作为唯一的生活目标，她常常教育儿子说："男人就要做政治家，做政治家就要当首相。"安倍洋子对生育和养育出首相政治家有非常执著的信念，并为之不懈努力。安倍晋三本人也不讳言："我的政治基因之中有更多的是来自母系。"

成功男人的背后都有一个好女人，对于安倍晋三而言，如果说他顺利进入政坛靠的是父亲母亲，那么结识大批政坛精英并获得广泛支持，则在很大程度上归功于娶了一个好太太安倍昭惠，也是因为母亲为他物色了一个完美的媳妇。安倍昭惠是日本森永制果公司创业者的外孙女、该公司总经理的女儿，比安倍小8岁，两人于1987年成婚。在昭惠嫁入安倍家后，洋子把自己的知识和经验传授给了昭惠，并带她出入一些重要的政治社交场合，使之成为安倍晋三重要的政治助手。昭惠是公认的日本政治家妻子典范，积极参加丈夫的助选活动，但从来不抢走丈夫的风头。从20世纪90年代末安倍晋三进入政坛，到后来成为日本首相，昭惠如影随行。昭惠还是时尚中人，负责在幕后设计安倍晋三的形象，经她的"妙手"操持，安倍晋三始终以英俊潇洒的形象出现在公众场合。他身材高挑、风流倜傥的形象，曾获日本男人时装协会颁发的第31届最潇洒着装奖。经过昭惠的精心设计，安倍晋三面对闪光灯谈吐温和、举止优雅，很快成为日本妇女杂志及电视观众喜爱的专访对象。据日本舆论分析，安倍晋三在自民党总裁选举中胜出，首先得益于"相对俊朗的外表"。

正是因为这种"纯种政治家"的家庭背景，使从未担任过内阁大臣且政绩乏善可陈的安倍晋三，能够过关斩将，顺利登上首相宝座。

2. 名门阔少铁杆鹰派

安倍晋太郎没有等到登上首相宝座就病逝了，成为"悲剧的首相候补"。安倍晋太郎是小泉纯一郎初踏政坛时的恩师，小泉就任首相后也"一报还一报"，把安倍晋三安插在内阁官房长官这个出镜率极高的位置上，助推安倍晋三继承父志，向首相职位发起冲击。安倍晋三倒也不辜负小泉一片苦心，虽然从政经验不丰富，而且无重要政绩可言，但得力于小泉的鼎力相助，加之个人形象所具有的"政治魅力"，赢得诸多日本国民的认可，凭借家族背景和声望，2006 年终于如愿以偿成为首相。

安倍晋三的政治"性格"同其外祖父一脉相承，属于自民党内的鹰派。作为日本中生代政治家，安倍晋三保守色彩浓厚，他自己也承认："我的政治DNA 更多地继承了岸信介的遗传。"2006 年竞选自民党总裁时，安倍晋三全面阐述了自己的政治主张，称要"制定符合旨在开拓新时代的日本国情的宪法，奉行开放的保守主义；要建立能够被世界信赖和尊重的、得到世界爱戴的、具有领导能力的、开放的国家；要向世界显示日本的魅力，发挥日本的特长，积极为世界做贡献，培养能活跃在世界各地并具有奉献精神的日本人"。

可以看出，安倍晋三的政治立场比较接近小泉纯一郎，在经济及外交政策上是小泉的忠实继承者，所以被称为"小泉的正统接班人"，在日本政坛有"比小泉更小泉"的称号。安倍晋三在担任小泉内阁的官房长官时，就曾在一些敏感的内外政策问题上频频发表过激言论，高调支持美国攻打伊拉克，始终坚持认为"美国攻打伊拉克是正当的"，安倍晋三甚至说"日本可以拥有原子弹和洲际弹道导弹""如果是最小限度地拥有小型战术核武器，未必违反宪法"。

首次就任日本首相后，安倍晋三公开主张修改现行的《和平宪法》，在涉及日本未来走向的重大问题上，处处显示自己强硬的主张与决断，在日本右翼政治势力中地位日益显著，逐渐成为日本右翼政治势力的代表性人物。

　　在参拜靖国神社问题上，安倍晋三态度之强硬被看做小泉之后典型的鹰派代表，他对参拜靖国神社问题一直不愿正面表态，有时采取"模糊战术"，刻意把水搅浑，不承认自己究竟是"参拜赞成派"或者"参拜反对派"。在首次出任首相之前，身为内阁官房长官的安倍晋三，于2006年4月15日"秘密"参拜了靖国神社。2007年1月，安倍晋三又以首相身份参拜了明治神宫，这里是纪念明治天皇和昭宪皇后的神社，也是日本右翼每年举行庆祝活动的主要活动场所。安倍晋三的举动曾引来媒体的强烈批评，甚至有媒体发表社论指出："一个不敢谈论历史责任，不敢直面靖国神社问题的人，不配担任日本首相。"但安倍晋三不为所动，坚持"要打自己的牌"，他在个人著作《通往美好的国家》一书中公然宣称："神社里供奉的甲级战犯不是罪人"，祭拜"为国捐躯的烈士"是国家领导人的应有行为。

　　出身"侯门"的安倍晋三虽然难免显露其"阔少"心性，但在成为首相后，出于内外压力，他不得不有所收敛，想尽办法淡化其鹰派色彩。2006年安倍晋三当选首相后，对一些重大问题曾表现出较为"温和"的态度，以致力于塑造"温和形象"。关于日本发动太平洋战争，安倍晋三说："开战的结果给亚洲人民留下了许多伤痕，包括我外祖父岸信介在内的（当时的）领导人对此负有重大责任，因此当然可以说（当时领导人的）判断是错误的。"日本根据《旧金山和约》接受远东军事法庭审判结果，日本不对审判结果表示异议。安倍晋三表示，第二次世界大战对亚洲各国造成巨大灾难和伤痛是事实。他说，"村山谈话"承认中国和韩国受到侵略、殖民统治，是内阁会议通过后发表的，安倍晋三内阁继承这一谈话。对于日本政府正式承认日军强制妇女充当"慰安妇"的1993年河野洋平官房长官谈话，安倍晋三说："包括我在内的现任政府将继续遵循这一谈话的精神。"应该说，上述态度是客观和公正的。

　　在公开的电视节目中，安倍晋三曾否认自己是"鹰派"。但总的来说，安倍晋三是更多地继承并强化了内政外交方面的鹰派作风，因此，在对安倍晋三政治风格进行评价时，才有了"比小泉更小泉""战斗的政治家""思想开阔的保守主义""战后最年轻、最具民族主义倾向的日本首相"等一个个名头和称号。安倍晋三第二次出任首相后，对一些重大问题的表态鹰派风格更加明显，他不断发表右翼言论，对第二次世界大战后东京审判结果提出质疑并企图"翻案"，挑战战后国际秩序，主张修改《和平宪法》《自卫队法》和《武器出口三原则》，声言要重写日本历史，甚至改变"赔罪"姿态，挑战周边国家的民族感情。安倍晋三的言论和举措，引起了中韩等周边邻国的不安和警惕，甚至招致作为第二次世界大战战胜国美国的不满。

3. 对华政策高调强硬

毋庸置疑，在安倍晋三的外交布局中，日美同盟关系是最重要的课题，强化与密切同美国的关系是安倍晋三的首选外交，中日关系则是仅次于日美关系的一对双边关系。长期以来，如何妥善处理中日关系，在日本国内是一个不容忽视的问题，安倍晋三也懂得中国对日本的重要性，特别是作为一个已经身在要职的政治家，安倍晋三当然会在中日关系方面费尽心思。

安倍晋三对中国并不陌生，他曾于 1995 年、1997 年和 2001 年多次访华。2006 年 10 月 8 日，刚刚当上首相的安倍晋三，便将出访的第一站选在中国，反映其对中日关系的高度重视。走下飞机，看到北京金秋时节前来迎接的人们真诚的笑脸，安倍晋三"破冰之旅"的心情一时轻松了许多。随行的妻子昭惠紧紧握住他的左手，好像是在安慰夫君，也好像是在告诉热情迎候的人们，安倍晋三并不是一个人们想象中的冷面铁杆鹰派。

2012 年 12 月，第二次赢得首相选战的安倍晋三，在记者见面会上表示："日中关系是日本最重要的外交关系之一，日本的经济发展离不开中国，日中两国保持良好关系有利于亚太地区的稳定和繁荣。"安倍晋三显然注意到了中日两国间一些复杂而敏感的问题，他坦言："双方共同对这些问题进行危机管控十分重要，同时两国应该思考如何避免政治关系影响经贸合作，今后将通过外交对话努力改善日中关系，让两国关系回到正常轨道。"

安倍晋三的上述言论值得肯定，不过他的基本执政理念和态度不可能一下子改变，也不可能仅仅通过个别谈话就说明安倍晋三改变了过去对中国强硬的态度。实际上，在安倍晋三看来，中日关系中存在的很多问题，其原因并不在日本而在于中国。安倍晋三多次表明希望改善中日关系的愿望，但并没有在一些具体问题上见诸行动，更没有在钓鱼岛等敏感问题上作出任何让步。

安倍晋三是在 1993 年当选众议院议员的，这一时期日本政界右倾化泛滥，这种政治环境对安倍晋三的影响很大。安倍晋三出生在山口县，在中日邦交正常化之前，山口县曾经出过 7 任首相，都是偏右翼势力或对中国不友好的首相，比如伊藤博文、田中义一。战后从这里走出的两位首相佐藤荣作和岸信介也是坚持"一中一台"的观点。1972 年中日邦交正常化后，日本政界的亲台势力如"日华关系议员恳谈会""青岚会""日华亲善协会"等，在日本政坛影响很大，而安倍晋三就是"恳谈会"成员之一。安倍晋三自己也不讳言："我被称为日本的'台湾帮'。"所有这些因素，对安倍晋三的对华政策及态度都有着重要影响。

第二次出任首相的安倍晋三对华政策日趋强硬，与其政治性格有关，更与日本政治的大气候有关。从总体上来说，近年来日本国内呈现越来越右倾化的趋势，持有右倾化政治理念的政治家越来越受到日本国民的追捧，安倍晋三的政治主张基本上适应了日本社会的右倾化需要。安倍晋三在对华政策上的强硬姿态也受到不少日本国民的赞赏，他之所以在政界迅速走红就同其在钓鱼岛等问题上态度极其强硬有关。他所主张的恢复日本传统文化、增强民族自信心等内容的民族主义，也得到很多日本国民的支持。

从目前来看，改善与发展中日关系的关键无疑在于安倍晋三的政策取向。安倍晋三只有在历史问题上深刻反省，通过放弃参拜靖国神社等能够让周边国家放心的行动，来为改善中日关系创造必要的气氛，然后在此基础上才有可能实现中日两国在各个领域的对话与合作，为中日关系的未来找到出路，同时也为日本的未来找到出路。

四、解读日本经济军事实力

日本是发动第二次世界大战的罪魁祸首之一，给包括中国在内的几十个国家带来了深重灾难，太平洋战争中偷袭珍珠港向美国叫板，又与远东的苏军正面对决。日本国家这么小，为什么敢于四处挑衅？说到底，这是以其经济军事实力为后盾的。中日两国的封建制度都在西方的坚船利炮下逐渐土崩瓦解，但是中国的洋务运动与戊戌变法都没能改变落后的制度。

反观日本，明治维新后举国上下同心协力搞西化改革，一口气改到底。从天皇到平民勒紧裤腰带买军舰，练新军，摇身一变成为帝国主义列强。甲午一战，清政府割地赔款，日本用 2 亿 3 千万两白银赔款大办教育，发展经济，创办大量近代企业等。之后的几十年中，日本制造的家电、汽车以及各种精密机械乃至各种小制品，凭借一流的质量在世界市场打出一片江山。而且日本国民坚韧自强，辛辛苦苦工作后把钱存到银行里，高生产高积累低消费，使日本逐渐地成为富裕的国家。殷实的财富积累，高水平的教育与科学水准，庞大的技术人才队伍，成为日本迈向经济大国的基石。

1. 日本经济实力有多强

经过战后的高速增长、中速增长和稳定增长，到 20 世纪 80 年代中期前后，日本经济实力和国际经济地位空前提高，已经成为名副其实的世界第二经济大国。

到了 20 世纪 90 年代中期的 1995 年，日元升值达到顶点，日本的 GDP 超过 5 万亿日元，接近美国的 70%，分别相当于德国的 2 倍、法国的 3 倍和英国的 4 倍，人均 GDP 已经超过美国。

进入 21 世纪，因汇率变动等因素，日本的 GDP 虽明显减少，但一直居美国之后，仍稳坐世界经济"老二"这把交椅。到 2005 年，日本的 GDP 为 4.4 万多日元，相当于美国的 36%，分别相当于德国的 1.7 倍、英国的 2 倍和法国的 2.2 倍，人均 GDP 相当于美国的 91%。

随着日本经济实力不断增强，占世界经济比重也直线上升。在日元升值达到顶点的 1995 年，日本 GDP 曾经占世界的 1/6，其后随着日元贬值而有所下降，2003 年约占 12%。

2011 年，日本的 GDP（国内生产总值）已经达到 6 万多亿美元，是名副其实的世界经济大国，也是经济强国。

从产业结构的国际比较来看，与美国、英国、法国等西方发达国家相比，日本三类产业结构的比例较为合理，达到了发达国家的先进水平，是一种现代化的生产和就业结构，为其经济的平衡、可持续发展创造了条件。

第二次世界大战后，日本通过大力引进国外先进技术并注重研究开发，迅速缩小了与欧美各国在传统工业技术方面的差距，提高了国际竞争力。到 20 世纪 80 年代中期，日本不仅在传统工业技术方面全面赶上或超过了美国，而且在高新技术的某些领域，也取得了一定的优势。

从 20 纪 80 年代中期开始，日本就一直是世界首屈一指的经常收支、贸易收支黑字大国、资本输出大国和海外纯资产大国，1993 年后，又成为世界第一外汇储备大国。其后直到 20 世纪末，这 5 个世界首屈一指的数据基本上没有什么变化。21 世纪初发生的变化是：世界第一贸易收支黑字大国和世界第一资本输出大国让位于德国，世界第一外汇储备大国让位于中国。

值得一提的是，由于国际收支方面的优势，意味着日本已经从贸易国家转为了债权国家，成为世界第一食利大国。日本所得收入主要来自本国所持有的海外资产，如海外债权和股票等金融资产。随着日本企业海外事业的发展，子公司收益增加，向国内总公司转移的红利和净利润也相应增加。另外，海外企业发行的公司债收入也随之增加。日本成为世界第一食利大国，与日本继续保持世界首屈一指的海外纯资产大国有直接关系。

2. 还敢说"买下美国"吗

在过去的 150 年中，日本经济的大起大落令全世界震惊。在 1868 年明治维新开始时，日本与大多数亚洲国家一样，封闭、传统、落后，而到了 1905 年，它击败了俄国，成为进入世界强国之列的第一个亚洲国家。随后，日本的扩张欲望迅速膨胀，炮舰的触角遍及东南亚各国，但第二次世界大战也让日本成为唯一受到原子弹轰炸的国家，战败的日本满目疮痍，很多人都认为它将从此一蹶不振。但出乎意料的是，经过了短短 20 多年，到 1970 年日本就成为世界第二大经济强国。

第二次世界大战后日本致力于恢复和发展经济，实行"国民经济的繁荣"和"社会福利的增长"的新政策，从 20 世纪 50 年代末进入经济高速发展时期，其后迅速成为仅次于美国的世界"经济大国"。

20 世纪 80 年代末，日本的大公司在日元急剧升值的背景下，开始在美国大肆收购包括洛克菲勒大厦在内的名贵地产，那气势似乎要把整个纽约和芝加哥买下来，美国媒体为此惊呼"珍珠港事件重演"。但是还没等美国人醒过神来，日本经济闪耀着光环的巨大泡沫转瞬间又突然破灭，大公司多米诺骨牌式的倒闭，银行破产、股市崩溃、房地产大幅下跌，经济从此进入长达十几年的停滞期，股票价值跌落了 70%，日经指数比起 1989 年的最高值下跌了 2/3，日本人自己称之为"失落的 10 年"。

日本经济在 1973 年受到国际性石油危机的冲击，增长速度放慢，转入"稳定增长"时期，但增长率仍然是主要资本主义国家中最高的。20 世纪 80 年代，日本出现泡沫经济，90 年代初日本泡沫经济破灭，进入长达十几年的经济低迷和停滞期，直到进入 21 世纪才开始复苏。

历史上曾是日本殖民地的韩国和受到过日本侵略的中国，大概是世界上对日本国民心态最复杂的国家，一方面不得不佩服日本人创造经济奇迹的能力，它是亚洲唯一有经济实力跻身于世界七强的国家，也是在 100 多年中绝无仅有的从世界经济体系的边陲国晋升到核心国的特例；另一方面，韩国和中国对同是黄皮肤、黑头发的日本人又有同类相轻之感，他们崇拜黄头发、蓝眼睛的西方文明，这西方文明并不包括日本，日本不过是自己暴富了的乡下邻居，不愿再认穷乡亲。所以韩国和中国国民心态深处，都有一种对日本的不信任，憋着劲要与日本一比高低。

日本对中国和韩国在亚洲的崛起也有戒心，并力图通过经济和技术的控制来保持在亚洲独占鳌头的地位，而且从理论和历史经验上说，一个富裕起来的国家，对生活安全的威胁使他们更容易产生心理的恐慌。

3. 经济软肋有何隐忧

尽管日本在经济规模方面仍次于美国而居"老二"，长期以来保持着多项"世界第一"，但与美国相比，其经济实力仍然是有限的，其发展也存在着许多局限。

（1）国内市场相对狭小。日本虽然也有 1 亿多人口，但其国内市场的现实规模一直不能与美国相比，潜在规模也不能与中国相比。从进口方面看，在日元升值以后虽然有较快的增加，却一直不足美国的 1/2 ，目前只相当于美国的 1/3，只占世界进口总额的 5%左右。从而，日本就没有起到在需求方面带动经济增长的火车头作用。

(2) 农业落后的制约。农业不仅一直是日本经济最薄弱的部门，而且多年来还一直处于衰退之中。由于日本农业没有国际竞争力，长期来一直受到政府的政策保护和政策扶持，所以就成为日本贸易自由化的最大绊脚石。尽管日本大力推行贸易自由化，但由于农产品贸易自由化这一软肋，日本就经常处于一种被动不利的地位。

(3) 资源能源贫乏的制约。在现代经济发展中，资源和能源虽然已不再是决定性因素，但要说经济发展已完全摆脱了资源能源的制约，还是很不现实的。特别是石油，由于日本几乎百分之百地依赖进口，所以，不仅第一次石油危机暴露出了日本经济的脆弱性，而且历次石油价格波动也都无一例外地对日本经济产生了相应的影响和冲击。

(4) 严重依赖美国经济。从战后经济恢复时期起，日本在资金、技术和市场方面全面依赖美国经济。随着高速增长和第二经济大国地位的巩固，日本虽然在资金和技术方面逐渐摆脱了对美国的依赖，其中在资金方面还支撑了美国经济，在产业技术方面也达到了与美国并驾齐驱甚或超过美国的程度；但在市场方面，至今也未能完全摆脱对美国的依赖。"美国打喷嚏日本就感冒"，这句话说了几十年，现在依然恰如其分。另外，在制造业生产技术及应用技术方面，日本虽然取得了世界领先的成就，但在基础理论研究方面尚还处于明显的劣势。

(5) 日本的岛国根性。日本是西太平洋上的一个岛国，明治维新以前长期处于闭关锁国的状态。明治维新以后，日本经济虽然在第二次世界大战前后都曾创造了奇迹，1970 年后又成了世界经济大国，但由于岛国根性，所以与大陆国家比，日本一直缺乏大国胸怀。在企业的国际交易和对外经济交往中，日本体现不出大国的气派，使人们对日本感到失望。在国际间产业结构调整和技术转移方面，日本也持谨慎保守的态度，生怕"空心化"或被他国超过。另外，由于国土狭小，人口稠密，日本在劳动力国际流动和吸收人才方面，也远没有美国那样的气度和胸怀。

由于上述原因，作为跟随发展的经济大国，日本虽然有上佳表现，但要做领先发展的经济大国，日本却力不从心，难以胜任。

4. 发展前景和潜力何在

资本、技术和人才是经济发展的基本要素。长期以来，日本保持世界第一资本输出大国、海外纯资产大国和外汇储备大国的地位，所以从资本方面来说，日本经济发展底气十足，通俗地讲就是，日本"不差钱"。因此，今后继续发展的关键就主要取决于技术和人才的因素。

(1) 教育和人才优势。日本是一个重视教育的国家，也是一个教育发达的国家。第二次世界大战使日本经济濒临崩溃，在战争中有255万人丧失生命，国民财富遭受严重损失。面对经济恢复时期亟待解决的问题，日本政府否定了战前的"强兵路线"，致力于"富国富民"。当政者认识到"国家的真正财富是由全体国民的教育程度决定的"，战后日本经济的腾飞，充分证明了发展教育和培养人才的重要性。日本政府为实现经济恢复和高速增长的目标，依据不同时期经济发展的需要，对教育体制、结构、内容等进行了及时的调整改革，保证了经济持续高速增长的实现。日本不仅过去成功地培养了高速发展所需要的大量人才，而且今后也不乏人才的优势。

(2) 庞大的科技队伍。日本全国的科研开发人员数量之多，所占比例之高，世界各国是没有的。从数量上看，日本每万人中科研人员的数量，居美国之后而远高于其他发达国家。从质量上看，20世纪80年代中期以来，日本高技术产品的出口额在主要西方国家中，一直保持第一位。日本的40种高技术产品中，有 90% 在技术水平和研究开发能力方面已赶上和超过美国，如半导体激光技术、太阳能发电技术等都在美国之上。日本科研人员在美国登记的专利，占外国人在美国登记专利总数的 1/5。

（3）巨额的科技投入。日本全国研究开发费占 GDP 的比例、企业研究开发费用占销售额的比例，这两项数值多年来都一直是世界第一。日本的科技投入总额仅次于美国，居世界第二位。但由于美国科技投入中相当一部分用于军事目的，因此在产业技术应用研究方面的投入，日本一直是世界第一，从而确保了日本拥有世界一流的产业技术水平。

（4）实施"科技立国"战略。20 世纪 80 年代日本提出并实施"科技立国"战略以来，中央政府、地方政府以及民间企业都高度重视，在中央政府的积极推动下，各地纷纷提出了"科技立县""科技立社"（"社"意即"企业""公司"）的口号，从而形成了从中央到地方、从宏观到微观的多层次推进"科技立国"战略的体制。"科技立国"战略深入人心，多方大力推动，日本科学技术发展取得了前所未有的成就，为经济发展提供了强大动力。

由于上述因素，尽管目前日本经济困难重重，但经济基础依然强大，在世界经济的地位丝毫没有动摇。其困难是相对以往的高速发展而言的，与一些发展中国家的困难不可同日而语。所以，不应低估日本经济的发展潜力，更不应低估日本的经济潜力向军事实力的转化。

5. 打造世纪新军自卫队

1950 年，由于美国占领军大部分调往朝鲜参战，麦克阿瑟认为日本必须重新武装，于是，他于 7 月下令成立 7.5 万人的警察预备队。为了不违反宪法第 9 条，警察预备队被指定为自卫性质。

1954年7月1日，警察预备队改称"陆上自卫队"，海上保安队改称"海上自卫队"，另外组建"航空自卫队"，合称"日本自卫队"。当初的自卫队有五项任务：防卫、治安、海上警卫、防止侵犯领空、救灾，规模也比较小，陆上自卫队13万人，海上自卫队舰艇总排水量5.8万吨，航空自卫队只有一个飞行队，自卫队的各种车辆、步枪等装备大部分都是美军的淘汰品。

随着日本经济实力的迅速增强，日本军队建设得到长足发展，在"质重于量"和"海空优先"的建军方针指导下，1958—1976年，日军实施了4次防务力量发展计划，实力大大增强。目前，自卫队已发展成为一支装备精良、训练有素、作战能力较强的武装力量，一支世纪新军已经站在东亚各国和世界人民的面前。

目前，日本自卫队编制总人数为26万人，实有兵力约23万人，其中陆上自卫队15万人，海上自卫队4.6万人，航空自卫队4.7万人，联合参谋部及情报本部3000余人。此外，日本自卫队还编有4.8万人的预备役及2.3万人的文职人员，可根据战时需要，迅速补充作战力量。26万人虽然不多，但由于日本国土面积狭小，分摊到每平方千米的军队人数达1.4人，远远超过中国的0.23人和俄罗斯的0.07人。防卫预算约490亿美元，即使在日本媒体眼里，日本自卫队的战斗力也是世界屈指可数的强大力量之一。

6. 海上：扫雷反潜"世界第一"

日本海上自卫队共有各类舰艇180余艘。扫雷部队拥有扫雷艇、扫雷舰、扫雷母舰、扫雷管制艇等承担扫雷任务的扫雷舰艇30余艘，居世界之冠。事实上，美国海军在亚太地区海域的扫雷作业还需依赖日本海上自卫队。海湾战争期间，日本海上自卫队就曾出兵海湾为美军扫雷。近年来，扫雷部队逐步引入了远距离扫雷器等最新装备，扫雷能力不断提高。日本媒体称，今后海上自卫队扫雷能力将依然是"世界第一"。

反潜是海上自卫队的看家本领。第二次世界大战中，美军潜艇击沉1000多艘日本商船，对日本工业造成毁灭性打击。日本媒体称："历史的教训使日本认识到，必须弥补这种致命的脆弱性。"如今，海上自卫队拥有P-3C反潜机数量仅次于美国，远远超过其他国家。海上自卫队的约50艘护卫舰几乎都是反潜"高手"。目前担任4个护卫舰群旗舰的"榛名"级和"白根"级等舰艇搭载有3架反潜直升机，是世界上罕见的重视反潜作战的舰种。日本媒体评价说："如此数量的同级先进军舰集合，给人的感觉只能用'可怕'形容。"

日本海上自卫队目前共拥有16艘常规潜艇，数量虽然算不上很多，但性能十分出众。日本媒体在评价日本海上自卫队最先进的"亲潮"级潜艇时称：除了没有携带核武器和在续航时间方面不及核潜艇外，其战斗能力与核潜艇相比，绝不逊色。日本拥有世界一流的常规潜艇技术，现已装备2艘不依赖空气动力推进的2900吨的"苍龙"级潜艇，并从瑞典进口了先进的"斯特林"AIP发动机，并开始在潜艇上进行实用试验。如果引入这种新的推进系统，自卫队的常规潜艇的性能将更上一层楼。

近年来，日本海上自卫队大力发展远程作战平台，2艘7700吨的"爱宕"级新型"宙斯盾"驱逐舰，具有强大的攻击能力，能准确快速对敌方巡航导弹和其他威胁作出反应。2艘1.35万吨的"日向"级直升机驱逐舰的服役，标志着日本拥有可在远洋活动的大型直升机搭载平台。

7. 空中：隐形战机横空出世

日本航空自卫队拥有各类飞机470架。航空自卫队重视发展第三代战机，装备的70架F-2战机是以F-16为蓝本，由日、美两国共同研制的

"混血战斗机"。日本媒体评价称，其技术含量大大超过F-16，尤其是在机身建造上，采用了最先进的复合材料一体成型建造技术，连美国的飞机都比不上。F-2还是世界上最先装备主动式相控阵雷达的战斗机，机上集中了代表日本电子技术精华的各种高技术装备。因此，每架飞机造价高达120亿日元，是世界上最昂贵的战斗机。日本媒体评价说：融合世界最先进技术同时又是最昂贵的F-2战斗机，无论从何种意义上都称得上是"世界第一"。

日军现装备200架F-15型战斗机，正在对现役的26架F-15战斗机进行升级改造。此外，日本自卫队还投入专项经费用于选购第四代战斗机，候选机型包括F-22、F-35、F/A-18等6种型号，最佳机型锁定在美制F-22上。因种种原因，日本与美国谈判引进F-22的工作一直不太顺利，日本决定投入巨资自主研制"心神"隐形战斗机。该机借鉴美国F-22型战斗机的设计，使用先进的雷达感应材料，数字化光传飞控系统，先进的航空电子系统，其外观和性能与F-22型机相似，大小与瑞典萨伯公司研发的"鹰狮"战机类似。日本媒体披露，"心神"战机具有隐形性和高机动性，将具备先敌发现、先敌攻击和先敌摧毁能力，预计将于2014年开始试飞。

日本航空自卫队共有4架KC-767型空中加油机，与美国空军的主力加油机KC-135相比，该机能多载20%的燃料，适应能力更强，它的货物和人员运输能力是KC-135的3倍，是目前世界上最先进的加油机。此外日本自卫队正在加紧研制C-X大型运输机，目前已编入采购预算；并且将为C-130运输机配备自我防护系统和卫星通信设备，以满足在海外行动的需要。

8. 陆上：战略预警空地一体

日本工业技术具有世界一流水准，因此可以制造出许多先进的高技术导弹，现役各类导弹 35 种，88 式地对舰导弹就是其中之一。据日本媒体披露，该型导弹研发期间在美国进行过试射试验。试射的导弹全部命中 100 千米以外的目标，令在场的美军军事人员愕然失色。

日本还投入巨资用于导弹防御系统的引进、研发和部署。在东京附近、关东地区、千叶县和神奈川县部署 9 套"爱国者-3"导弹，还计划在九州岛北部部署 4 套"爱国者-3"导弹。已经购买 4 套"标准-3"型导弹，还计划与美国共同开发"标准-3"Ⅱ型导弹以取代现加装的"标准-3"Ⅰ型导弹。日本还计划发展机载激光武器，构成陆海空一体、远中近程相结合的多层反导体系。

日本的陆、海、空、天基立体预警网络已初步建成。陆基系统主要由地面预警雷达组成，分别部署在青森等 4 个地面雷达基地；海基系统由舰载相控阵雷达和水下监测系统组成，已经完成对"金刚"级驱逐舰雷达系统的改造；空基系统由 E-2C 预警机、EP-3 电子侦察机、P-3C 反潜巡逻机等组成。此外，日本自卫队自主研发的新式坦克，能有效遂行反游击战和反特种作战任务，是世界上最昂贵的坦克。

9. 训练：世界水平当数一流

日本航空自卫队最让各国空军惊讶的是其居"世界第一"的空中保飞率。日本 F-15 战斗机的保飞率竟能达到 90%，比生产和装备 F-15 的美国空军还高。越是先进的现代化武器装备，其维护管理水平越高。能够保持 90%的保飞率，说明其维护人员的素质和后勤保障能力都是出类拔萃的，同时也说明了其部队的训练水平和素质均属一流。

据日本媒体披露，日本自卫队每年到美国进行的防空导弹实弹射击训练，即使使用老式的"霍克"导弹，其命中率也常常超出各国，位居首位，甚至让美军都惊叹不已。

日本媒体评价称：日本自卫队最实在的"世界第一"是其高素质的官兵。自卫队官兵的受教育程度都在高中以上，这才是真正世所罕见的。在日本，由于自卫队待遇优厚，加上现在日本经济不景气以及就业困难，为数众多的大学毕业生都来参加招考，选拔比例达到5:1。想竞争候补军官的职位，必须拥有大学本科以上学历才有应试资格，而且选拔比例更超过50:1，被称为"超难应聘职位"。

据日本媒体介绍，自卫队还继承了旧军队"陆军幼儿学校"传统，建立了独特的"学生自卫队"制度。陆、海、空自卫队分别设有各自的少年自卫队。年满15岁的中学毕业生就可以报考，然后作为年龄最小的士兵入校。这种学校竞争十分激烈，例如，陆上自卫队少年工科学校的选拔比例竟高达40:1。学生毕业后即为最年轻的三等军士，成为自卫队的骨干。日本媒体评论称："即便拥有高性能先进的武器，如果不能最大限度发挥它的性能，那也只能是一只外强中干的纸老虎。另外，无论是多么先进的高技术武器，归根到底需要人去操纵掌握。人的资源如果弱化，就什么也谈不上。"

2007年1月9日，日本政府把"防卫省"的牌子挂到原防卫厅的大门口，自此，防卫厅正式升格为防卫省，防卫厅长官随之升格为防卫大臣。防卫大臣将拥有和其他大臣一样的权限，可直接要求召开与防卫问题有关的阁僚会议，直接提出防卫预算。

毋庸置疑的是，自卫队在逐渐摆脱宪法的限制，朝"军队"的角色发展，这也是日本在"普通国家"化进程中的重要环节。因为如何重新树立国家形象，继经济大国后成为政治大国和军事大国；如何摆脱"特殊"的地位，成为国际社会中"普通"的一员，是日本在21世纪亟待解决的课题。

五、与中国领土争端：钓鱼岛和东海

大多数日本人可能都不知道钓鱼岛到底是什么样子，然而，围绕钓鱼岛主权，中日两国近来争端频仍，且愈演愈烈，让坐落在东海的这座小岛一直处于风口浪尖。日本右翼分子东京都知事石原慎太郎，甚至跑到大洋彼岸的美国口出狂言要"买岛"。就连日本首相野田也效仿石原，公开宣布钓鱼岛"国有化"的方针，日本在钓鱼岛问题上再一次刺痛中日关系。

在此敏感时刻，日本一些不负责任的媒体也借机煽风点火，推波助澜，鼓励政府与石原的购岛计划应当互动，要求日本当局提高军事实力，强化日美联防体制，做好防御"小型战争"的准备；并建议扩充海上警戒监视力量，调动各县的警察和机动部队在离岛地带戒备；甚至鼓吹说日本有必要整顿海陆空自卫队，使其成为岛屿监视部队。

在中日邦交正常化40周年之际，中日之间的领土争端却愈演愈烈？钓鱼岛争端是否会引发军事冲突？东海是否会变成"紧张之海"？日本这么没完没了地闹下去，将会把中日关系引向何方？

1. 一衣带水的友好邻邦

中日两国是一衣带水的近邻。中日两国同处东亚，两国关系具有悠久的历史，有着两千年的友好关系，也有近百年的对立关系，但在近一个世纪，一直处在不幸的时代，中国丧失了千万人的生命，蒙受了无法计算的物质损失。

在两国老一辈领导人和有识之士长期不懈的努力下，中日两国于1972年9月29日在北京签署了《中日联合声明》，实现了邦交正常化，开创了两国关系发展的新时代。1978年8月12日，两国缔结了《中日和平友好条约》，以法律形式确认了《中日联合声明》的各项原则，为中日关系全面发展奠定了政治基础。两国恢复邦交和《中日和平友好条约》的签订标志着这个不幸时代的结束，揭开了中日两国友好关系的新篇章。

1978年10月邓小平访问日本，这是中国高级领导人战后第一次踏上日本的国土。接着，1979年12月大平正芳首相访华。此后，日本每届新内阁成立，首相访华基本成为惯例，一直坚持到村山富市。中国党政最高领导人亦无一例外地赴日本访问。此后，两国之间建立起高级事务领导级定期协商制度，即两国副外长和外交参议官每年举行一次会议，后来，又确立了中日政府成员会议制度。

1982年6月，建立起中日民间人士会议，同年确立"和平友好""平等互利""长期稳定"的发展两国关系三原则，1983年又加上了"相互信赖"的内容，成为"四原则"。双方同意本着上述原则，建立起不受气氛左右的稳定而长期、扎实而持久的合作关系。在整个20世纪80年代，日本经历了6届内阁，各届内阁在发展中日关系上各有新意，都力争推动中日关系的发展。

中日邦交正常化，特别是友好条约签订使中日经济关系进入官民并举的新阶段，中日经济从单一的贸易关系向深入的经济合作关系发展，形成全方位、宽领域、多层次的良好格局。中日邦交正常化以来，两国经贸合作持续深化，双边贸易额从最初不足 20 亿美元，到突破 3000 亿美元。日本成为中国第三大贸易伙伴，而中国也成为日本第一大出口市场。两国经济上相互依存，互为最重要的经贸伙伴之一。中国已成为日本增长最快的出口市场，日本也已成为中国第一大外资来源国。

不容忽视的是，中日之间还有一些敏感问题影响两国关系的发展，除了历史问题、台湾问题、经济摩擦问题之外，当前较为突出的是钓鱼岛问题、东海油气资源开发问题。

2. 钓鱼岛争端缘何而起

钓鱼岛是钓鱼诸岛或钓鱼列岛的简称（日本称"尖阁列岛"）。钓鱼岛位于中国台湾省基隆市东北约 92 海里的东海海域，是台湾省的附属岛屿，主要由钓鱼岛、黄尾屿、赤尾屿、南小岛和北小岛及一些礁石组成。

钓鱼诸岛自古以来就是中国领土，它和台湾一样是中国领土不可分割的一部分。中国对钓鱼诸岛及其附近海域拥有无可争辩的主权，并且有充分的历史和法律依据。

早在明朝初期，钓鱼岛就已明确为中国领土，明、清两朝均将钓鱼岛划为我国海防管辖范围之内。1895 年日本趁甲午战争清政府败局已定，在《马关条约》签订前 3 个月窃取这些岛屿，划归冲绳县管辖。

1943 年 12 月中、美、英发表的《开罗宣言》规定，日本将所窃取于中国的包括东北、台湾、澎湖列岛等在内的土地归还中国。1945 年的《波茨坦公告》规定："开罗宣言之条件必将实施。"同年 8 月，日本接受《波茨坦公告》宣布无条件投降，日本政府又再次明确表示要遵守《波茨坦公告》的规定，这就意味着日本将台湾包括其附属的钓鱼诸岛归还中国。

但是，1951 年 9 月 8 日日本却同美国签订了片面的《旧金山和约》，将钓鱼岛连同日本冲绳交由美国托管。对此，中国总理兼外长周恩来代表中国政府郑重声明，指出《旧金山和约》是没有中华人民共和国参加的对日单独和约，不仅不是全面的和约，而且完全不是真正的和约。中国政府认为是非法的，无效的，因而是绝对不能承认的。

1971 年 6 月 17 日，日美签订《归还冲绳协定》时，这些岛屿也被划入"归还区域"交给日本。对此，中国外交部于 1971 年 12 月 30 日发表声明，强烈谴责美日两国政府公然把中国的钓鱼岛划入"归还领域"，严正指出"这是对中国领土主权明目张胆的侵犯。中国人民绝对不能容忍"，"美日两国在'归还'冲绳协定中，把中国钓鱼岛等岛屿列入'归还区域'，完全是非法的，这丝毫不能改变中华人民共和国对钓鱼岛等岛屿的领土主权"。其后，美国国务院发言人表示，"归还冲绳的施政权，对尖阁列岛（即我钓鱼岛）的主权问题不发生任何影响"。

日本方面强词夺理，为了说明钓鱼岛主权属于日本，外务省抛出了《关于尖阁诸岛领有权问题的基本见解》文件，外务省网站把该基本见解翻译成了中文，并且增加了关于钓鱼岛问题的"问答"，其中提到了 1929 年中国驻长崎领事冯冕给日本方面的一封感谢信，其中使用了"尖阁诸岛"的说法；还有 1933 年中国出版的《中华民国新地图》把所谓"尖阁诸岛"划归日本。外务省网站还特别提到了 1953 年 1 月 8 日《人民日报》的"资料"介绍"琉球人民反对美国占领的斗争"一文中有"尖阁诸岛"的说法；另外，为了证明中国在美国占领钓鱼岛期间的态度，日本还翻出了 1960 年北京地图出版社出版的"世界地图集"采用"尖阁诸岛"的名称等。

然而，日本这种利用台湾割让给日本期间中国官员的言行以及美国占领期间中国一些非正式不规范的地图，甚至报纸上的资料文章来反证日本拥有钓鱼诸岛主权的做法是没有说服力的。

尽管钓鱼岛自古以来就是中国的领土，但是由于美国在 1972 年把这些岛屿连同冲绳一起"返还"给日本，于是引起了中日双方的领土争端，并使该问题复杂化。日本不承认中日两国之间存在领土争端，而且想把日本实际控制这些岛屿的状况变成既成事实，中国政府坚决反对日本政府的这种错误主张。

鉴于中日双方的争议，中国政府从发展中日关系大局出发，在坚持一贯立场的前提下，为了不影响中日邦交正常化进程，与日方达成了此问题留待以后解决，不采取单方面行动，避免这一问题干扰两国关系大局的谅解。事实上，两国从 1972 年开始便把这个争议"搁置"了起来，双方也对从发展中日友好关系大局出发搁置争议达成了共识。所以，这个问题没有成为中日邦交正常化的障碍，《中日和平友好条约》谈判也绕开了有关钓鱼诸岛的争端问题。正因为两国政府都遵守着这个默契，所以，中日邦交正常化以来的几十年间，尽管出现过这样那样的事件甚至摩擦，两国之间却没有因为该岛屿的争端而使矛盾升级，更没有因此发生战争冲突。

这些年间，日本右翼分子在钓鱼岛问题上不断制造事端，中国政府均通过外交途径向日本方面提出了严正交涉。日方表示日本政府的基本立场是既不参与，更不支持右翼团体的行为，右翼团体的行为有害于中日关系发展，也背离了日政府立场。

3. 矛盾日趋复杂为哪般

进入 2012 年，一些日本政客，不顾中国人民的感情，在钓鱼岛问题上大做文章。1 月，日本冲绳县几位议员，擅自登上钓鱼岛；3 月，日本政府公然对中国钓鱼岛的 4 个附属岛屿进行命名；4 月，东京都知事石原慎太郎抛出购岛狂言；7 月，首相野田佳彦称，日本政府争取在 2013 年将钓鱼岛"国有化"，野田还表态，同意一些国会议员登上钓鱼岛举行哀悼日本难民的祭祀活动。

野田佳彦作为首相的这番表态，被日本多家媒体解读为：日本政府或将改变 2002 开始的不允许任何国民登上钓鱼岛的方针。日本为何围绕钓鱼岛频频滋事？从政客到政府，又隐藏着怎样的阴谋呢？

面对日本的步步紧逼，中国外交部强硬表态，中国海军于 7 月初在东海举行了为期 6 天的实弹演习，中方还派出渔政船在钓鱼岛海域执行常态化巡航。

7 月 11 日凌晨 2 时，中国渔政船在钓鱼岛及其附近海域巡航时，遭遇日本海上保安厅的阻挠，日方通过无线电喊话，要求中国渔政船驶出所谓日本领海。日本海上自卫队的反潜直升机组成 12 个编组，对钓鱼岛海域进行日夜监视。虽然这是中国渔政执法船正常的护渔巡航活动，但日本政府反应却异常激烈。外务省事务次官佐佐江贤一郎就此召见中国驻日大使程永华，向中国提出严正交涉。程永华当场坚决反驳，强调"钓鱼岛及其周边附属领土是中国的固有领土，中国将进一步在钓鱼岛海域实施巡航常态化"。按照外交惯例，大使在被东道国召见的情况下，都是表示将把东道国的意见向本国政府转达，而与对方据理力争、当面反驳的情况，在外交场合上比较少见。

自从 2010 年 9 月中日撞船事件以来，中国渔政船巡航钓鱼岛海域已经常态化。虽然日方也大都会有反应，但主要是媒体报道炒作，政府直接冲到前台交涉的情况非常少见，像这次反应激烈的情况更是没有出现过，其中的原因何在呢？

原因其实很简单，那就是这次中国渔政船巡航执法戳到了日本的痛处。实际上，钓鱼岛海域是个相对宽广的区域，为了避免引发中日两国的直接对峙和冲突，中国渔政执法船以往的执法行动一般都距钓鱼岛中心海域保持一定的距离，基本上不会进入 12 海里以内范围。根据联合国海洋法公约，一国领土海岸线的 12 海里以内属于该国的领海，在此区域内该国享有排他性的主权。7 月 11 日的这次巡航，不但突破了这个界限，而且中国外交部发言人还特地予以声明确认，表明中国在这一海域拥有无可争辩的主权，所以引发了日本的激烈反应。

为呼应日本政府的表态，在右翼政客石原慎太郎的蛊惑下，已经宣布准备购买钓鱼岛的东京都政府开始印刷 6000 张购买钓鱼岛的广告，并在地铁等地张贴，企图把钓鱼岛问题在民众中间炒作成热点。

4. 有识之士的独到见解

长期研究东亚问题的日本前高级外交官兼防卫大学教官孙崎享在《朝日新闻》上撰文，赞成"搁置现状，对日本有利"的观点，认为日本若是因钓鱼岛问题与中国发生军事冲突，必然是落败。

他提醒日本，从历史角度看，钓鱼岛并非自古以来就是日本的"固有领土"，是在 1895 年才列入冲绳县，中国方面也有史料说明该岛属于台湾，既然台湾是中国的一部分，自然就主张钓鱼岛属于中国。因此，在处理钓鱼岛问题时，必需清楚它"固有领土"的成分不足，应当定位为"纷争地"。

文章也追溯了中日建交时，中国领导人在钓鱼岛问题上的两个表述：1972 年，中国总理周恩来在针对钓鱼岛问题时说"双方应当去异求同"；1978 年，时任中国副总理的邓小平也说"我们这一代没有智慧解决的问题，就留给下一代解决"。

孙崎享强调，这些谈话都清楚表达了中国当局愿将这个问题"搁置"。换言之，也就是中方承认了由日本实效支配该岛，不愿用武力解决问题。这种提议，对日本是有利的。

孙崎享在其所著《日本的国境问题》中，描述了不少他在当外交官时期看到的"内幕"。他描述：邓小平 1978 年访日之际，与时任首相福田赳夫会谈后，日方没作任何发言。邓小平在会议后的谈笑中说："这个问题应当搁置。"后来，邓小平也在日本记者俱乐部举行的大型记者会上公开表白，把钓鱼岛问题"搁置"。

孙崎享还对媒体分析说："发生军事冲突的话，日本必败。钓鱼岛就在台湾附近，而台湾问题对中国来说是最重要的问题，所以那里也是中国防卫的最前线。一旦发生军事纷争，中国夺取钓鱼岛的可能性很大。不过，我认为尽管中国具有很强的军事力量，但不会主动去夺取钓鱼岛。因为对于中国来说最重要的是保障国民生活，而保障国民生活需要国际市场，中国和世界人民和平相处，从而保障中国需要的市场。这样的状况今后 20 年之内不会改变。"

日本前首相村山富市在家中接受日本媒体专访时指出，野田内阁宣布要将"尖阁列岛"（中国名：钓鱼岛）"国有化"，中国政府必然会作出反应，不然中国政府也难以向国民交代。所以，问题就变得复杂化。日中两国在"尖阁列岛"问题上应该搁置争议，根据历史的缘由和事实关系、现状等，以国际法为准则进行冷静处理，扩大对立只会使得"尖阁列岛"问题更加复杂化。

遗憾的是，像孙崎享、村山富市这样有识之士的独到见解，在日本并没有形成主流声音。针对近期发生的钓鱼岛争端，日本舆论甚少提到中日建交的"搁置"默契。而当石原主张"购岛"之后，随之响起的是"国有化"大合唱。

5. "购岛"风波从何刮起

2012 年 4 月 16 日，正在美国华盛顿访问的日本东京都知事石原慎太郎，突然声称要购买钓鱼岛，引起舆论哗然。恐怕很多人也不太清楚"购岛"

是什么意思——钓鱼岛是中国的固有领土，难道是向中国"购买"？石原慎太郎是典型的右翼政客，态度向来强硬，一直主张钓鱼岛"就是日本的"，日本地方政府东京都何来"购买"一说？石原怎么会突然冒出个"购岛"呢？

原来，石原口中所指的"卖主"并不是中国，而是一名所谓的日本私人"岛主"。

1895年甲午战争后，日本窃取了中国的钓鱼岛，从这一年开始，日本内务省以免使用费及期限30年为条件，将钓鱼岛租借给了福冈县人古贺辰四郎。经过近40年的开垦，1932年古贺家族向日本政府买下了钓鱼岛，从此钓鱼岛成为古贺家的私有地——"所有权"归私人，"主权"仍属日本政府。

到了1972年，古贺家族将钓鱼岛转让给了埼玉县大宫市企业家栗原国起，之后，栗原家族又将钓鱼岛租给日本政府管理，每年收取租金。如2010年度，日本政府向栗原家庭支付钓鱼岛租金2110万日元，北小岛和南小岛租金150万和190万日元。

石原慎太郎是日本东京都知事，也就是东京市长，是日本出了名的右翼分子，这次购岛风波，也正是因他而起。石原说"购买钓鱼岛"并不是心血来潮，而是深谋远虑之举。其实，"购买钓鱼岛"的心思，他在10多年前就有了。那时，他还是日本众议院的议员，不过当时栗原家族的态度比较消极，才没有成功。

钓鱼岛自古以来就是中国的领土，就算这次东京都政府从栗原家族手中"买"下了钓鱼岛，也无法改变这一事实。在国际更不会获得认同，那么，石原为什么还要上演一出购岛闹剧呢？

石原"购岛"之举的最大意义在于，不管东京都出面"购买"钓鱼岛是否合常理，但"购买行为"本身就是在"彰显主权"。在石原看来，此举表明了钓鱼岛对于日本来说就是"无可辩驳"的领土，因此方可买卖——在日本人的"主权"管辖下，行使土地产权的移交。而这一移交，尽管没有什么国际法上的意义，但在很多日本人眼里，必然加强了对钓鱼岛的主权意识。

在石原看来，由日本政府管理钓鱼岛，能够加强对岛屿的实际控制，由于他只是地方政府的官员，所以，只能以东京都的名义进行购岛。

那么，野田政府赞同石原的想法吗？

就在石原上演购岛闹剧期间，野田遇到了前所未有的困难。民主党出现严重分裂，50 名民主党议员宣布退党，使执政的民主党面临着在众议院席位难以过半的危机。此外，野田政府在提高消费税及重启核电站等问题上，遭到众多民众的抵制。再加上日本经济持续低迷，野田的支持率正在一路下滑。为此，野田借助石原买岛闹剧风波，使民众在钓鱼岛问题上支持野田政府，从而争取民众的更多支持。

6. "闹剧"背后隐藏着怎样的阴谋

7 月 13 日，中国的《人民日报》发出警告："钓鱼岛争端存在失控风险，日本不要玩火。"从命名到视察，再从购岛到垂钓，以东京都知事石原慎太郎为首的一批日本右翼政客，不断用钓鱼岛刺激中国的敏感神经。不过，令人有些意外的是，将这次钓鱼岛危机推向高潮的，却是日本现任首相野田佳彦。

2012 年 7 月 7 日是日本全面发动侵华战争七七事变 75 周年纪念日。在这个敏感的时间节点，野田佳彦首度宣称，为保持对钓鱼岛的稳定管理，日本政府正就购买有关岛屿并实现"国有化"进行综合研究。日本政府计划买下钓鱼岛本岛、南小岛与北小岛，并将这 3 个岛屿"国有化"。这是继当年 4 月以来石原慎太郎发表购岛言论后，日本政府首次公开表示购买钓鱼岛。

敏感时间发表敏感言论，野田的一番话使原本的购岛闹剧变得严肃起来。野田此举是迫于石原慎太郎制造的压力而顺水推舟，还是实现早已制订好的计划？日本购买钓鱼岛的背后究竟目的何在呢？

野田政府要将钓鱼岛"国有化"，也就是把个人名下的私有财产变为"国有财产"，从而由海上保安厅进行保管并登记为"国有财产"，海上保安厅有责任保护其免受海浪侵蚀和他国侵害。这就为海上保安厅在岛上设立灯塔、港口和岛上基础设施创造了条件，有利于日本加强对钓鱼岛的有效控制。

实际上，长期以来，日本政府都在企图将钓鱼岛"国有化"。2002年，自民党执政时期，日本政府以便于管理钓鱼岛为由，向栗原家庭租借了钓鱼岛，这相比之前的私有状态向前迈进了一步，为今后"国有化"埋下了伏笔。

2005年，日本政府公布的审定的教科书中，公然声称钓鱼岛为日本领土，并将其纳入日本防卫圈。

2010年，日本政府制定了离岛法律，决定把25个离岛国有化，其中就包括钓鱼岛。

可以说，把钓鱼岛国有化，本来就是日本政府蚕食钓鱼岛的一个重要步骤。而右翼组织的不断嚣张，自然有日本政府的默许甚至支持，在一些不便由政府出面的场合，便由右翼势力冲上前台。2012年以来，从民间到官方，从购岛到国有化，不得不让人怀疑，这是一场合谋。

7. "日中开战谁负谁胜"

毫无疑问，在石原慎太郎等日本右翼分子的煽动下，日本政府在钓鱼岛问题上对中国的挑衅值得反省。石原慎太郎是老牌政客，玩弄政治老谋深算，右翼分子的煽动蛊惑固然值得重视，不过有一个现实却是不能忽视的，80 岁的石原慎太郎已经连续 4 届当选东京都知事，相对走马灯一样不断更换的日本首相，石原可谓是日本政坛的"长青树"，而自从石原放出购岛狂言后，在短短 3 个月时间，东京都政府已经收到市民为买岛捐献的资金 13 亿日元。这样的结果让人不禁要问，为什么石原出格的言论和购岛闹剧会在日本如此具有市场呢？

石原的购岛闹剧得到了日本许多地方政府官员和民众的广泛响应，石垣市市长中山义隆、富山市市长森雅志、大阪市市长桥下彻等，都是所谓"购岛联盟"的骨干成员和捐款积极分子。由此可见，在当前处理中日关系的过程中，日本国内有一股政治右倾化的歪风。7 月 16 日，日本第一大报《读卖新闻》刊发的民调显示，65% 的日本人赞成日本将钓鱼岛"国民化"，反对的只有 20%。钓鱼岛问题正成为日本的热门话题，而主张在钓鱼岛问题上态度强硬则成为主流情绪，连普通民众都在谈论日中开战谁负谁胜的话题。

"全民右转"是当前日本社会的最大担忧。经济低迷、政局不稳，再加上地震、核危机等挥之不去的阴影，如今的日本人内心普遍存在焦虑感，右翼分子的言行给了他们渲泄的渠道。更严重的是，在日本整体的右倾舆论氛围和歪曲的教育背景下，右翼思想早已渗入日本民众尤其是日本新生代的心中。石原慎太郎甚至鼓噪说："如果在钓鱼岛问题上，日本不小心应对，日本将沦为中国国旗上第六颗也是最小的一颗星。"这些右翼政客，千方百计地利用中日关系的一些矛盾搬弄事非，制造对立，同时向政府施加压力，推动民众情绪向与中国对抗的方向发展，从而在日本政治发展中捞取政治利益。

从小泉参拜靖国神社到日本政府修改历史教科书，再到如今的钓鱼岛争端，近年来，中日之间摩擦不断。但是历史问题和领土争议问题不一样，像参拜靖国神社这样的历史问题，在日本国内也是认识不一，有人赞成，有人反对。但是，对于钓鱼岛这样具有领土争议的问题，日本上上下下的情绪和认识却基本一致。哪怕是左翼的日本共产党、社会党都坚定地认为钓鱼岛是日本的领土。因此，在外交牌中，选一个涉及国家主权的钓鱼岛问题，就会得到日本社会的一致支持，所以，为了选票，日本右翼开始罔顾事实，不断挑起钓鱼岛争端。

但是，不管日本在钓鱼岛问题上搞出多少花样，重新命名也好，购买也好，都改变不了钓鱼岛主权属于中国这个事实。

钓鱼岛的主权属于中国，这一点有明、清两代大量历史文献予以充分证明，美国把钓鱼岛"归还"给日本是非法的，石原慎太郎等右翼分子煽动的购岛闹剧更是非法和无效的。由于历史和冷战原因，钓鱼岛问题实际上是中日两国之间的历史遗留问题，也是美国在中日两国之间制造的问题。鉴于这个问题的复杂性，个人认为中日两国不应该在目前国际环境背景下无视现实而非理性地试图马上解决，而应暂时将该问题搁置起来，重视两国关系的大局，继续遵守搁置争议的默契，不试图打破现状，不试图获得无意义的相对优势，不制造紧张局势，不殃及周边国家，把问题留给后代解决，共同谋求发展，维护和平，实现双赢。

8. 东海争端分歧何在

东海油气资源争端是一个关系到东海海洋权益和主权归属的国家核心利益问题，是与钓鱼岛问题相类似的中日两国摩擦与争端的焦点。中日东海油气资源争端等问题由来已久，在两国政府外交博弈的背后，日本政府想要达到什么目的呢？

众所周知，东海蕴藏着丰富的油气等资源，哪个国家对这片海域拥有主权，那么这片海域的资源就属于哪个国家。

中国一直主张东海大陆架的自然延伸，认为本国的大陆架可以自然延伸到冲绳海沟，中日两国之间不处于同一大陆架。但日本认为包括西南诸岛在内的东海大陆架区域都位于同一大陆架，并将其作为划分"中间线"的基础，目的是以"中间线"分割东海专属经济区，与中国共享东海大陆架及其资源。日本政府及学术界认为，冲绳海沟的地质构造与从中国大陆延伸的大陆架以及日本西南诸岛的地质构造相同。因此，东海大陆架不是止于冲绳海沟，其东缘延续到太平洋海域。实际上，冲绳海沟只是日中大陆架之间的自然凹陷，同挪威海沟一样，不能成为划界的重要因素，所以可以不考虑日中相向大陆架间的具体情况而平分划界。

说到底，东海油气田开发涉及的是大陆架的矿物资源，而非专属经济区的生物资源。日本自知理亏，在大陆架方面缺乏事实及法理依据而处于不利状态，所以有意混淆大陆架和专属经济区的区别，目的是改变问题的性质和实质。日本政府引用一些学者观点认为，应该按照《联合国海洋法公约》中关于专属经济区的条款划分大陆架。在海洋划界中，专属经济区的条款与大陆架条款相比居于优先地位。专属经济区的划分是以 200 海里范围海域等距离为基础的，《联合国海洋法公约》有关大陆架的规定表明，大陆架在 200 海里以内从属于专属经济区。因此，日本政府认为应该按照划分专属经济区的等距离原则分割东海大陆架。

由此可见，中日两国在此问题上的分歧非常明显。

日本在对待东海大陆架划分和其他海域大陆架划分上坚持不同的标准，一方面想方设法寻找论据驳斥中国坚持的东海大陆架自然延伸原则，另一方面却按照《联合国海洋法公约》规定的自然延伸原则扩大本国的大陆架。2004 年以来，日本海上保安厅、文部科学省、资源能源厅以及海洋科技中心、石油天然气和金属矿物资源机构、水产综合研究所等机构和多家民营公司，对日本东部、东南部太平洋上的小笠原诸岛、南鸟岛、冲之鸟岛等 9 个海域进行了大陆架调查。日本认为在冲大岛海岭南方海域、南硫黄岛、南鸟岛等海域中，大陆架自领海基线起超过了 200 海里，于是在 2008 年 11 月，向联合国大陆架划界委员会提出了延伸申请，并附有庞大的海底调查数据，申请面积为涉及 74 万平方千米的太平洋海域，相当于国土面积的两倍，根据这一计划，日本将成为世界第 6 位海洋大国。

2008 年以来，日本海洋开发机构在政府的主导下有计划地对东海等周边海域的资源进行了探测开发。日本石油天然气金属矿物资源机构所属调查船资源号在东海进行了三维物理勘探，实施地质构造调查，为石油、天然气探矿作业积累了必要的基础数据。从 2010 年起实施基础试钻探，获取周边海域的详细地质数据。经过探测，日本已经确认的 11 处海底热水矿床，其中一半在东海。在冲绳本岛西北约 100 千米的海底，发现有典型的海底热水矿床黑矿和世界最大的海底热水湖，表明这一地区蕴藏着巨大的海底热水资源。

9. 加紧争夺海底资源

1994 年年底生效的《联合国海洋法公约》，对世界很多国家的海洋安全战略及海洋政策都产生了重要影响，对岛国日本的影响尤甚。日本立即修改了本国的《领海及毗连区法》，提出新的领海划界方法。明确将直线基线作为划界的方式之一，并提出了"中间线"的主张。采用直线领海可以由基线起向外扩大 12 海里，加上基线内侧的内水，日本可在整个水域行使主权。其中，日本提出的宽泛的直线基线制度，将离岸很远的岛屿作为拐点。

日本的这种"霸道"行为，连美国国务院也提出批评，指出许多段基线不符合《联合国海洋法公约》第 7 条规定。尽管如此，日本仍坚持自己的原则，单方面在东海划出一条"中间线"，以谋取最大的海洋利益。

2007 年 4 月，日本参议院以多数赞成票通过了《海洋基本法》，根据这部法律，日本内阁成立了综合海洋政策本部，总理大臣担任本部长，内阁官房长官和海洋政策大臣担任副本部长，名义是对海洋进行"综合、一元化管理"，实则把目标瞄准东海划界、东海资源开发等敏感问题。

根据同时出台的《海洋构筑物安全水域设定法》规定，日本国土交通大臣有权将海洋挖掘设施周围半径 500 米内范围设为"安全海域"，禁止未经许可的船舶进入，如船舶不听劝阻，海上保安厅可依法采取行动。该法律的实施，主要是防止中国船只进出日本主张的东海大陆架界线日本一侧，以保护日本在东海的海洋权益。当日本公司在此开采资源时，日本政府在开采船周围设定安全水域，防止他国的"干扰行为"。这些单方面法律的出台，限制了别国的船舶航行自由，使东海划界问题进一步复杂化。

2008 年 4 月，日本已经悄悄地将钓鱼列岛的领海基线划定，并正式提交联合国。为了对划定为日本领海基线的海岸低潮线进行保护，保障其主张的专属经济区和大陆架的法律地位，2010 年 5 月，日本政府又出台了《低潮线保护和据点设施整备法》，并划出了日本周边 185 个低潮线保护区，其中包括西端的钓鱼群岛（8 个区）、南端的"冲之鸟岛"（14 个区）、东端的南鸟岛，规定不得在保护区进行海底开采、砂土挖掘、新建设施等作业。这些法案的出台为日本主张的钓鱼岛、"冲之鸟岛"等专属经济区和 200 海里外大陆架提供法律基础，特别是要使目前在"冲之鸟岛"建设的人工设施合法化，造成人工岛屿的既成事实，将日本的海洋扩张计划落到实处。

2003 年 8 月，中国着手开发春晓油气田，以此为契机，日本对东海油气田的关注再次升温。"春晓"（日本称白桦）油气田位于所谓的"日中中间线"中方一侧大约 5000 米处，2004 年 5 月，当我方开发有进展时，日本非常着急，其媒体大肆进行煽动性报道，称中国的开采行动"超越东海海域中间线"，"侵犯日本海洋权益"，声称中国"企图独占东海海底资源"。因此，日本政府顺势而上，不仅提出"吸管效应"，多次向我国索要有关开采数据，还成立了"海洋权益相关阁僚会议"，专门研拟计划与我国争夺海洋资源。

2004 年 7 月，日本租用挪威三维调查船在"中间线"东侧海域独自进行地质调查。2005 年 2 月和 4 月，日本政府先后两次向外界发布其对该调查船所获数据进行解析的报告，认为中方开发的油气田地下矿脉与日方相连，而且中方的开发还会吸走部分属于日本的油气资源。2007 年以来，日本每年出动多艘调查船在东海、冲之鸟岛等敏感海域开展海洋调查活动，在日本紧锣密鼓的调查活动背后，其目的是不言而喻的。

10. 屡派战机巡视东海

2009 年日本首次将海洋政策问题写入防卫白皮书，此后，不断加强在东海的巡逻警戒，出动巡逻飞机对东海进行大范围侦察巡罗。日本《产经新闻》曾报道称，日方对"天外天"油气田的动向大都是通过日海上自卫队巡逻机侦察获知的。

2008 年以来，日本海上自卫队的巡逻机频繁在我"春晓""天外天"等油气田上空侦察飞行，不仅在中国平台周围上空盘旋侦察，有时还穿越中方平台上空，个别情况甚至做出俯冲等动作。当我舰艇、潜艇、飞机在东海活动时，日海上自卫队会派巡逻机进行监视。

2009 年年初，日本海保厅开始出动巡视船在东海海域实施日常化警备巡逻。日海保厅巡逻船队还配备 1 艘直升机巡视船。当中国海上执法船执法巡逻、海洋调查船在东海作业时，日本海保厅都派巡逻船队赴该海域实施巡逻，有时增加船机进行跟踪、监视。这一年，日本防卫省把驻冲绳那霸基地的 F-4 战斗机部队换防为 F-15 战斗机部队。在换防仪式上，日航空自卫队西南航空混成团司令认为，在东海海底资源等问题上，领空的防卫工作备受关注。目前，在完成冲绳本岛的兵力调整和部队改编后，日本继续向西推进兵力部署。

2010 年 3 月，日本陆上自卫队按时完成了驻那霸第 1 特混旅的撤编，新编的第 15 旅集战斗、工程、防化能力于一体，从整体上提高了在西南地区作战的机动性和灵活性，提高了应对突发事件的快速反应能力。

2011 年 8 月，日本防卫省作出决定，将把新成立的陆上自卫队"沿岸监视部队"的配备场所定在日本最西端的冲绳县与那国岛，以填补先岛群岛周边海域的防卫空白，加大军力部署，以应对可能出现的复杂事态。

总之，随着中国东海油气开采不断取得进展，日本在原以"中间线"划分东海立场基础上，进一步扩大"争议海域"范围并要求共同开发，谋求攫取更多油气资源，对中国维护海洋权益构成严重挑战。然而，日本坚持认为中国东海油气田位于"争议海域"，要求进行共同开发，但却拒绝共同开发钓鱼岛海域油气资源。

近些年来，中日关系之所以会常起波动，与其说是由于双方缺乏相互了解的结果，不如说是当前中日两国政治互信不足或摩擦加剧的反映。中日在东海存在钓鱼岛主权、海洋划界、资源开发等分歧，高度复杂敏感，影响和制约了两国关系的稳定发展。双方要立足大局，坚持通过对话和协商妥善处理有关矛盾和分歧。

【专家点评】

读懂日本，过程极其漫长

日本是一个让我们永远无法忽视的近邻，在两国 1000 多年的交往中，有过繁荣与和平，也有过鲜血和残暴，还有过敌视与冷漠，相互之间承载了太多太多的历史，沉重得似乎一想起它，心头就习惯性地隐隐不快。

20 世纪初，著名学者梁启超说："中国人寡知日本，不鉴，不备，不患，不悚，以至今日矣。"这句话放到现在，似乎依然成立。百年来，"中国"这个庞然大物，日本人放在解剖台上不知解剖了多少次，但直到今天，还没有一本中国人写的关于日本的书超过美国人 60 多年前写的那本《菊与刀》。

中日之间的交往始于公元 1 世纪，到了 19 世纪中后期，中日两国的处境极其相似，都是内忧外患。中国曾试图通过自身的改良，强国强民，却最终没有成功；但日本的明治维新却成功了。中日两国不同的境况，加上其他复杂的原因，导致了不同的结果。

日本打开国门之后，负责制定近代化战略的日本领导人，对近代化几乎一无所知，当时的日本充斥着前所未有的难题，但他们找到了解决问题的最佳途径，就是学习西方的技术与文化，同时又保有自己的特色。

现代的日本在飞速发展，是世界舞台上升起的一颗新星。发展中日世代友好的睦邻合作关系，需要我们更全面地认识日本、了解日本。中国社会需要知道，当中国确实没想招惹日本的时候，为何日本对中国强硬的政客群一拨强似一拨？中国学界不要总告诉我们，那是因为日本人对中国发展的心态失衡所至。这太笼统了，我们需要找出这一切发生的具体细节和其演变的脉络。

中国崛起，需要和平的外部环境，就东亚来说，尤其要消除日本对中国的过度敌意。如本章所述，日本是世界上更换政府领导人最频繁的国家，这不仅使本国政局动荡，还让很多国家被迫"时刻准备着"，不得不针对日本领导人的更换而随时做好政策调整。中日之间也是如此，双方领导人的手还没握热乎，日本就突然又要换相，中国将不得不跟着再做适应。

首相的频繁更换表明，日本的政治文化和社会耐性没有能力打造强有力的领导人，因而在众议纷纷时不能形成领导者的权威和强势。社会虽然民主，但却一盘散沙，在重大决策时犹豫不决，患得患失。值得注意的是，日本首相频繁更换，但社会基本照常运转，不会发生什么大规模上街游行和骚乱，说明日本能"在变中维持稳定"，这也反映了日本独特的政治生态。除此之外，日本还有极其复杂又矛盾的文化形态，比如爱美又黩武，尚礼又好斗，等等。由此可见，深入而全面地熟悉日本、读懂日本，将会是一个极其漫长的过程。

第二章

雾幕后的国家——韩国

　　提起韩国，很多中国人并不陌生，最有影响的可能就是老少皆宜的"韩剧"，其次就是普通百姓都很喜爱的"泡菜""冷面"等韩国传统美食。其实，韩国人对中国也很熟悉，稍有些文化的上了年纪的韩国人，甚至会和你谈起中国的"四书五经"。韩国人还特别喜欢《三国演义》，其喜爱程度甚至超过中国人。时至今日，不少韩国人仍然很喜欢中国的汉字，在许多公共场合，依然能看到用汉字书写的楹联和匾额，著名的现代集团，就是用汉字书写自己的名称。同属儒教汉文化圈的韩国，对中国文化真可谓"情有独钟"。

　　最近几十年来，韩国发生了许多令人惊叹的变化。20世纪60年代初在外人看来毫无发展希望的韩国，几经沧桑，80年代时已发展成为新兴工业国的"优等生"，这些让世人不得不刮目相看。一个国土面积只有我国河北省的一半，而人口密度却居世界前列的国家，在短短30年的时间里能够取得如此巨大的成就，因此有人称之为"奇迹"。当这个国家于1948年诞生时，它还是世界上最贫穷落后的国家之一。那么，它腾飞的秘诀是什么？振兴之路又是什么？"雾幕"散去之后，展现在我们眼前的是一个怎样的韩国？

一、告诉你真实的韩国

1. 并不遥远的邻居

　　大韩民国自 1948 年 8 月 15 日成立以来，走过了曲折的发展历程，在政治、经济、文化等方面取得了令人瞩目的成就，成为重要的新兴工业化国家。

　　中韩两国同处东亚，是隔海相望的邻邦。历史上两国人民相互学习，相互帮助，交往密切，友好相处，从而促进了双方社会经济、文化的发展。近代以来，两国人民面对帝国主义的侵略和压迫，奋起反抗，在共同的斗争中结下了深厚的友谊。然而，第二次世界大战以后，由于众所周知的原因，中韩两国的正常交往中断，虽为近邻，"鸡犬之声相闻"，却"老死不相往来"。好在相互隔绝的一页已经翻过去，1992 年 8 月中韩邦交正常化以后，两国交往的大门重新开启，两国人民友好关系迅速发展。

　　在过去很长一段时间里，对于中国人民来讲，韩国曾经是一个陌生的国度，对这个国度的情况尤其是当代发展的情况了解得很少。

　　韩国地处朝鲜半岛的南半部，半岛总面积为 222154 平方千米。目前朝鲜半岛分成两部分，即朝鲜民主主义人民共和国（朝鲜）和大韩民国（韩国），属于大韩民国管辖的地区位于南部，面积约为 100148 平方千米，约占朝鲜半岛总面积的 45%，同中国浙江省的面积大致相当。

韩国不与中国接壤，它北与朝鲜相邻，东临日本海，西临黄海，东南与日本隔海相望。它的西海岸同中国山东半岛的最短距离约为 190 千米，南部港口釜山同日本的本州岛的最短距离约为 180 千米。

构成中国同朝鲜半岛之间陆地边界的主要是两条江，一条是鸭绿江，一条是图们江 (韩国称豆满江)。图们江的最后 16 千米也是朝鲜半岛同俄罗斯之间的边界。鸭绿江流向西南，最后注入黄海；图们江先流向东北，接着流向东南，最后注入韩国所称的东海 (日本称日本海)。

根据资料记载，韩民族起源于生活在中亚细亚阿尔泰山脉一带的种族。几千年前，这支部族开始东移，最后在一个包括中国东北和朝鲜半岛在内的地区定居下来。

大约公元 7 世纪的时候，朝鲜半岛上一些早期的小国统一为新罗王国。这是一件意义重大的事情，因为政治上的统一，后来巩固了讲同一种语言和有着相同文化的韩民族的同一性。新罗王国吞并西南部的百济王国和北部的高句丽王国之后，新罗王国的语言在半岛上占据了支配地位，半岛上的语言以新罗语为基础得到了统一。

半岛统一以后，新罗国王将其统治权交给了新建立的高丽王国。高丽王朝的开国君主叫王建，他以其家乡松都 (即现今的开城) 为国都，把王国定名为高丽。韩国的英文名称 KOREA，就是由此而来的。

高丽王朝后期，李成桂将军夺取了政治和军事大权，其追随者拥立他为国王，李成桂改国号为朝鲜，朝鲜王国建立后，迁都汉城。在韩国，标准语是汉城话。跟其他国家一样，韩国除了标准语之外还有很多方言。

韩国的国名在历史上也几经变更，1897 年，朝鲜高宗称皇帝时，定国号为大韩帝国。1919 年"三一"运动爆发以后，在中国上海成立的临时政府在其宪法上定名为大韩民国。1948 年在朝鲜半岛南部成立的政府定国号为大韩民国，以表示继承此前在上海的韩国临时政府的法统。

在很多国际场合，我们一眼就能认出韩国国旗，韩国的国旗是太极旗，象征和平、统一、创造、光明和无穷。韩国把安益泰谱写的交响乐《韩国幻想曲》中的插曲《爱国歌》定为了自己的国歌。

韩国的国花叫无穷花。无穷花又称槿花、木槿花，是一种耐寒的落叶灌木。无穷花一般在 7 月开花，花期长达 100 多天，故得名无穷花。

韩国的国旗、国歌等象征物，大都是在特殊和紧急的状况下决定的。太极旗是在列强势力蜂拥而至的危急时刻为了标榜主权和独立而制作，《爱国歌》则是在外国殖民统治下为弘扬民族意识和爱国精神而创作的。

2. 充满传说的秘境

韩国不仅历史悠久、文化独特，而且是一个四季分明，风景优美、三面临海的半岛国家，是世界上山地最多的国家之一，拥有世界闻名的秀丽山川。

韩国的整个版图呈弧状，向东突出；东高西低，北高南低，山地多集中在北部和东部，平原多集中在西部和南部，河流多注入朝鲜西海和南海；三面环海，海岸线长而复杂；老年期地形，山峰多呈浑圆状，只有少数地区因岩系或构造关系而出现尖峰陡峭的地形。最高的山是济州道的汉拿山，海拔 1950 米；其次是智异山，海拔 1915 米。

韩国的春秋两季气候清爽，三四月份满山遍野长满形形色色的花草树木，充满着生命的神秘和自然的美丽；九十月到处可以停车看枫叶，万紫千红，令人心旷神怡。

韩国人热情好客，并富有淳朴的幽默感。韩国不仅拥有风景如画的海滨、山岭、河川等自然风光和历史悠久的故宫、佛寺、石塔等古迹及充满文化遗风的民俗村、博物馆，而且还能体察到生息于这片土地上的韩民族的刚毅乐观的性格和浓浓的生活情趣。

韩国三面环海，岛屿众多，海岸线长约8600千米。东海岸，由于山脉走向与海岸平行，形成断崖峭壁。漫步韩国的东海岸，山色格外秀美，且以濒海耸立为待色。辽阔的海面与峻峭的山岭浑然一体。靠近海岸线有历史名胜江陵市，这里有李氏王朗时期的大儒李栗谷先生的故居。江陵北部有一个港叫做束草，居民多半从事渔业。这个港口左右挟着众多的名胜，如海水浴场、花岗岩峰、茂盛森林、幽静峡谷、佛教寺庙、高山瀑布等。

韩国首都首尔原名汉城，是韩国政治、经济、文化中心，是世界十大城市之一。今日在世界各国的大城市中，很少有像首尔那样能使传统与现代相互和谐的城市。古老的宫殿、城门、寺庙和博物馆里的无价艺术品，勾勒出了过去的轮廓，而闪烁的灯光、高耸的大楼、繁忙的交通描绘了现代的轨迹。虽然韩国在目前注重工业，已走向先进国家的行列，但韩国政府为了保存古迹费了很大的工夫。汉江本来是首尔市的南部界线，但是由于20世纪中期快速的发展，首尔市越过汉江向东南部扩张。现在汉江穿越首尔市中心，成为了城中之江。

韩国本来就是一个岛国，巨济岛、南海岛、梧桐岛皆是风景秀美之地。这里自然景观优美，有绝壁悬崖，也有奇岩怪石，古迹丰富，是人们无限向往的好地方。

3. 儒家文化影响久远

韩国可谓是虔诚信徒之国，多种宗教并存，多种教派林立，各种宗教信徒众多而又虔诚。韩国宪法保障国民的宗教信仰自由，世界几大宗教在韩国都有广泛传播。

韩国最古老的宗教是黄教即萨满教，发源于中国的黑龙江一带，在新石器时代由迁徙到朝鲜半岛的古代居民带去。佛教大约于公元4世纪传入韩国，对韩国人的文化、艺术、知识、道德信仰和社会生活产生了深刻影响。佛教思想在半岛盛行达一千年之久，在新罗和高丽时期被尊为国教。在佛教流行之时，中国的道教也传入半岛。在日常生活中，阴阳、占卜盛行，表现出浓厚的道家色彩。至今，韩国国旗上仍饰有太极八卦图案。

大约 15 世纪初，朝鲜王朝建立，排斥佛教，将来自中国的儒教奉为至尊，从此，儒家理论成为韩国人社会生活、道德伦理和价值观念的准则。以"三纲五常"为核心内容的伦理道德和"礼治"思想深刻地影响了韩国人的意识形态。之后，儒学成为一种地道的宗教，但它所规范的范围已不仅是教民，而是整个民族。

在韩国，儒家文化传统积淀非常深厚。产生于中国的儒教早在韩国历史的三国时代（高句丽、百济和新罗）就已广泛传播，距中国最近的高句丽，最早接受儒家思想。韩国曾派遣大批青少年渡海到中国留学，并带回大量的儒教文献。在国内设国学，教授儒学经典，并派代表到中国唐朝实地考察儒家学术。

儒家思想传入朝鲜半岛后，受到朝鲜统治阶级的推崇，很多内容为统治阶级所吸收。儒教在韩国代表了教育、典仪及公共行政的制度。韩国最早引进中国的科举制度，这个制度就是鼓励学习儒家典章，因此也使儒家的价值观深入民心。

儒学对韩国文化发展留下了不可磨灭的印记，尤其是在人伦道德方面，它教导人人尊崇五常，使儿童都懂得爱宗敬长。例如，韩国的孩子过生日，首先向父母屈膝躬身行大礼，表示感谢父母的养育之恩。这样，韩国人的生日，就不是片面地受礼的日子，而是子女感谢父母、父母祝贺子女的日子，可见儒学礼教对韩国人的影响之深。

儒学对于朝鲜来讲是一种外来文化，但经过朝鲜的统治阶级、思想家和许多学者的吸收、消化、加工和改造，使它就逐渐变成了朝鲜民族的思想意识，成为朝鲜思想史发展中的重要一环，而不再被排斥为外国的东西。

在韩国，儒学在近代虽受西方文明冲击，但影响依然很深，直到今天，韩国人也不敢说，韩国的风俗、习惯、思想形态与儒家学说没有关系。儒学作为一种宗教，其影响渗透到社会文化各方面。目前，韩国有儒教寺庙300多座，教职人员近2万，信徒人数仅次于佛教和基督教。

有人怀疑儒教传统和保守的思想可能成为韩国现代化发展的障碍。不过近年来，由于现代社会的物质主义及反人性，使很多韩国人都想从儒教学说中寻找解决的答案。他们认为，儒教可能是治疗现代社会各种病症的一剂良方。

4. 优雅的东方礼俗

韩民族在历史长河中培育了讲礼貌、乐于助人的优良传统，由此早就被誉为"东方礼仪之邦"。

韩国人待人谦和，更是注重礼仪，诚恳而又热情。18世纪末，游历世界各国的俄国旅行家格雷诺，在他的访韩纪行里写道："韩国人对旅行者自始至终尽心照顾，实在令人感动。待人如此宽厚以至令人倾心的人民，恐怕在这世界上再也难找到。"

如前所述，受儒家思想的影响，韩国人普遍相信修身、齐家、治国、平天下的道理。男人通常被赋予代表、维持及保护家庭的责任，他们掌有指挥权。韩国的妇女结婚后，通常大多不再参加工作，而在家里管理家务，伺候丈夫，养儿育女。但在现代思潮的影响下，目前妇女参加工作的人数越来越多。家庭秩序的维护来自对上级的服从，如子女服从父母、妻子服从丈夫、仆人服从主人等。

韩国人目前仍然强调对父母要孝顺，夫妻要相敬、对朋友要守信，虽然对统治者要尽忠、对老师要尊敬已经不那么受重视，但这种德性品质仍然深植于韩国人心中。韩国的传说或轶事通常也都是以儿女之孝或夫妻之贞作为主题的。

在家庭生活中，传统的韩国家庭是几代共居的大家庭制，养儿防老的观念使得一个家庭通常人数众多。在一般情况下长子成家后不与父母分家，负有赡养年老父母、抚养未成年弟妹的义务；次子结婚后分家另居。到了现代，这种大家庭正在逐渐消失，现在的新婚夫妻都愿意自己独居。

韩国人平时见面要鞠躬行礼，行礼时欠身，其程度则按双方年龄差异而有所不同。过去，凡是见了辈分、身份比自己高的，一概要行深鞠躬礼，甚至要跪地叩头。而现在，只在久别重逢时、向长辈拜年或举行仪式时才叩头。

在韩国家庭里，一家之主通常是权威的象征。家长的指示没有人敢不遵从。服从长辈非常自然，并且是最高的品德修养。韩国人保持着敬老爱幼、礼貌待人的传统习俗，老年人在家庭内或社会上普遍地受到尊敬。年轻人不仅在家里对双亲朝夕定省、照顾有加，而且在村外见到他家的老人也要鞠躬问安。吃饭时给老人摆上单人桌，家人不得先父母而动箸。年轻人不得与老年人同席饮酒、吸烟，如同席而无法回避时，年轻人也要举杯转过身来背席而饮，以示对席间老人的尊敬。晚生对长辈说话须操敬语，平辈之间初次相见也要用敬语，并说些"请多关照"等客气话。

韩国的敬老思想体现在各种礼仪仪式中，特别表现在崇拜祖宗的祭祀活动上。他们认为，人虽死但灵魂还活着。祭祀仪式不是单纯为了追悼纪念死者，而是活着的人与死者灵魂联系见面，并把祭祀看成在死亡日期前一天（观念上活着的日子）招待死者的一种好形式。因此，把祭祀的日子定在死亡日期的前一天。

每逢重大节日，韩国人都要带领子孙举行家祭或墓祭。他们认为祭祀是表达追念祖先的情感方式，因而常常利用祭祀的机会，为儿孙们讲述祖先的事迹，教育他们敬重祖先，不做有辱祖先的事。他们认为认真过祭礼是尽孝心的延续，因而将祖宗的遗像安排在明堂，不仅是祭祀的日子，而且逢年过节也都要摆好丰盛的食品，倒酒叩头，祈求死者安心，生者万事如意。每逢寒食节和中秋节，还要到墓地扫墓、奠祭。

韩国人的彬彬有礼，还表现在日常生活和社会交往中。在韩国的机关、学校或是公共汽车、地铁里，人们都彬彬有礼互相谦让。尊老爱幼并且为他人着想，成为整个社会的一种风气。在公共场合，很少看到大声喧哗或发生口角之类的事情，人们不是看书就是看报，极少闲聊侃大山。上下班高峰时间，地铁是非常拥挤的，难免有互相碰撞或踩着别人脚的时候，而每有这样的事发生，便听到表示歉意的声音，看到表示理解的眼神以及相互礼让的情景，感受到一种和谐的气氛。

当然，韩国的礼貌传统是与其良好的教育是分不开的。韩国非常重视对学生和儿童的礼节教育，并已将其纳入学校正规教育，在课堂上全面介绍待人接物、言谈举止、尊老爱幼、互敬互爱以及婚丧、节庆、祭祀方面的礼节与风俗，高年级的学生还要学习社会生活礼节，如鞠躬礼、跪拜礼、对拜礼、见面礼及各种称谓，还有国家生活礼节，如对国旗、国歌的礼节等。这些教育使学生认识到民族传统礼节的重要性，掌握各种礼节的基本要领，并使之生活化、日常化，变为生活中的自觉行动。

5. 深受喜爱的民族服饰

韩国的传统服装叫"韩服"。从发掘的古墓壁画资料中可以看出，有关衣服装束的习惯早在古代就已开始形成，到了三国时期便臻于完善。

三国时期的衣服，分为上衣和下衣，还有各种式样的外衣。到了高丽时期和李朝时期，衣服按照季节和用途，开始各具不同的长短和宽窄，外衣则按着性别、年龄、职业和身份有所区别，出现了多种类型，并逐渐形成了"韩服"的基本式样。虽然穿韩服在工作时不太方便，但看起来却很优雅、漂亮。

男装裤子的裤腰、裤腿都较宽，穿在身上时，裤腰前面掩上，然后系上裤腰带，裤脚要束在踝处。上衣的前襟可以敞开，有领子、前襟、袖子、领边和衱带。平时穿着时，左襟掩住右襟，在右前胸上系上衱带。上衣裤子多用白色衣料缝制，但也有用灰色、玉色等衣料。衱裤通常用同样颜色衣料缝制。

男装的外衣有坎肩和长袍。坎肩的左右两边上下各有一个衣袋，胸前有扣子。长袍的样式和衱一样，只是衣襟垂到膝盖以下，下摆渐宽。这些外衣，今天多半已只能在舞台上看到。

相比之下，女装则较为丰富。裙子，有紧身长裙和统裙，都是高腰的。紧身长裙是用宽大的裙幅裹身的，裙幅很宽，长得几乎挨到地面，穿后用左边或右边的裙摆掩住。统裙则是把裙幅缝成筒状，上边打了密密的细褶，下边自然地下垂。用做礼服或外出的较长，平时穿的较短，而且根据年龄的不同，穿的裙子长短也有所不同。

女上衣的式样基本与男上衣相同，不同的是短小，袖子肥，线条柔和，曲线美。女上衣常常使用不同颜色的布镶边，即在袖口、领子、上衣带子、前襟上缀上不同颜色的布饰。

儿童服装的基本式样和成人服装相同，只是做得符合儿童的生活特点和他们的喜好。考虑到孩子们的皮肤柔嫩，都是选用柔软的料子，而且颜色也鲜艳多样。童装的突出特点是彩袖上衣，把红、黄、蓝、绿等颜色的布条像彩虹一样拼起来做袖子。今天，人们很喜欢给女孩子穿上大红裙子和彩袖上衣。

穿"韩服"的女人，脚上要穿白色的袜子和船形的鞋子。传统的鞋子都是平底，只有一点点鞋跟。

6. 古朴又现代的乡村民居

虽然如今大部分的城市居民都居住在混凝土或砖瓦结构的房子或高层公寓内，但是仍然有很多传统的韩国式住宅散布在乡村地区。韩国式住宅通常是平房，以木材及泥土建造；屋顶不太高，以稻草或是瓦片做盖。

屋外院子有里院和后院，里院四周全是房屋，后院里种些果树和花草。后院和里院周围栽有各种树木，并砌有围墙。这就使住房的庭院绿树成荫，房内清爽宜人，很适于人们休息。

为防止冬天的严寒，屋内一般都铺着火炕，火炕下有用石头砌成的烟道，在灶口烧火时，使火焰和烟气通过烟道冲向烟囱，把坑烧热。在炕面上先糊几层薄纸，最后再糊上有厚漆的黄油纸。又光又滑的发黄油纸炕面，非常容易擦拭，保持干净，屋里也显得亮堂，令人身心爽快。

在房屋中间通常也会有一间木头地板的房间，这个房间比其他的大，是家人聚集的地方。洗手间及储藏室通常也都与建筑分离。房屋的结构、大小，根据家庭的大小，社会地位或财产状况有所不同。

房间内一般使用各种推拉门，白天便把推扇门敞开，使之紧靠左右边的墙。

在传统的韩国住宅里，家具都比较简单，每个人都坐在炕上。主要的家具是放被褥的立柜和放衣服的衣柜。绘画或是刺绣的屏风不但可作为装饰，而且可以作间隔用。

如同我们在韩剧里所看到的，在韩国住宅里一般是不需要穿鞋子的。

7. 摔跤比赛与荡秋千

　　韩国人能歌善舞，喜欢体育运动和各种游戏。有些传统的体育运动项目已走向世界，为国际体育界所承认。如跆拳道经过韩国体育界和民众的不懈努力和推广普及，已成为世界竞技体育比赛项目。围棋由中国传入，在韩国也十分普及，且技术水平很高，田径、球类等现代体育运动也十分发达。

　　韩国的娱乐活动繁多，其中摔跤、荡秋千等极富特色，反映了韩国人勤劳勇敢的传统和活泼开朗的性格。

　　摔跤是男人喜爱的民俗游戏之一，具有悠久的传统，与现代体育运动的摔跤比赛略有不同。

　　韩国传统的摔跤比赛，按年龄分组进行，分为儿童、少年、壮年三级，由儿童摔跤开场，逐步升级。

　　比赛开始，双方各右膝跪地，左膝弯曲，右手搂住对方左肩，从背后抓住对方腰带，左手紧抓对方腿带。随裁判员哨声同时站起，把对方摔倒或将对方膝盖以上部分贴到地面者为胜。

　　摔跤比赛采取淘汰赛的方式进行，每场以三局二胜制，优胜者为冠军，过去亦称"将军"。奖品通常是披红戴花的大黄牛，由当地最高负责人亲自授予，并让冠军骑上黄牛，主持人牵牛绕场一周以示荣耀。

　　摔跤多在端午节、中秋节及喜庆的节日和农闲期间举行。此时观众云集，喝彩声不断，也有优胜者的亲友在场唱歌跳舞的热闹场面，笑语连天，欢声不绝。

　　荡秋千是韩国妇女喜爱的传统娱乐游戏，历史已经很久远。据韩国的历史文献记载，每到端午节时，皇家贵族都要进行秋千比赛，文武四品以上官员都会出席观看，张灯结彩，热闹非凡。秋千在高丽时代已成为宫廷豪华、盛大的活动。民间也很流行荡秋千活动,一般在端午节进行。

由于封建礼教的束缚,年轻妇女一般不出门,唯独在端午这一天,她们聚集在参天大树下,身着鲜艳的民族服装,依次荡秋千,时而腾空而上,时而俯冲而下,长长的裙子随风飘逸,美丽端庄,姿态万千。

进行秋千比赛,首先要有秋千架。最早人们在村口或半山腰的柳树或松树的大树枝上系绳子当秋千荡,后逐渐发展为人工搭立秋千架子。秋千绳的手抓处要做安全带,下边做一个踏板,便于站立。荡秋千有单人荡双人荡两种,比赛以高度取胜负,办法有的是以树梢或树花为目标,看谁能踢到或咬到,有的是在高处挂一个铜铃,看谁踢的次数多,有的是在踏脚板下边系上米尺,看谁荡得高。

不但韩国妇女喜爱荡秋千,欢乐壮观的荡秋千场面,也吸引了许多小伙子们,因此荡秋千成为他们选择意中人的好时机。朝鲜古典小说《春香传》中的李梦龙就是在秋千地与春香喜结姻缘的。

8. 节俭与爱国的传统

历史上,韩国人就有崇尚节俭的传统。近些年来,随着人们生活水平的迅速提高,过度消费、奢侈浪费之风也悄然盛行。尤其是有些年轻人,追求高消费,热衷于赛马和高尔夫球,青睐进口高级小轿车,结果导致消费增长过快,储蓄水平下降,消费品尤其是高级消费品的进口数量激增。人们不禁担心,韩国还能重启节俭之风吗?

1997年的金融风暴震动了每一个韩国人。面对突如其来的打击,韩国民众表现出极大的爱国热情和团结牺牲精神,齐心协力,急国家之所急,忧国家之所忧,向危机挑战,以清醒而理性的思考和行动应付危机。

危机爆发后,韩国政府向全民呼吁,希望国民同舟共济,树立健康的消费观念，增强节俭意识，从节俭禁欲做起。这一号召得到韩国各阶层的理解和拥护，一场全民性的消费节约运动在风暴袭击后的韩国迅速掀起。韩国民众面对危机，从禁欲节俭做起，表现出了高度的共识和自觉。

这场发端于东南亚的金融危机，来得非常突然，迅速横扫东亚各国。在国家陷入严重困难的时候，韩国民众不仅"节俭禁欲"，更令人感动的是，还自觉地募集外汇、分担国债、奉献爱国之心。一些民间团体发起了"汇集外汇零钱活动"，不少城市的居民纷纷把手中暂时不用的美元存入银行，挽救危机。韩国外汇银行的一名顾客说："我只有 18 美元，不过我想我会把它存放在银行，希望它会对国家有点帮助。"一些商店为此专门设立了外汇优惠购物专柜，以极低的商业利润为国家换取和汇集个人手中的外汇。汉城金浦国际机场设立了捐款箱，让旅客捐出他们旅游时所剩下的外汇。更有甚者，韩国一家婚姻介绍所，为配合全国的献血活动，发起了"1998 献血——初会日"活动，这一机构为未婚参加者安排男女初次会面的聚会，同时鼓励未婚青年献血，以给国家增加外汇收入，帮助国家渡过外汇短缺的难关。

韩国民众还掀起了"献金爱国运动"。在韩国三家著名电视台的倡议下，韩国人翻箱倒柜，纷纷把珍藏多年的黄金首饰，如项链、戒指、簪子、钥匙链，甚至各种奖牌，捐献给国家，或以低于市场的价格卖给出口商。

在交售黄金的队伍中，一位年约 50 岁的家具店老板，拿着一枚幸运金钥匙说，这是他的业务客户送给他的礼物，很珍贵，但如今国家有困难，考虑再三还是拿来了。

一位背着不满两周岁孩子的家庭妇女，拿来了长辈们送给孩子的生日礼物——金项圈，她背上的孩子并不知道自己失去了什么。许多名人、运动员，把自己获得的金奖章、金奖牌献给了国家。韩国人还把自己收藏的钻石拿出来换取外汇，帮助国家。

韩国金融风暴震惊世界，韩国人在危机寒潮中的救国精神同样令世人震惊。尽管这场金融风暴对韩国经济产生巨大冲击，韩国最终从危机中走了出来。危机中韩国人表现出来的爱国热情和团结牺牲精神，让人们确信，韩国人一定能创造更多的"汉江奇迹"。

9. 为何如此重视教育

仅仅经过 30 多年的努力，韩国人民就把一个千疮百孔，贫困落后的国家，变成一个新兴的工业国，跃居亚洲"四小龙"之列。韩国的发展无疑是多种因素相互作用的结果，大力发展教育便是其中一个不可忽视的重要因素。

韩国历届政府都奉行"教育优先"的宗旨。早在 1948 年，在百业待兴的情况下，韩国政府确定首先发展教育。韩国颁布的第一部宪法规定："全国国民都有接受教育的权利，至少要接受初等义务教育。"1949 年，韩国就开始实施 6 年制初等义务教育，1953 年开始实施小学 6 年免费义务教育，到 1959 年时，小学与初中的入学率均达到 100%，高中教育也基本普及。与此同时，韩国的高等教育也已由"精华教育"阶段转入"普及教育"，1996 年，韩国大学的入学率就超过了美国，在校大学生占全国人口的比例居世界第一位。

建国之初的几年，韩国教育投资在政府预算中的比重均在 15% 以上，至 1985 年达到 20.3%，最高年份曾高达 28.2%，这一比例在世界 91 个国家和地区中居第 11 位。目前，韩国的教育经费支出是仅次于国防经费支出的第二大支出项目，教育投资水平约等于同等人均收入国家的 3 倍。从数量上看，韩国教育发展的每项指标在发展中国家中是最高的。它所达到的各级升学率同西方发达国家相当，有的甚至超过西方发达国家。由此可见，韩国的教育发展水平远远超过其当时的经济发展水平。

韩国政府对教师实行高工资政策，教员公务员法明确规定，教员公务员的报酬从优。在韩国，一般教师的工资远远高于白领工人，而大学教授的工资则相当于一个批发商的收入。由于教师的工资收入高，教师职业在韩国已经成为最有吸引力的职业之一。

在韩国，子女的教育在人们的心中占有十分重要的地位。大家都有不落人后的心理，千方百计培养子女，即使家境贫寒，也要想方设法供子女读书。20世纪50年代，许多农民宁可卖掉耕牛也要让子女上学，有的农民甚至将分得的土地也卖了。

据调查，现在韩国城市居民的家庭支出中，居第一位的是食品支出，紧随其后的便是教育开支，占家庭支出的18.3%。不管是城市还是农村，人们对教育的投资从不吝啬，都以子女能上大学而感到骄傲，而如果子女中没有一个上大学的，家长就会感到耻辱。对此，联合国教育组织的一位观察员曾经写道："……父母对教育子女的火热愿望，在其他国家是难以找到的。校舍的修建和维修费用，以及教师的薪金，大部分直接来自学生父母的口袋，许多父母忍饥挨饿让子女上学。"

凡此种种，都从一个侧面反映了韩国国民对教育的极端重视，反映了渗透于家庭中的"教育先行"的意识。尽管在其他国家里我们也可以看到父母节衣缩食供子女上学的现象，但似乎可以肯定，其他国家的这种现象没有韩国这样普遍。这种重教传统在韩国经久不衰，至今仍在发扬光大。

10. 韩国文化掠影

近年来，韩国电视剧风靡中国大江南北，催生了一批韩剧迷，金喜善等人成了中国家喻户晓的影视明星。韩国电视剧的走红，源于韩国独特而深厚的民族文化艺术积淀。与中国同属东方文化圈的韩国，有着较悠久的历史文化传承和丰富的文化遗产。

韩国文学传统源远流长，可追溯到几千年前的神话和叙事诗时代。早期神话都是有关建国、王室、贵族世家起源或民间英雄的记载和颂歌，而叙事诗则是叙述半岛早期文明的赞美诗歌。新罗时代的"乡歌"，便是根据本国语言写出的汉字（吏读）文学的典范之作。"乡歌"现存仅有 25 首，是韩国乡土文学的最早作品。而高丽时代末期出现的"时调"，则多是反映上流社会的生活和情趣。

李氏王朝时期，《训民正音》正式颁布使用后，对韩国文学产生了深远影响，简单易用的本民族文字使纯民间文学的诞生成为可能，但这种文学的普及却受到垄断文化的贵族学者们的抵制，大部分作家仍使用汉字，表音文字却成为妇女们的文学表达工具，出现了许多描述王室和贵族家庭妇女生活的通俗古典言情小说。到了朝鲜时代，盛行两大文学体裁，一是时调，属于上层社会的雅文学；一是唱剧，类似歌剧，通常由巡回小戏班演出，广受平民大众喜爱。

历史上，全体半岛人一直使用着同一种语言和文字，但由于半岛分裂已久，南北双方在对这一语言的称法上一直冠以本国国名，因此这种语言在南方被称为韩国语，在北方被称为朝鲜语。尽管在长久的语言发展过程中形成了许多独特的方言，而且南北分裂后由于双方语言发展环境和语言发展政策的不同使南北语言在用字、用词上出现不少差异，但这一单一国语仍能通用于半岛各地。这种独特的状况，在韩国的文学作品和影视作品中都有充分的反映。

大韩民国成立后，诗歌、散文、尤其是短篇小说仍在文坛上占据主导地位，先后出现过战争文学、暴露文学等文学主题。20 世纪 80 年代以来，随着社会经济的发展、人民生活的提高，政治空气趋向宽松，出版业迅速发展，文学创作日趋繁荣，每年都有大量的作品问世。

与文学创作同步发展的，是音乐舞蹈艺术。韩国是一个能歌善舞的民族，富有民族特色的传统舞蹈与现代生活气息浓厚的现代舞蹈，使韩国舞蹈艺术缤彩纷呈。

韩国的传统戏剧是和音乐、舞蹈密切结合的。最典型的是一种属于黄教仪式的假面舞剧，由音乐、歌曲、哑剧、对白和劲舞几个部分组成。木偶剧、曲艺、民谣也十分流行。

11. 与美国的恩恩怨怨

众所周知，韩国是在美国一手包办下建国的。

美国人最早到韩国是 19 世纪中叶。1851 年，有艘美国商船与法国的商船一起曾来过韩国济州岛的大静县和东莱龙唐浦。1865 年又有一艘叫做"舍门将军号"的美国武装商船来到韩国，企图进行盗墓活动，后全部被消灭。

1876 年，首先由日本迫使当时朝鲜王朝签订《江华条约》，韩国的门户正式被打开，各国列强也随之蜂拥而至。在这种情况下，以中国清朝的李鸿章的劝诱和调节为背景，韩国政府也开始与美国进行接触，并于 1882 年 4 月签订《韩美修好通商条约》。但总体来说，一直到 1945 年，美国在韩国的影响是相对有限的。特别是从 20 世纪初开始，日本在韩国的势力迅速膨胀，并于 1910 年正式吞并韩国以后，美国与韩国的接触就变得微乎其微了。

1945 年 9 月 8 日，美国首次在仁川登陆，开始了韩美关系史上的新时期。从 1945 年至 1948 年，朝鲜半岛南部经历了三年的美国军政府治理时期。此时的美国不太想承担过多的"责任"，并没有在韩国实施像他们在日本所实施的那种政治、社会等重大改革，也没有采取有效的经济复兴措施，只是提供了纯属"救济"性质的经济援助，以维持社会的基本稳定。

1948 年 5 月 10 日，美国不顾朝鲜人民的强烈反对，强行在三八线以南地区举行了首次选举，选出了"制宪国会"，制宪国会又选举李承晚为总统，李始荣为副总统，李承晚旋即组成第一届政府。8 月 15 日，大韩民国政府正式宣布成立。不久以后，朝鲜民主主义人民共和国在北方成立。朝鲜半岛分裂为两个国家。

朝鲜战争以后，美国认识到韩国是其全球冷战体系中重要的一个环节，于是开始重视韩国，在韩国驻军，帮助韩国进行战后经济重建。不过，美国人所能做的，除了经济援助，还是经济援助，韩国成为亚洲国家中接受美援最多的国家，也是一个仰赖美援经济过日子的国家。美援在一定程度上缓解了当时韩国社会的矛盾，然而它却抑制了韩国工农业生产的恢复和正常发展。于是在韩国历史上一个时期内就出现一个怪圈：美援越多，生产越不发达；生产越不发达，就越需要美援。

韩国是在"冷战"的国际背景下按照美国的政治模式建国的，几十年来，资本主义民主政治与这块土地上长期形成的历史政治陈迹并不那么融合和协调。作为两者磨合的反映，韩国执政者在资本主义民主政治框架下，根据统治需要，不断地修宪、改宪，从第一任总统李承晚到第一位文人总统金泳三，他们在执政期间几乎毫无例外地有过修宪改宪之举，可见，韩国的政治制度是未定型的、不完善的、处于不断地嬗变之中的。在这个远未完善的制度下，人民的政治民主权利常常得不到保证，这从反面激起了韩国民众强烈的政治民主意识和政治民主要求。

韩国政治制度十分接近美国的模式。的确，美国不仅把资本主义市场经济体制带到韩国，用巨额经济援助促使韩国经济走上资本主义市场经济的道路，而且把资产阶级三权分立的政治制度也带到韩国，希望韩国能建立起美国式的资产阶级民主政治体制。然而，韩国当时的政治基础和社会状况显然未能达到接纳美国安排的这套体制的程度。

12. "三八线"是怎样形成的

翻开世界地图，人们可以看到，生存于这个星球上大大小小的 200 多个国家，它们的国境线有的是以地壳运动而自然生成的山川河流为界，有的则依千百年惯例沿袭下来的传统走向为分野，只有朝鲜半岛的两个国家，以纬度线为界划分国境，这种特殊的国界线真是绝无仅有。

"三八线"这条特殊的国界线，它是如何划定的呢？历史过去了半个多世纪，"三八线"划定的秘密至今并不完全为人所知，因为有关资料和证据并未完全公开。

其实，朝鲜半岛原来是一个整体，朝鲜人民曾生活在具有悠久历史的统一国家里。20 世纪，对朝鲜半岛，对整个朝鲜民族来说，是不幸而痛苦的。1905 年日本强迫朝鲜签订《韩日协商条约》，在朝鲜设置"统监府"，把朝鲜变成了它的"保护国"。1909 年 10 月，韩国爱国青年安重根在中国的哈尔滨车站刺杀了沾满朝鲜人民鲜血的伊藤博文，日本以此为借口，把统监府改为总督府，任命日本陆军大臣寺内正毅为总督，在朝鲜实行高压政治。1910 年，寺内正毅勾结李朝总理大臣李完用秘密缔结了吞并朝鲜的《韩日合并条约》，公然吞并了朝鲜半岛，朝鲜丧失了主权国家的地位，成了日本的殖民地。

第二次世界大战后期的 1945 年 2 月，日本为了对抗即将对日宣战的苏联和防止美军在日本本土登陆，决定以北纬 38 度线为界，以北的日军划归关东军指挥，以南的日军划归直属于大本营的第 17 方面军指挥，以 38 度线划分南北两部分的祸根由此种下。基于这种情况，很多韩国人认为半岛的分裂很大程度上日本应负主要责任。

1945 年 8 月 15 日，当日本宣布无条件投降的时候，金日成领导的朝鲜抗日武装力量和苏军已经解放了朝鲜北部大部分地区，并继续向南挺进。美国由于没有充分准备，主要兵力尚在远离朝鲜半岛的冲绳和菲律宾等地，无法立即进驻朝鲜。在此情况下，在朝鲜的日本军队就得向苏军投降，这是美国极不情愿看到的。美国在不能立即抽调兵力进驻朝鲜半岛的情况下，紧急拟订了一个以北纬38度线为界与苏联分区接受日军投降的方案，即"38度线"以北的日军由苏联远东军总司令受降，"38度线"以南的日军由太平洋地区美军总司令受降，这一方案为苏联所接受。美军太平洋战区司令长官麦克阿瑟下令美军进驻半岛南部，美军两个先遣师在霍奇中将的率领下进入南方履行受降事宜。之后，苏军在该线以北、美军在该线以南分别接受了日军的投降，美军和苏军分别占领了朝鲜半岛的南方和北方，朝鲜半岛的分裂事实上已经形成。

"冷战"开始后，美苏战时联盟破裂，双方围绕社会制度和意识形态展开了全球范围的冷战。在朝鲜半岛，则以"38度线"为界，形成对峙局面。1950年6月朝鲜半岛爆发战争，进一步加剧了朝鲜半岛的分裂，朝鲜和韩国并列的局面最终得到确认。

"38度线"横跨朝鲜半岛，它把历史悠久、山川秀丽的朝鲜半岛分为南北两个国家。"38度线"两侧的朝鲜人，虽然分属于两个国家，可讲的是同一种语言，吃的是同样的饭菜，喜欢的是相同的衣着，崇尚的是相同的历史文化传统，怀有相同的民族自豪感。而"38度线"两侧的朝鲜人，却陷入相望而不能相见的痛楚而又无可奈何的境地。

"38度线"，这条不是分界线的分界线，把朝鲜半岛阻隔了半个多世纪。南北双方的朝鲜人民都在苦苦追问："38度线"何时能逾越？朝鲜半岛何时能实现统一？

二、韩国历任总统的政坛沉浮

第1任 开国总统：李承晚

生平：

1875年，出生于黄海道平山郡一个李朝王族后裔家庭。

1894年，入美国教会培才学堂读书，毕业后留校任教。

1896年，与人合组独立俱乐部，从事启蒙运动。

1898年，因阴谋推翻政府罪被判死刑，后改为终身监禁。

1904年，8月获释。被闵泳焕等人派去美国。

1905年，先后在华盛顿大学、哈佛大学学习。

1909年，9月回到韩国任汉城基督教青年会教师。

1910年，在普林斯顿大学获得哲学博士学位。

1912年，再次去美，进行抗日独立活动。

1914年，在夏威夷主办《韩国太平洋》报。

1917年，在火奴鲁鲁建立基督教学校和独立军官学校。

1919年，在上海当选为流亡的"大韩民国临时政府"总统。

1921年，辞去"韩国临时政府总统"职务。

1941年，被"海外朝鲜人大会"选为"对美外交委员"。

1945 年，组织"大韩独立促成中央协议会"。

1946 年，2 月任"民主议院"议长。

1948 年，5 月任韩国第一届国会议长。

1948 年，8 月当选韩国总统，1952 年、1956 年和 1960 年连任。

1965 年，7 月 19 日在美国夏威夷病逝。

1. 刺刀威逼下"选举"上台

日本投降后，美军进驻北纬 38 度线以南地区，实行军事统治。美国不顾朝鲜人民的强烈反对，于 1948 年 5 月 10 日强行在南朝鲜举行"选举"。

选举当天，美国占领军当局出动几万名军警强迫选民投票，但是绝大多数的半岛南部选民仍然抵制了这次"选举"，拒绝参加投票。据统计，参加投票的选民还不到选民总数的 30%。当选的 198 名国会议员，大部分是地主、资本家、亲日派官吏和亲美派政客。1948 年 8 月大韩民国成立，李承晚出任韩国第一任总统。

美国一手提拔的第一任总统李承晚，出身贵族，李氏王朝的遗风在他身上没有蜕尽，他喜欢美国人把他推上总统宝座，但不喜欢美国人强加给他的"民主政治"。在国会制定宪法期间，时任国会议长的李承晚坚决反对把"责任内阁制"方案写进宪法草案，认为"责任内阁制"没有"总统制"好，这样，原来宪法草案中的"责任内阁制"就改为了"总统制"。

李承晚任总统后，为了维持他个人的长久统治，曾两次修改宪法，把一院制改为两院制，把总统间接选举制改为直接选举制，反正怎么有利于保住他的总统宝座就怎么改，开了随意"修宪"的恶例。

2. "丽水起义"的枪声

李承晚上台后，韩国各阶层爱国人士，反对单独"选举"，要求国家统一，在韩国军队中产生了深刻影响，一部分官兵掉转枪口，站到人民的一边。1948 年 10 月发生了著名的"丽水起义"。

10 月 16 日，驻防在全罗南道丽水附近的韩国陆军第 14 团，奉李承晚之命去济州岛"讨伐"游击队，限令 10 月 25 日到达。该团拒绝执行命令，决定举行武装起义，计划联合其他部队，首先占领全罗南道的光州地区，然后再攻打汉城，推翻李承晚政府；如情况不利，则转入智异山地区，进行游击斗争。

10 月 20 日凌晨，起义军兵分两路，主力部队攻打丽水，另一支部队奔赴与丽水相距不远的顺天，争取第 4 团的支持。当天上午，主力攻占了丽水。下午，起义军在丽水市内召开了有 5 万群众参加的大会，宣布成立"丽水郡人民委员会"，并通过了"人民委员会"的斗争纲领。

与此同时，支持这一次起义的第 4 团，20 日晚在顺天成立了"顺天市人民委员会"。10 月 22 日，由 14 团和 4 团组成的起义军，乘胜向北进军。当起义军至全罗南道求礼地区时，遇到政府军 10 个营兵力的阻击和美军飞机的狂轰滥炸，两军对峙，你死我活，激战 7 天 7 夜，起义军终因寡不敌众，遇到了失败。政府在这次武装镇压中，打死起义军民 9450 余人，逮捕 23000 余人。

3. 身败名裂黯然下台

李承晚统治韩国 12 年，并没有把主要精力放到经济发展方面，而是专注于政党间的相互倾轧和个人的争权夺利之中，在国家经济发展方面甚至没有执行过一个像样的经济开发计划。韩国经济状况一直欠佳，人民生活基本上仍停留在朝鲜战争停战初期的水平，韩国人民普遍不满。而这一时期，韩国周围的国家或地区经济发展较快，人民生活水平明显提高，尤其是朝鲜北方的经济恢复和发展较快，韩国当时就显得十分贫穷落后，使韩国人民更加不满李承晚的反动统治。

而美国也不满李承晚的个人独裁，当时韩国的经济生活和财政很大程度上靠美元来维持，可是在经济重建的一系列政策和策略上，李承晚并不完全听命于美国，美国经济援助计划的目标难以实现，也失去了支持李承晚政权的热情和信心。

李承晚自从登上总统宝座的那天起，利用种种卑劣的政治手段，拉拢亲信，打击异己，操纵国会接连当上了韩国第二届、第三届总统。李承晚出任第三届总统后，对反对派继续采取又拉又打的办法。他一方面派亲信李起鹏等人与民主党、共和党的负责人进行会谈和拉拢；另一方面则严厉打击和镇压进步党等"反李"势力，还操纵了 1958 年第 4 届"国会"的选举，企图通过这些措施，打击和压制反对派，再次操纵 1960 年的"选举"，出任韩国的"终身总统"。

李承晚为了第四次担任总统，采取了以暴力威胁投票人、伪造选票、操纵选票统计等各种卑劣手段，遭到公民强烈抗议。首先是学生上街游行示威，接着大学教授和市民也加入到游行的行列，最终迫使李承晚不得不走下政坛，放弃总统宝座。

参加 1960 年韩国总统竞选的候选人除李承晚外，其他右翼政党有民主党的赵炳玉、统一党的金炳渊、反独裁保卫民主联盟的张泽相等人。在选举之前，其他候选人莫名其妙地在医院死亡，或突然在旅途中"急逝"，死因不明。激起了韩国人民对李承晚一贯操纵选举和打击反对派的不满。

1960 年 3 月 18 日，李承晚当选韩国第四届"总统"后，马山市首先举行示威游行，反对"不正当选举"。李承晚集团出动军警镇压，并把一些打死的群众尸体扔进海里。马山市的抗议烽火迅速点燃，汉城、釜山、大邱、仁川、光州、东莱等地纷纷响应，并迅速波及到韩国各地。汉城的示威群众突破反动军警的封锁线，包围了韩国"国会"的议事堂和电台，冲进了"内阁"办公厅和美国驻韩国的"经济合作署"，烧毁了李承晚的自由党党部，捣毁了市内警察机构。李承晚派第 15 师等军队和警察在汉城等地进行血腥镇压，仅汉城一地就有 183 人被打死，700 余人被捕入狱。

无奈之下，李承晚被迫辞去自由党总裁和总统职务，带着他的美籍妻子卜兰采斯卡离开韩国，"亡命"夏威夷，1965 年 7 月客死他乡。至此，统治韩国 12 年的李承晚自由党"政府"，终于被韩国"四月人民起义"的革命风暴所摧毁。

李承晚在民主政治的框架下实行类似于封建君主的独裁统治，最终激起韩国人民的强烈反抗，1960 年爆发的声势浩大的"4·19"学生民主运动把执政长达 12 年的李承晚赶下台。

第 2 任 倒在血泊里的铁腕：朴正熙

生平：

1917 年，11 月 14 日出生于庆尚北道善山郡。

1937 年，毕业于大邱师范学校，曾任小学教员。

1940 年，改名"高木正雄"考入伪满陆军士官学校。

1942 年，被保送至日本陆军士官学校学习。

1944 年，在伪满第 6 军区第 8 步兵联队任少尉。

1945 年，日本投降后以"难民"身份逃至北京。

1946 年，任韩国陆军士官学校教官，并晋升上尉。

1948 年，任第 14 团作战参谋。

1950 年，任陆军情报局科长、师参谋长。

1951 年，在陆军本部情报局、作战局、军需局任职。

1953 年，任第二军炮兵司令并入美国军校学习。

1954 年，晋升陆军准将。

1957 年，陆军大学毕业后，任师长、副军长。

1958 年，任军参谋长，军衔为陆军少将。

1959 年，任第 6 军管区司令、第二集团军副司令等职。

1961 年，5 月 16 日在美国支持下发动军事政变上台。

1962 年，3 月任代理总统。

1963 年，12 月当选总统，其后连任 5 届总统。

1979 年，10 月 26 日被韩国情报部长金载圭刺死。

1. 打造"汉江奇迹"

在朴正熙时期，虽然韩国的民主化进程有所受阻，然而他在促进韩国经济和社会发展中所作的贡献是明显的。朴正熙上台后成功地推行了出口主导型发展战略，实现了经济飞速增长的"汉江奇迹"，使韩国成为"亚洲四小龙"之一，并跻身于新兴工业化国家行列。

1961 年 5 月 16 日，青年军官朴正熙发动军事政变上台，建立军人政府，成为韩国历史上的重大转折点。朴正熙一改前政府在经济发展中消极被动、依靠美元"救济"的状态，积极奉行"经济发展第一"的方针，把韩国经济引上有计划自主开发的新时期。

从朴正熙上台到卢泰愚执政，30 年间韩国实施了 6 个"五年计划"，其中朴正熙时期先后制定并实施了 3 个"五年计划"以及第 4 个"五年计划"的前两年部分，韩国经济正是从这时开始步入高速增长轨道，拉开了"汉江奇迹"的序幕。经济突飞猛进，韩国人民用双手和汗水通过艰苦的劳作在战争的废墟上建立起了现代化的美丽家园。

在朴正熙的领导下，韩国现代史上第一次把国家的人力资源和自然资源有效地组织起来，经济获得了高速发展。从 1962 年到 1978 年，国民生产总值从 23 亿美元增加到 459 亿美元，人均国民生产总值从 87 美元增加到 1330 美元，年平均经济增长率接近 10%。朴正熙被刺身亡后，当年经济增长率就下降到 7.2%，次年更大幅度下降为负增长。

在外交上，朴正熙提出在平等互惠的原则下对所有国家实行门户开放政策，冲破阻力同日本实现关系正常化，从而结束了因日本长期占领韩国所造成的两国对立情绪。朴正熙采取政治与经济分离的政策，同"非敌对性国家"发展各种经济关系，于是中国便由"敌对性共处"国家变成了"非敌对性"国家，韩中建立了民间通信联系，双方相互允许本国居民到对方探亲、定居和参加国际会议。

2. 独裁统治激起民愤

1961 年 7 月，朴正熙在军事政权稳定后，对军队内部的其他派系进行了一次大规模清洗，清除有可能同他争夺统治权力的主要政敌，从而完全控制了韩国政治和军事等各个部门的权力。

朴正熙上台初期，主要是加强和巩固他的军事独裁统治。"5·16"政变当天，他便以"军事革命委员会"名义发布了"紧急戒严令"，解散"国会"、所有政党和社会团体，禁止一切政治活动，在韩国全境实行军事管制，并宣布军事政权将进一步加强同"以美国为首的自由友邦的纽带"关系，扩充"与共产主义对抗的实力"，以实现"国土的统一"。

为了加强对韩国的全面控制，1961 年 6 月朴正熙又设立了一个由他直接管辖的特务和情报机构——中央情报部，还颁布了"重建国家非常措施法""中央情报部法""特殊犯罪处罚法""反共法"等反动法令，动用大批军、警、特务，对韩国民众进行血腥镇压，并查封韩国 1200 多种报刊。1961 年 5 月中旬到 9 月中旬，遭到朴正熙军事独裁政权逮捕、监禁和屠杀的进步学生和各阶层爱国人士达 10 万余人。

在朴正熙的直接扶植下，中央情报部的机构规模越来越大，总人数达到 40 万人，每年活动经费高达 4 亿美元。

根据韩国宪法规定，总统只能连任一次。朴正熙通过军事政变掌握政权后，连选连任 4 次总统，掌权 18 年之久，历经第三共和国和第四共和国两个时期。

朴正熙为了实现终身总统的梦想，曾多次"修宪"。更有甚者，他在 1972 年 10 月以"来自北方的南侵威胁"为借口宣布戒严，解散国会、政党，公布新宪法草案，韩国人将此称之为"第二次军事政变"，也就是所谓的"十月维新"。"维新宪法"把总统的任期由 4 年改为 6 年，取消了限制总统连任的条款。"维新宪法"事件还制造了两起较大的案件：即 1973 年 8 月金大中在东京被绑架案，1974 年 4 月的"民青学联案"。

朴正熙统治时期，尤其是 1972 年公布"维新宪法"以后，对韩国人民反对法西斯军事独裁和要求民主、统一的斗争采取更严厉的措施，并不断打击和迫害政敌。连朴正熙的靠山——美国，对他的个人独裁也感到忧虑和不安。1979 年 6 月，美国总统卡特访问汉城，在同朴正熙会谈时，曾建议朴正熙改革政治制度，尊重"人权"，释放部分政治犯，以稳定朝鲜半岛的局势，但卡特的建议被朴正熙拒绝。

朴正熙尽管通过这些措施在一定程度上巩固了他的统治地位，但始终没有控制住动荡不安的政局，而他急剧膨胀的个人权力使韩国社会陷入了深刻的危机之中。

3. 餐桌上遭人枪击

朴正熙任职期间，为了保持"至高无上"的独裁统治地位，一方面，在统治集团内部进行了清洗。对有可能同他争夺领导权的金钟泌等人进行免职、撤换等，削弱这些人的势力和影响。金钟泌是朴正熙集团的第二号人物，曾被认为是朴正熙的接班人，他担任过中央情报部部长，协助朴正熙组织民主共和党，1971年6月出任总理，1975年12月被朴正熙免职后，便没有再担任要职。

另一方面，朴正熙重用全斗焕等一批追随他的中青年军官，重用支持军事独裁的崔圭夏等文职官员。朴正熙采取的这些措施，虽然对他的军事独裁体制有所加强，但也引起一部分亲信的不满。到20世纪70年代后期，朴正熙集团内部终于形成了"强硬派"和"稳健派"两大派势力。在韩国政治、经济、统治集团内部各种矛盾激化，以及人民反对独裁统治斗争继续高涨的情况下，朴正熙于1979年10月26日被他的中央情报部长金载圭枪杀。"第三共和国"的铁腕人物就这样倒在中央情报部豪华的宫井洞宴会厅里，一命呜呼，结束了长达17年的朴正熙统治时代。

据韩国报刊报道，"稳健派"代表人物金载圭对朴正熙在韩国实行个人独裁早就持有不同看法，曾多次向朴正熙建议用"温和"的政策取代"强硬"的政策，以稳定动荡的政局。金载圭被捕后，也说他是在屡次陈言遭到朴正熙的拒绝和申斥的情况下，为了"确立民主制度"，才采取了刺杀行动。

看来，金载圭刺杀朴正熙的目的，主要是为了去掉朴正熙这个障碍，以便推行具有所谓"民主"色彩的"温和"政策，当然也掺杂着金载圭多次受到朴正熙的申斥和冷落所产生的报复心理。金载圭虽然早就计划刺杀朴正熙，但对刺杀以后如何控制政局，准备得并不充分。因此，刺死朴正熙的当晚，他在陆军本部参加韩国高级军政官员的会议后，被全斗焕的10名要员诱捕。

第3任 军中出强人：全斗焕

生平：

1931年，1月18日出生于庆尚南道陕川群。

1955年，毕业于陆军士官学校。

1958年，历任连长、参谋等职。

1961年，5月参与朴正熙发动的军事政变。

1964年，毕业于韩国陆军大学

1967年，任首都警备师营长。

1969年，任参谋总长首席副官。

1970年，任白马部队第29团团长、第一空输特战团团长。

1972年，晋升准将。

1973年，任第一空输特战旅旅长。

1974年，任总统警护室副室长。

1977年，晋升少将，次年任步兵第一师长。

1979年，任陆军保安司令、汉城城防司令。

1979年，12月12日发动军事政变，掌握军队实权。

1980年，9月1日任总统。

1981年，1月创建民主正义党并任总裁。

1988 年，11 月退党后携妻子李顺子离汉城隐居百潭寺。

1995 年，因被指控为军事政变的主谋遭拘捕。

1997 年，4 月 17 日被韩国大法院判处无期徒刑，后被赦免。

1. 政变上台的总统

全斗焕是在朴正熙遭暗杀后出现权力真空之际发动政变上台的。朴正熙被击毙后，总统职务由国务总理崔圭夏代理。1979 年 12 月 1 日，虽然崔圭夏正式出任第 10 届总统，但在韩国政坛，他只能算是过渡人物。这时，前陆军参谋总长、戒严司令郑升和在清除朴所培植的军方残余势力时遇到重大障碍，同时也引起了军方核心人物的警惕。时任国军保安司令、戒严司令部调查本部长的"政治军人"全斗焕少将过去深得朴的宠信，在调查朴被杀事件过程中已掌握了军方和情报部门的实权，郑计划将其调往东海岸任海岸警备司令，剥夺其手中的权力。

12 月 12 日，以全斗焕为首的政治军人们，以取证调查朴被杀过程为名，逮捕郑升和，并与郑手下发生冲突。之后，全斗焕利用所控制的军方实权，逼迫总统与国防部长任命一批新将领，开展夺权，并迅速走上政治舞台。全斗焕代理中央情报部长职务，军方成为政治实权势力。

朴正熙被击毙后，韩国国内民主呼声达到白热化，1980 年春全国掀起一股民主化浪潮。5 月，在金大中的传统势力区光州，爆发了大规模学生示威游行，全斗焕在镇压光州运动的过程中控制了政治局势。1980 年 8 月，崔圭夏宣布下野，全斗焕出任第 11 届总统。次年 2 月，全斗焕脱下军装，组织民主正义党，依靠军方、情报两大支柱高票当选第 12 届总统，成立第五共和国。

全斗焕当选总统后，立即着手进行政治清洗。通过一系列措施，实现了舆论管制，军方完全控制了舆论。与此同时，全斗焕还禁止集会和政党活动，限制反对势力参政，著名反对党政治家或流亡国外，或隐退，或被捕。至此，全斗焕终于完成了其军人特色的铁腕统治布局。

2. 光州事件被赶下台

令人匪夷所思的是，全斗焕是靠镇压学生运动而上台的，也是在学生运动的威逼下而黯然下台的，这场学生运动就是他上台以后发生的光州事件。

1980年5月17日，以全斗焕为首的韩国军人政府宣布从5月18日起实行紧急军事管制，将"非常戒严令"扩大到韩国全境，查封国会、各在野党党部和大学，逮捕了平民党总裁金大中、民主党总裁金泳三、共和党总裁金钟泌等26名政界人士，并出动大批军警镇压自3月中旬兴起的学生运动，从而激起了光州人民的极大愤怒。5月8日，光州30多万名学生和市民举行了大规模武装暴动，从军械库夺取了约4000支枪和一些装甲车，并占领了市政府，将军警驱逐于城外。韩国当局立即调动17000余名武装部队前往镇压，使数千名暴动者被杀，伤者逾万，并逮捕了大批示威群众，至5月27日，军方基本控制了光州局势。

光州事件给光州人民留下了难以愈合的创伤，此后每年5月18日，光州市民和学生都举行悼念活动和示威游行，成为韩国学潮运动的导火索。

1987年6月，汉城的大学生在市政府广场为光州事件中遇难的大学生举行葬礼，参与者上百万人。这一活动有力地推动了在野势力发起的改宪运动，并使之达到高潮，迫使全斗焕同意改宪，同意采取总统单任期制和直接选举制，最终和平交出了政权。

3. 蹊跷的仰光爆炸案

1983 年 10 月 9 日，韩国总统全斗焕率领访缅代表团在仰光烈士陵墓活动时突然发生爆炸事件，韩国副总理徐锡俊、外务部长官李范锡等 17 名高级官员和 3 名缅甸人员当场死亡，韩国参联会主席李基白等 14 人和 33 名缅甸人受伤。全斗焕夫妇因交通拥挤比原计划晚到 7 分钟而幸免于难。事件发生后，全斗焕立即返国，连续召开内阁会议，采取应急措施，成立各部次官特别委员会，陆、海、空军和警察部队进入战斗状态，向缅甸派出特别调查小组。驻韩美军也进入戒备状态，但为了其战略利益，要求韩国保持克制，韩军未采取报复措施。10 月 14 日韩组成新内阁，陈懿钟任总理。

据韩国和缅甸当局称，这次事件是朝鲜策划的，在全斗焕访缅前，5 名朝鲜特工人员乘朝方商船进入仰光，提前安置炸弹。爆炸事件发生后，朝方特工人员 1 人被缅警方击毙，2 人被捕，现场还找到 2 枚未引爆的朝制炸弹和燃烧弹，朝方予以否认。

从 1987 年春开始，民主化浪潮席卷全国各地。6 月，全国各大城市民主斗争风起云涌，仅仅汉城每天即有百万人走上街头示威游行，呼吁民主复归。在这种形势下，执政党下届总统卢泰愚，承诺恢复民主，推行改革。政权交接之际，正是民主人士击败传统军方势力实现文人政治的良机，但是由于在野领袖金大中和金泳三在策略上的失误，尤其是个人权欲的影响，两人未能联手竞选，使同是军方出身的卢泰愚以微弱优势当选第 13 届总统。1988 年 1 月 27 日，卢泰愚走马上任，第五共和国结束，第六共和国成立。

4. 著名"星际大审判"

全斗焕登上韩国权力顶峰的那一刻，他做梦也不会想到，自己有朝一日会被推上审判台，受到法律的制裁，从而受到法庭的审判。

全斗焕的第五共和国与朴正熙的第四共和国一样，仍然是总统中心制，总统凌驾于一切权力之上，并兼任执政党总裁，集党政大权于一身。不同的是，全斗焕政府颁布的宪法修正案解散了统一主体国民会议，规定总统由5000名总统选举团成员选举产生，任期7年，不得连任。为了防止权力的无限扩大，修改后的宪法又从多方面限制了总统的权力。

令全斗焕没有想到的是，虽然他已经下台，但正是依据他任职总统期间的"5·18"特别法，全斗焕、卢泰愚被韩国检察机关正式起诉犯有"内乱罪"。从1996年3月起汉城地方法院就此连续开庭审判达35次之多，专门审理"12·12"事件和"5·18"事件，全斗焕和卢泰愚作为两次内乱事件的主谋和直接参与者接受审讯。

1996年8月，暑热正渐渐减弱，可韩国民众的情绪却沸腾不已。8月26日，汉城地方法院对全斗焕案件作出一审判决：全斗焕以叛乱及内乱主谋、受贿罪等被判处死刑。除全斗焕本人以外，当年追随他的14名将领中有1人无罪释放，其他13名分别被判处4~10年有期徒刑。

更加引人注目的是，涉及全斗焕案件而被送上被告席的重量级人物多达34名，这在韩国刑事判决史上绝无仅有，其中16名被告是军人出身，大将10名、中将1名、少将2名、准将3名。这16名军人原来佩戴的肩章上的星合在一起恰好共50颗，因此，这次审判也被称为"星的审判"。

虽然新当选总统金大中于1997年12月20日对全斗焕实行特赦，并恢复其公民权，但这次"世纪大审判"在韩国历史上的影响是巨大的，它向韩国社会昭示"王子犯法与庶民同罪"的原则，即使是总统犯法，也同样会受到法律的制裁，这在韩国历史上是前所未有的。这次大审判，打破了"刑不上大夫"的传统观念，沉重打击了韩国社会的"腐败病"，有力地促进了韩国的民主法制建设。韩国舆论认为，"星的审判"纠正了错误的历史，这是韩国建立面向未来的新政治的起点。

全斗焕辞职后，自我放逐到山区的一间古庙隐居，过着清苦的生活。

第4任 与中国建交：卢泰愚

生平：

1932年，12月4日出生于庆尚北道达城郡公山面新龙里。1945年，在大邱工业中学学习。

1950年，放弃行医的理想，进入宪兵学校。

1955年，毕业于陆军士官学校。

1959年，赴美国留学。

1974年，任空降兵特种部队第9旅旅长。

1979年，任第9步兵师师长、首都警备司令官。

1980年，任保安司令官。

1981年，以上将军衔退役后步入政界。

1981年，任安全和外交政务长官。

1982年，任体育部长官和内务部长官。

1983年，任汉城奥运会组委会委员长、韩国奥委会主席。

1985年，当选第12届国会议员，任民主正义党主席。

1987年，12月任韩国第6任总统。

1990 年，5 月任执政党民主自由党总裁。

1992 年，5 月 19 日再次当选民自党总裁。

1997 年，4 月 17 日被判处 17 年徒刑，后被赦免。

1. 韩国首届民选总统

全斗焕重演朴正熙连任总统的故伎，坚持间接选举总统法，压制民主，激起民众和在野党的强烈反对。迫于压力，全斗焕放弃了间接选举法，表示不竞选下届总统。在 1987 年 12 月 16 日的总统选举中，卢泰愚当选，次年 2 月 25 日正式就任韩国第 13 届总统，拉开了韩国现代政治史上的第六共和国的帷幕。

卢泰愚上台之际，正值韩国局势大转换之时，经济上一路扶摇直上的韩国陷入停滞甚至滑坡的低谷，尽管卢泰愚政府经济部门的主要阁员一再换马，仍于事无补。在经历了"八八奥运"的光辉顶点之后，韩国社会治安急坠而下。投机猖獗，犯罪横行，大多数人不再像过去那样吃苦耐劳，而崇尚超前消费，困惑，空虚，整个社会一片疲软。

卢泰愚是韩国历史上第一次经过民主选举产生的总统。在他执政期间，韩国政治结构发生了较大变化，军方已开始失去过去传统的无可争议的优势，反对党领袖人物的复出使执政势力受到严重挑战，两大在野党在国会中的议员席位之和超过执政的民正党，出现韩国宪政史上首次"朝小野大"的局面。国会权力、最高法院的独立性都大大增强，总统权力范围相对缩小，公民的言论自由、结社自由、出版自由等基本权利有了较大的改善，韩国的政治生活向民主化方向大大前进了一步。

在这种情况下，卢泰愚逐步与过去分手，并迫于在野党敦请，公开审理了前总统全斗焕的"五共非理"。之后又与金泳三、金钟泌领导的在野党民主党和共和党联手组建民自党，在国会中保住了绝对优势，在丑闻迭出、经济灰色中迎来他的任期结束。

1992 年 11 月，在大选即临、各党领袖势均力敌的情况下，卢泰愚为保证选举的公正性，首创性地在辞去执政党总裁职务之后退出执政党，并组织了负责总统选举的看守内阁。参加第 14 届总统选举的所有候选人清一色的是文人出身，没有一个来自军方，而且首次出现了代表大资产阶级的财阀政党。竞选结果，老资格的在野政治家金泳三借助执政党势力以及符合时代要求和中产阶层心理的竞选纲领，当选第 14 届总统，成为韩国史上第二个文人总统，开始了"文民政治"的新时代。

2. 秘密政治资金案缠身

20 世纪 90 年代中期，在韩国政治生活中出现了一件前所未有的大事，即前任总统被推上审判台，受到法律的制裁。被推上审判台的前总统还不只一位，而是两位，一位叫全斗焕，一位叫卢泰愚。他们在卸任后，以其在任时的劣迹，创下了韩国宪政史上的先例，即前任总统被逮捕，遭审讯；同时，也创下了韩国历史上，恐怕也是世界历史上的一个"第一"，即双卸任总统同时受审。

事情起源于金泳三上台后发起的一场"反贪风暴"，在这场声势浩大的反贪运动中，韩国检察机关发现，卢泰愚在任总统时曾以假名账号在银行存放了 6000 多万美元的秘密政治资金，在东洋投资金融还存有 3400 万美元的资金，卢泰愚的秘密政治资金接近 1 亿美元，成为韩国历史上最大规模的政治资金案件。

事件曝光后，卢泰愚举行记者招待会正式向国民道歉，并承认他执政期间从企业界收受 6.5 亿美元的"政治资金"存在银行开设的假名账户上，这笔资金主要用于政党的运营等政治活动和处于困境以及为国家作出贡献的人身上，在他卸任时这笔资金还剩 2.2 亿美元。为此，他在韩国大检察厅就建立秘密政治资金的问题出庭受审。

检察机关调查后确认，卢泰愚在总统任期内至少收取了大约 3 亿美元的政治资金，并认为这笔资金是卢泰愚从企业界收取的贿赂，卢泰愚遂被逮捕。检察机关指控他受贿 3.69 亿美元，依照特定犯罪加重处罚法正式向法院提出起诉。卢泰愚通过辩护律师在法庭上宣布放弃辩护，愿接受任何处罚。

接着，韩国检察机关以内乱罪再次起诉卢泰愚，指控他是内乱主谋，以内乱为目的杀人、执行内乱主要任务等。经过审讯，1997 年 4 月 17 日韩国大法院对他作出了终审判决，判处他 17 年徒刑。12 月 22 日被赦免。

3. 寻根中国终遂心愿

卢泰愚长期以来对中国怀有特殊的情感，他自幼知晓家谱，卢氏源于姜姓，为姜姓的分支，是姜太公的后裔，始祖起于中国山东。在中韩建交之前，卢泰愚曾不止一次到韩国西海岸，隔海眺望中国，企盼两国关系的改善。

1988 年卢泰愚就任韩国总统，表示要加强同中国的关系，随后韩国将对中国的一贯称呼"中共"改为"中国""中华人民共和国"，同时将原来称为"中华民国"的台湾当局改称"台湾"。在卢泰愚的主导下，1992 年 8 月 24 日中国政府代表钱其琛和韩国政府代表李相玉在北京签署了两国建立大使级外交关系的联合公报，韩中两关系由此掀开了新的一页。

时隔一个月，韩国总统卢泰愚正式访问中国。他最大的心愿是与中国建交并访华，现在终于实现。1992 年秋，他偕夫人和女儿到达北京。由于访问日程十分紧张，不可能安排他去山东寻根。他表示卸任后时间比较充裕时，将再来中国。

2000 年 6 月，卢泰愚应中国外交学会的邀请访华，参加中韩未来论坛研讨会。除了参加会议、看望朋友、亲眼目睹中国的发展变化之外，更重要的是去山东寻根。在访问北京、重庆、桂林、西安之后，卢泰愚偕夫人、女儿来到山东省长清卢庄村（济南），这个卢氏先祖最初落户的地方。在卢庄村祭扫了卢王墓，植下了纪念树，在赴青岛途中又参拜了姜太公庙，实现了他多年寻根问祖的夙愿。

第 5 任 刮起"廉政风暴"：金泳三

生平：

1927 年，12 月 20 日出生于庆尚南道巨济郡。

1947 年，毕业于庆南高中。

1951 年，汉城大学文理学院哲学系毕业，任张泽相总理秘书。

1954 年，26 岁即步入政界，当选第三届国会议员。

1960 年，加入新民党，次年任该党青年部长。

1963 年，2 月加入民政党，任该党中央常委和宣传部长。

1965 年，任民众党宣传部长、国会议员团总务兼发言人。

1967 年，任新民党国会议员团总务。

1970 年，作为在野党总统候选人参加竞选失败。

1973 年，当选为新民党政务会议副议长和新民党副总裁。

1974 年，8 月任新民党总裁兼指导委员会议长、政务会议长。

1979 年，任新民党总裁兼政务会议长。

1980 年，8 月辞去新民党总裁等一切职务。

1984 年，任促进民主化协议会联合主席。

1987 年，组建统一民主党并任总裁。

1992 年，8 月被推选为民主自由党总裁。

1993 年，2 月 25 日任韩国第 14 届总统。

1994 年，5 月起任民主和平统一咨询会议议长。

1995 年，12 月民自党改名为新韩国党后任总裁。

1997 年，9 月辞去新韩国党总裁职务。

1. 反腐倡廉毫不手软

金泳三出生于一个笃信基督教的渔场主家庭，他是长子，有 2 个弟弟（均早夭）和 5 个妹妹。1951 年结婚，夫人孙命顺是橡胶公司老板的长女，先后就读于晋州高等女子学校和梨花女子大学药学系。

金泳三 26 岁当选国会议员，是韩国政治史上最年轻的、当选次数最多的议员（9 次），曾入选《1993 年吉尼斯大全韩国版》。1993 年 2 月，金泳三正式搬进青瓦台，成为韩国 32 年来第一位文人总统。

金泳三不承认自己的政府是继卢泰愚"第六共和国"之后的"第七共和国"，自称是韩国历史上崭新的、正统的"文民政府"，即文人执政的民主政府。针对韩国数十年来形成的腐败现象和各种积弊，上台伊始，他就发起了一场声势浩大的、席卷韩国的反腐倡廉运动。

金泳三坚信"清政"才能"立国"的信条，认为"改革不从自己开始，就难以让国民参与"。为了树立文人总统的新形象，"从我做起"，入主青瓦台两天后，金泳三便采取了一项韩国历史上从未有过的措施，就是公开自己的私人财产，他和夫人、父亲以及儿子的财产状况，包括不动产、汽车、船只、债券等，总价值约 230 万美元，并宣布在 5 年总统任期内，绝不接受企业和个人提供的 1 分钱政治资金。

金泳三以身作则的行动获得韩国民众和舆论的普遍赞赏。韩国政府高级官员、国会议员共 430 人不得不紧随其后，"上行下效"，公布了各自的财产，有 77 名官员由于没能公开其全部财产而被迫辞职。其后财产公开法扩大到政府公务员的最低级官员，尤其是地方政府中那些易于贪污受贿的低级官员，如警察和税务人员。

金泳三的"廉政风暴"震动韩国上下，近 5000 名贪赃枉法的各级官员中箭下马。在这场反腐倡廉运动中，最令世界震惊的是，前总统全斗焕、卢泰愚也未能"幸免于难"。随着运动的深入，卢泰愚秘密政治资金丑闻被曝光，面对激愤的民众，金泳三没有退路，他以秘密资金案和军事政变案将全、卢两位前总统锒铛入狱，"廉政风暴"从而进入高潮。

金泳三刮起的"廉政风暴"和政治改革措施，被韩国人称为"不动刀枪的革命"，这场革命树立了政坛新风，极大地冲击了韩国官场陋习，滋生腐败的温床开始动摇，社会风气在一定程度上有了很大好转。

2. 出重拳振兴经济

1993 年 2 月金泳三总统上台，正值韩国经济出现急剧下降的趋势。金泳三清醒地看到，韩国经济正处于"危机状态"，为消除这种状态，重振韩国经济，必须大力推行经济改革，采取一系列改革措施。

金泳三上台后，首先推行出"新经济 100 日计划"和"新经济五年计划"，以此为重振经济的总纲，促进所有领域经济的发展。接着，金泳三陆续出台了"新产业政策""金融改革方案""税制改革方案""贸易发展战略方案"以及"科学技术发展战略"等多项改革措施，推动经济领域全面改革。

接着，金泳三大力调整政府直接管理经济的模式，完善市场机制，发挥市场作用，逐步减少政府对企业不必要的干预，激发了企业的活力。

随后，他又推行国际化、世界化战略，加快与世界经济的融合。大力调整产业结构，鼓励劳动密集型产业向海外转移，产业结构向知识技术密集型转变。大力扶植中小企业，政府在资金、技术、市场等方面加强对中小企业的支持，为中小企业创造平等竞争机会。

金泳三推行的经济改革取得了一定成就，经济摆脱了自 1989 年以来明显下降的局面，稳步回升。但是，由于国际国内政治经济等各种因素的相互冲击，在金泳三总统任期的最后一年，韩国未能抵挡住从东南亚刮来的金融风暴的袭击，危难之中的韩国经济面临着严峻考验。更为重要的是，政经勾结、官制金融体制，成为金融危机在韩国蔓延的"温床"。

3. 推出"世界化战略"

处于世纪之交的转折时期，韩国将向何处去？在此背景下，金泳三提出了韩国的 21 世纪国家发展战略，即"世界化战略"。

"世界化战略"最早是在金泳三 1994 年 11 月访问澳大利亚时提出来的。按照金泳三的说法，韩国的"世界化"目标是在 21 世纪使"韩国成为统一世界中心国家"，也就是"一流国家"，即跨入世界 10 大强国之列。为此，金泳三把"世界化"定义为一流化、合理化、一体化、韩国化、人类化。"世界化"既意味着要对外开放，意味着韩国人民要采取积极态度。通过这种努力，韩国能获得新生，不仅能成为一个处于亚太地区活动中心的国家，而且能成为一个处于整个国际社会活动中心的国家。

金泳三指出，韩国要实现"世界化"，重要途径就是实施改革开放，促使韩国在各个领域适应世界发展，使韩国站立在世界强国的位置。实际上，金泳三所描绘的"世界化"蓝图，意味着韩国和世界的协调，他追求的是21世纪"一流国家"的宏伟目标。

金泳三推行世界化外交的一个重要内容是"四强"外交，这是由朝鲜半岛的地缘政治环境决定的。朝鲜半岛地处美国、日本、中国、俄罗斯四大国的包围之中，因此，对韩国来说，处理好与美、日、中、俄的关系，对于维护国家安全、发展本国经济、提高国际影响，都具有十分重大的意义。

金泳三任职期间，积极推行"四强"外交颇有成效。在短短几年内，韩国通过"四强"外交，业已形成与美、日为同盟关系，与中、俄为友好合作关系的外交格局，为韩国创造了良好的地缘政治环境。

第6任 主导"阳光政策"：金大中

生平：

1925 年，12 月 3 日生于全罗南道新安郡。

1943 年，毕业于全罗南道木浦商业学校。

1960 年，当选第 5 届民主党议员，后多次连任。

1961 年，任民主党宣传部长。

1963 年，当选为民主党中央常务委员。

1964 年，高丽大学经济学院毕业。

1965 年，民主党和民政党合并成民众党，任该党宣传局长。1966 年，任民众党政策审议会长、新民党宣传委员会委员长。

1968 年，任新民党经营委员会财政委员长等职。

1969 年，任新民党拥护人权委员会委员长。

1971 年，4 月当选为新民党总统候选人。

1973 年，8 月被韩国中央情报部特工从东京绑架后软禁。

1976 年，因发表《民主救国宣言》而遭逮捕。

1979 年，任新民党顾问，同年 12 月解除软禁。

1980 年，以"阴谋内乱"等罪被判死刑，后改无期徒刑。

1985 年，3 月与新民党前总裁共同任推进民主化协议会主席。

1987 年，组建和平民主党（平民党）并任总裁。

1991 年，4 月当选为新民主联合党总裁。

1995 年，宣布成立新政治国民会议，并出任该党总裁。

1997 年，5 月 19 日第四次参加总统竞选获胜。

1998 年，2 月 25 日宣誓就任韩国第 15 届总统。

1. 深受家庭的影响

金大中的父亲金云植，曾在自己家乡的村里领导过抗租运动，作为三兄弟中的老大，金大中受家庭的影响，自幼表现出对政治的浓厚兴趣。8 岁前，他就常阅读报纸上有关政治的报道。中学时喜爱并擅长辩论和演讲，这一特长在他投身政坛后发挥得淋漓尽致——他曾持续演讲 5 小时 19 分钟而滴水未进。

金大中喜欢读书，爱好文艺，曾获多项国际大奖，著有《获中书信》《大众经济论》以及自传《我的道路，我的思想》等 30 多本著作。1999年美国独立纪念日金大中访美时，被授予"1999 年费城自由勋章"。1998 年11 月，作为总统访问中国时，金大中自传《我的道路，我的思想》中文版出版发行。

金大中的夫人李姬镐，出生于汉城寿松洞，在汉城梨花女子中学毕业后考入梨花女专文科系,梨花女专被日本殖民统治者强行关闭。韩国光复后,她又考入汉城大学教育系,获学士学位,后赴美国留学,毕业于美国田纳西州纳什维尔斯卡里特学院,获硕士学位。她积极投入各项社会活动,反对日本对朝鲜的殖民统治,呼唤妇女解放,反对军事独裁,争取民主。在 20 世纪六七十年代,她曾担任过韩国妇女问题研究会会长。1996 年被中国天津大学聘为名誉教授。

李姬镐 1951 年与金大中相识,1962 年 5 月 10 日结婚,著有《为了明天的祈祷》《我的祖国,我的爱》和《黎明前的祈祷》。《黎明前的祈祷》收录了李姬镐寄给狱中的金大中 137 封书信以及金大中在狱中的回信,这本书的中文版已在中国出版发行。

2. 神秘绑架事出有因

1973 年,作为韩国在野党领导人的金大中,在日本被神秘绑架,多年来此事一直是个谜团。几十年之后的 2006 年 7 月,日本媒体揭开了谜团。

报道说,韩国政府的"历史事件真相调查委员会"已总结了一份报告,认定 1973 年发生在日本东京某宾馆的"金大中被绑架事件"是当时韩国情报机构进行的一次有组织的犯罪行为。这是韩国官方首次公开承认韩国政府参与了"金大中被绑架事件"。

1973 年 8 月 8 日,当时在日本进行反对朴正熙军事独裁政权活动的韩国在野党领导人金大中,在光天化日之下遭到绑架,几天后在汉城市内被释放。由于日本警方在绑架现场发现了韩国驻日本使馆一秘金东云(韩国情报机构官员)的指纹,因此外界普遍认为是韩国政府情报部门策划并实施了这起绑架案件。日本国内舆论认为韩国政府此举侵犯了日本的主权,对韩方进行了严厉批评。不过,当时的韩国政府否认与此案有关,并拒绝了日本警方传唤金东云的要求。

1973 年 11 月，韩国总理金钟泌访问日本。日方虽然表面声称如果发现韩国政府参与此事，将予以追究。但首相田中角荣却私下对金钟泌表示日方将停止对此案的调查。1975 年，韩国政府口头通知日本"不起诉金东云"，日本外相也口头表示金大中事件就此最终解决。这样，受日韩两国政府政治意图的影响，金大中被绑架事件成为一个历史悬案。

韩国政府"历史事件真相调查委员会"的调查发现，韩国情报机构实施了绑架行动，前韩国情报机构官员金东云也承认自己参与了绑架。由于情报机构主要负责人年老体衰而且患有老年痴呆症，因此无法确认绑架行动是否受到当时韩国总统朴正熙的直接指示。"历史事件真相调查委员会"在报告中只是说没有发现能够否定朴正熙直接指示此事的证据。

韩国政府有关人士表示，公开这一报告只是为了给金大中被绑架事件一个最终说法，韩国将作为国内问题处理，不会影响韩日关系。

3. 对朝鲜的"阳光政策"

在南北朝鲜问题上，金大中不赞成对朝鲜进行遏制，而是提出了具有和解意义的"阳光政策"，该政策又称为"包容政策"。他在任总统期间，为消除朝鲜和韩国之间长达 50 多年的敌对状态作出了努力，他对朝鲜的访问推动了缓和两国紧张关系的进程。为此，他获得了 2000 年诺贝尔和平奖。

就民族感情来说，金大中对朝鲜经济变革的支持是绝对的，是任何别的民族无法比拟的。因为在他看来，只有朝鲜的改革开放，才能给半岛带来和平和民族的统一。金大中作为韩国的领导人，是绝对不希望朝鲜半岛再次发生战争的，无论结果如何，其中一个结果是永远避免不了的，那就是战争必定将给韩国、给朝鲜民族、给整个朝鲜半岛带来重大灾难。

金大中深知，一个开放的朝鲜比一个封闭的朝鲜更能有利于半岛的和平，更有可能实现民族的统一。在目前战争手段无法实现统一的情况下，和平方式成为最佳的选择。金大中认识到，至少就目前而言，半岛基本没有实现德国模式统一的可能性，韩国和朝鲜与统一前的西德和东德相比有很大差距，要真正实现半岛的统一，就需要南北双方都加强经济实力，经济实力的接近比经济实力的悬殊更能带来统一，也只有在南北双方的经济实力更加接近的时候，和平、合作式的统一才更有可能实现，也更有利于统一后的国家的发展。

因此，金大中入主青瓦台后，迅速改变了对朝的敌视态度，转而推行"阳光政策"，希望以此换取朝鲜对韩国的善意。"阳光政策"的实施，也的确为朝鲜半岛内部交流与合作的扩大提供了有利条件，也使朝鲜民族的凝聚力比以往任何时候都要强烈。更令金大中高兴的是，那些主张半岛和平、合作统一的人士明确表示要继续推行"阳光政策"。

"阳光政策"在逐渐缓解南北双方敌意的同时，金大中也放宽了对朝鲜投资和民间援助的限制，并加大了政府对朝鲜的援助，这有利于朝鲜更好地利用韩国的资金、技术，更好地推进经济变革的深化。在"阳光政策"推动下，朝鲜和韩国的贸易额逐年扩大。2000年，韩国企业在朝鲜的投资、经济援助和双边贸易总额突破20亿美元。同时韩国每年对朝鲜施以巨大的援助，是国际上援助朝鲜最多的国家。

2000年6月，金大中访朝，同金正日举行首脑会晤，发表《南北共同宣言》，开启了韩朝关系的新时代。其后，韩朝举行多次官方会谈和一系列民间交流活动，签署多项合作协议，韩朝关系取得较大进展。韩国总统金大中曾对日本记者谈过他对金正日的看法，他说："金（正日）具有相当准的判断力、知识结构与分辨力，适合成为一名（国家）领袖。"

第 7 任 悲情坠崖自杀：卢武铉

生平：

1946 年，8 月 6 日出生于韩国庆尚南道金海市。

1966 年，釜山商高毕业，曾在韩国军队服役。

1977 年，出任大田市地方法院法官。

1978 年，担任律师（辩护士）。

1988 年，当选第 13 届国会议员。

1990 年，担任民主党企调室长。

1993 年，任民主党最高委员，后去职。

1997 年，11 月出任政治国民会议副总裁。

1998 年，当选第 15 届国会议员。

2000 年，8 月任韩国海洋水产部长官。

2001 年，出任新千年民主党最高委员会委员。

2003 年，2 月 25 日宣誓就任总统。

2004 年，5 月宣布正式加入开放国民党。

2008 年，2 月卸任总统。

2009 年，5 月 23 日坠山身亡。

1. 为何仓促结束生命

2009 年 5 月 23 日清晨，韩国前总统卢武铉与一名秘书登山途中，从山上坠落，事后被紧急送往附近的医院，但不治身亡。卢武铉当时头部受重伤，被送到医院后，又被移送到梁山市釜山大学医院，但最终不治身亡。

一个能奋斗到当总统的人，却自杀了，的确很遗憾。选择自杀这种方式结束生命，是很不容易的。回头来看，韩国的历任总统，似乎结局都不怎么完美。卢武铉的逝世，更让这种"宿命"蒙上一层悲剧色彩。在他自杀之前，检察院一直传唤他，虽然没有直接证据，但媒体每天都在报道检察院对其调查的内容，作为国家元首每天都要承受巨大的心理压力，且他自尊心太强，最终选择了自杀。

卢武铉心理上的压力，对孩子、妻子的影响也很大。被调查的时候，他表示："虽然我妻子和女儿收了钱，我真的不知道。"把罪推到妻子和女儿身上，这是非常难过的事。

作为国家元首，每天都要承受巨大的心理压力，卢武铉之前做总统都坚持下来了，现在他为什么还会选择自杀？

实际上，卢武铉的自尊心太强。如果不是卢武铉，就不会有自杀的事性发生。他性格非常强，过去突破政治困境的时候，他采取的方式都是别人想不到的，是一个能想办法突破危机的人。但到了关键时刻，他却未能突破或者迈过这道坎。虽然卢武铉追求平等社会，但是他当了 5 年总统以后，韩国社会分裂现象更严重，这是他政治上失败的结果。

在社会层面上，卢武铉自杀，导致韩国社会分裂的问题浮现出来。地方主义，上层阶级、既得利益阶级和大众的分裂现象加重，彼此在政治上的差异更加明显。

2. 遗书怎能洗刷清白

卢武铉是农民的后代，1946 年 8 月 6 日出生于韩国庆尚南道金海市进永邑一个贫民家庭，初中毕业后就靠勤工俭学进入高中，最终通过司法考试取得律师资格。夫人权良淑，他们育有一子一女。他在选举中击败韩国国家党的李会昌，而就任韩国第 16 届总统，著作有《卢武铉见到的林肯》和《卢武铉谈领导才干》等。

卢武铉的座右铭是："严于律己，宽以待人"，这在他死后的遗书中表露无遗，遗书全文如下：

受惠于很多人，却让很多人因我而受难，往后将还有承受不完的痛苦。剩下的余生只会是别人的累赘。健康不很好，所以什么也不能做，就连书也读不下去，字也写不成。不要太过于悲伤，生和死不都是自然的一个形象？不要道歉，也不要埋怨谁，都是命。火葬了吧。然后在家附近的地方立个碑就足够了。这是酝酿了很久的想法。

回想起来，卢武铉的总统之路可谓一波三折。2003 年 2 月 25 日，他正式出任韩国总统，任期刚满一年，国会便以法定的 2/3 以上绝对多数票通过了弹劾议案，卢武铉即被中止总统权力，由国务总理代行总统权力。2004 年 5 月 14 日，韩国宪法法院对弹劾案做出判决，宣布驳回国会提出的总统弹劾案，卢武铉恢复行使总统权力。2008 年 2 月 25 日，任期届满，他正式卸任韩国总统。一年之后，卢武铉承认妻子权良淑 2007 年收受韩国制鞋企业泰光实业公司老板朴渊次 100 万美元。卢武铉的侄女婿延哲浩也承认从朴渊次处收受 500 万美元，随即他以嫌疑人身份前往最高检察机关大检察厅，就所涉受贿案件接受检方问询。成为继卢泰愚、全斗焕之后，第三位受到检方调查的韩国前总统。

卢武铉是当年韩国"386代"（即 30 多岁、80 年代民主运动参与者、60 年代出生）在政界的代表。卢武铉自己很讲道德，他最大的政治优势就是道德性。他在政治上的失败导致了很不好的结果，那就是韩国"386代"变成无能腐败的代名词。

3. 政治作为谁人评说

卢武铉上台以后，没有保持政治主张的一贯性。他作出的一系列决策，致使其支持率多次暴跌，如派遣韩国部队前往伊拉克、未能成功迁都等。其政府还被指责在处理经济和外交事务方面无所作为，民心的背离和开放国民党支持率急剧下降的局面，导致韩国国政运行艰难。

实际上，卢武铉任期内并非无所作为。卢武铉认同"韩美是同盟、韩朝是同胞"的政治理念，支持金大中的"阳光政策"，致力于建立南北和解的韩朝关系。他主张以和平方式，通过对话解决朝鲜核问题并向朝鲜提供经济援助，避免半岛发生危机。卢武铉还在任内同朝鲜最高领导人金正日实现首脑会晤，发表《南北关系发展与和平繁荣宣言》，签署多项合作协议，朝韩关系取得较大进展。这些积极举措都为卢武铉在对朝关系史上留下浓墨重彩的一笔。

在对美关系方面，卢武铉坚持不轻易低头，在对朝政策上处处和美国唱反调，不同意美国对朝制裁和动武，还毫不犹豫地撤掉了亲美外长。他要求美军撤出首尔、撤离韩国，强令"驻韩美军不得卷入东北亚争端"。他还坚持要求从美军手中收回战时指挥权，打造自主国防，抛弃以往奉行的"冷战阵营外交"。

在对日关系上，卢武铉尤其显得强悍，他强烈反对日本政府拒不承认战争罪行、肆意修改历史教科书歪曲侵略历史、染指"独岛"、参拜靖国神社等行径。他认为："与把侵略和加害别国的历史视为光荣的国家共存，是全世界人民的巨大不幸。"

卢武铉重视发展与中国的关系，担任总统期间曾对中国进行国事访问，将两国关系定位于"全面合作伙伴关系"，推动了中韩友好合作关系的不断发展。

第8任 铁腕强势CEO：李明博

生平：

1941年，12月19日出生于日本大阪中河内郡。

1961年，进入高丽大学商学院学习。

1965年，高丽大学商学院经营学系毕业。

1980年，任韩国原子能产业会议业界代表副会长。

1989年，任韩朝经济协会筹备委员会委员长兼副会长。

1991年，任东北亚经济合作民间协会韩方会长。

1992年，当选第14届国会议员。

1993年，任世界韩商工人联合总会兼运营管理事会长。

1996年，当选第15届国会议员。

1977年，现代建设株式会社社长。

2000年，韩国残疾人信息化协会名誉会长。

2001年，海外韩国人贸易协会顾问。

2002年，首尔特别市市长。

2006年，当选英国《金融时报指数》风云人物。

2007年，成为大国家党总统候选人。

2008年，就任韩国第17届总统。

1. 卖爆米花出身的苦孩子

李明博以微弱优势险胜朴槿惠，正式当选党内总统候选人。他代表大国家党参加总统大选而获胜，成为韩国第 17 届总统。昔日半工半读的卖爆米花少年，成为了总统官邸青瓦台的主人。

李明博的妻子曾是首尔知名学府、梨花女子大学的年度选美冠军，两人育有一子三女 。李明博的一生，是大韩民国艰难曲折现代史的一个缩影，他同时也是"美梦"成"真"的工薪阶层"神话"人物。辉煌的经历使李明博成为韩国企业界的传奇，被誉为"工薪族的神话"，他的人生就像一部现实版的励志电视剧。

与大部分 60 岁年龄段的人一样，李明博经历过日本帝国主义的殖民统治、光复、朝鲜战争、自由化、军事独裁政权，和产业化、民主化、世界化等韩国社会变迁。他的一生充满了普通人无法承受的困苦和从艰苦中缔造的奇迹。李明博将"平民神话"演绎到了极致。对此，李明博的解释是："世间没有神话，只有努力创造出的结果。"

在对世事还很懵懂时就为家计奔波的李明博，锻炼出了坚韧的毅力。在贫困家境中把守稳定家风的母亲，培养了他"不妥协"的品德。李明博自称，遭遇过无数次危机，但从未放弃过信念，从此锻炼出了领导力。

当然，"神话"背后藏有数不尽的艰辛，在其不长的政治生涯中荣辱共存。李明博成功挺过政治史上最激烈的竞选，承受住了执政党的调查攻势，最终当选为大韩民国总统。

李明博 1941 年出生于日本，韩国摆脱日本殖民统治后随父母回国，在韩国浦项长大。他的父亲曾在牧场工作，母亲做过水果生意，家境贫寒，青少年时期饱尝生活艰辛，在大街上叫卖过糕点、水果、冰激凌。

李明博从上小学时就开始卖爆米花。因为没有条件带盒饭上学，他只能靠喝水来充饥。他还曾因在军营的铁丝网外卖紫菜包饭和白面饼，遭到宪兵殴打。因付不起学费，家里想让他放弃高中入学，但他向母亲承诺"不向家里要一分钱学费"。老师说服了他的母亲，让他进入一家高中夜校学习，白天工作，晚上念书。他以第一名的成绩考入同志商业高中夜校，并连续 3 年成绩排名第一，还获得了奖学金，没花家里一分钱便读完高中。

高中毕业后，李明博一边在首尔做苦工，一边准备大学入学考试。凭借自己的刻苦努力考入高丽大学商学院，靠清理垃圾卖钱付学费，并在大学 3 年级时当选为商学院学生会会长，并靠勤工俭学完成了大学学业。

李明博曾表示，母亲是对自己人生影响最大的人。他说："青少年时期感觉卖爆米花很丢人，就戴着一顶大大的草帽去卖，受到了母亲的责骂。她说：'为什么挡住脸？没偷没抢，只是靠你自己的力气赚钱，这是堂堂正正的事情。'母亲的话令我无法忘怀。"

2. 赢取人心的两大"法宝"

李明博的事业真正起步于韩国现代集团。1965 年，李明博来到现代集团前身、当时的现代工程公司工作，因得到会长郑周永的赏识而平步青云，年仅 36 岁的李明博成为公司有史以来最年轻的领导人。

李明博是韩国民众心目中的传奇人物，他在现代建设集团，从底层的职员做起，短短 12 年就晋升为总裁。1992 年，李明博步入政坛，2002 年当选首尔市市长。在任期间，他拆除了清溪川高架道路，只用了 2 年 3 个月时间，就把清溪川成功归还市民。在 4 年任期内，他立志打造绿色城市，高效率的环境改造治理，让韩国媒体和民众再次使用"神话"一词对李明博进行赞赏。

李明博的工作能力和业绩有目共睹，他曾说："韩国能让一名曾经饥饿贫困的青年成为大企业的首席执行官和首尔市市长，并站在领导国家的位置上，这是值得骄傲的事情。"对于李明博本人而言，这些同样是值得骄傲的事情。身为最热门的总统候选人，李明博已道出自己治理国家的理念，他表示："国家经营比政治还要重要，我要做国家的CEO，而不是最高权力者。"

李明博利用在商界的成功经历和担任首尔市长期间的政绩，打出"经济总统"和"大韩民国CEO"的口号，提出了一系列鼓舞人心的经济目标。

李明博的支持率能领先其他候选人的原因，在于他的"清溪川复原工程"，同时也来源于人民普遍的反卢武铉心理和改变现状的迫切愿望。他成功的两大法宝是："747"蓝图+清溪川改造。

李明博施政纲领的关键词为"747经济发展计划"，即韩国经济以每年至少7%的速度增长；再花10年左右时间，韩国人均年收入将达到4万美元；韩国将发展为世界第7大经济体（简称"747"）。

李明博当选总统时刚好满66岁，他在网站上竞选标语是"经济优先"。韩国民众看中李明博的企业经营能力和经验，欣赏其实用主义作风，希望在他带领下，使韩国突破多年经济增长平平的状态而焕发新生。

为了让全民实现"747"蓝图，李明博向民众许愿说，他领导的政府"将向每对平民新婚夫妇义务提供一套面积小于83平方米的住宅"。韩国每年有25.6万对新人登记结婚。他还提出实现115%的住宅普及率，把韩国领入"第二套房"时代。他为韩国民众描绘了一个大大的蛋糕。

"清溪川改造"是他笼络人心的又一法宝。2002年，李明博当选首尔市长，把他在现代集团任职时的"推土机"性格发挥得淋漓尽致，再度证明自己"总能办成事"。他推动汉江的大规模改造，使这条贯穿首尔的河流焕然一新；拆除清溪川高架道路，将清溪川归还市民；规划实施公交体系改造项目，虽然饱受争议，却永久性地改变了首尔的城市风貌。

"清溪川复原工程"被认为是李明博出任首尔市长期间最为人称道的项目。该项目被城市规划界认为是"21世纪城市革命真正的开端"。

清溪川是首尔汉江以北流经市中心的一条人工河道，全长 5840 米，流往汉江。有 600 多年历史的清溪川，曾经是人工排水道。20 世纪 50 到 70 年代的产业化使这条排水道严重污染，1978 年不得不以水泥板覆盖河道，使它成为一条暗河，上面还架起了四车道的高架桥。不仅城市外观遭受破坏，而且空气污染和噪声严重害人。

李明博 2003 年提议还原清溪川。改造后的清溪川 2005 年正式开放，成为韩国最受欢迎的旅游景点之一，李明博本人也被美国《时代》周刊封为"环保英雄"。

3. 办事风格雷厉风行

李明博当上总统以后，经常提早一个半小时就到总统府办公，部门官员当然也得比他早到。李明博听取报告也很有效率，一有问题就立刻提出来，让与会下属如坐针毡。

上午 7 点钟，韩国首都首尔街头便车水马龙，政府官员忙进忙出，因为总统李明博上班了。商界出身的李明博讲究效率，经常 8 点不到就召集官员开会。过去卢武铉政府时代，会议多是早上 9 点开始，相比之下，李比卢整整早了一个半小时。李明博的理由是"公务员一定要比国家的主人起得更早才行"。

李明博担任总统后就表示："我会谦卑地服务人民，遵照人民的愿望，带领这个国家走过经济危机。"为了实现当选承诺，李明博主动把自己的手机号码提供给企业界方便随时联络。据韩国媒体报道，李明博是历任总统中最喜欢用手机的，他在竞选期间只要一坐上车，就会立刻找手机。

企业家的办事风格也反映在开会上。李明博一有问题随时打断，官员没有充分准备，就会被追问得很惨，而且李明博说话速度快，甚至要求官员全程用英文开会，要求缩短桌子间的距离，弄得官员都如坐针毡。就连出访美国，李明博也不忘对总统府人员耳提面命，要求各级官员在总统出访期间不准饮酒，吃饭和上洗手间时也一定要随时接电话。李明博竞选总统时的广告是："你这个家伙，吃了这么多饭，一定要把经济搞上去啊！"

为了节省能源，李明博已经关掉办公室内的恒温器，并根据季节变化及时更换衣服。他同时呼吁民众一同节约用电，以避免出现电力短缺的情况。他呼吁民众，为应对电力短缺状况可能引起的突发事件，韩国人应调低室内空调温度，关掉不用的电灯和高耗能电器。

4. 独具特色的外交风格

李明博上台后，重视发展与日本的关系，但对日本政府坚持将独岛（日本称"竹岛"）视为日本领土的做法感到失望和遗憾。李明博说，独岛归属不仅是历史问题，还关系到领土主权，没有商量的余地。

独岛位于朝鲜半岛东部海域，面积 0.18 平方千米，由东、西两个小岛及周围 37 块岩礁组成，几十年来由韩国武装力量实际控制。韩国、朝鲜和日本分别宣布对这一岛屿拥有主权。日本称竹岛归岛根县管辖。

目前，独岛在韩国行政区域划分中属庆尚北道。庆尚北道知事曾率领道议员登上独岛后发表声明说，无论从历史、地理还是从国际法角度来看，独岛都是韩国的固有领土，任何试图侵犯韩国对独岛主权的行为都是无法容忍的。李明博对这一立场表示坚决支持。

李明博在任时，在独岛的主权问题上一直态度强硬，寸步不让。2012 年 8 月 10 日，李明博以现任总统身份，乘坐总统的"空军二号"在 F-16 战斗机和武装直升机的护卫下，高调登上独岛视察，以宣示韩国对这一岛屿拥有主权。此举引起日本的强烈不满和抗议，并迅速召回了驻韩大使。但李明博不予理睬，两国围绕独岛的矛盾冲突开始白热化。

李明博以三军统帅的身份接见驻守独岛的军警官兵，是高调宣示主权的外交语言。与俄罗斯总统梅德韦杰夫和普京先后视察"北方四岛"检阅俄军的情况相类似，俄国领导人的行动显示"俄国拥有世界第一的领土，没有一寸是多余的"；李明博的行动则显示："将国家民族的根本利益摆在首位，不因为海外孤岛之小就随便送人，只有坚持原则才能在大国主导的国际盟联中不会迷失自我。"

在李明博的主导下，韩军还打算与海洋警察在独岛附近海域举行"独岛防御联合演习"，参演包括海军护卫舰和空军F-15战机。日本内阁官房长官藤村修称"无法接受"，要求韩国取消演习，韩方予以拒绝。

在对朝政策上，李明博坚持在实用主义原则下发展韩朝关系，实现和平共存，在核问题上积极参与六方会谈，并推动朝美双边接触，引导朝鲜完全弃核。在这一过程中，李明博积极寻求与美、日、中、俄合作，推动建立朝鲜半岛和平机制和韩朝经济共同体。他还承诺韩国在朝鲜完全弃核后，提供400亿美元的国际合作资金，与朝鲜展开经济合作，并表示将推动与朝鲜的人道主义合作。

李明博上台后，提出"无核、开放、3000"政策，即在朝鲜弃核和开放前提下，帮助朝鲜在10年内将人均国民收入提高至3000美元。朝方强硬回应，全面否定李明博的对朝政策，点名抨击李明博，限制双方官方往来，在西海岸发射多枚短程导弹。李明博上台不久，就发生了韩国游客在金刚山旅游区遭朝哨兵枪击身亡事件，金刚山旅游项目也因此而暂停。

为此，李明博提出"相生共荣"政策，呼吁南北建立"和平、经济、幸福共同体"。朝鲜对此又予以猛烈抨击，朝方还关闭了朝红十字会驻板门店联络处，切断南北红十字会直通电话，中断开城旅游项目，严格管制南北陆路交通，驱逐开城工业园区部分韩方人员，严厉谴责韩参与联大三委涉朝人权决议共同提案，朝韩关系进一步趋紧。

尽管"天安"号事件和延坪岛事件后韩朝关系再度紧张并趋于恶化，李明博仍坚持认为：要以实用主义标准处理韩朝关系。如果朝鲜弃核并选择对外开放的道路，南北合作将翻开新的一页。

李明博上台后首次访美，在华盛顿提出希望在首尔和平壤互设联络办公室，以使韩朝通过正常的对话渠道进行定期对话，但未得到朝鲜官方的积极响应。

李明博多次指出，如果有助于解决朝鲜核问题引发的长久紧张局势，他愿意在任何时间会见金正日。遗憾的是，他的这一愿望终未实现。

朝鲜领导人金正日和韩国历任总统举行过两次峰会。第一次是在2000年，和当时的韩国总统金大中会晤；第二次是在2007年，和当时的卢武铉总统会晤。而李明博在推动韩朝最高领导人会晤方面，未取得实质性成果。

5. 与中国关系加速"升格"

李明博当选总统前后，曾经多次来中国访问。四川汶川大地震之后，他以总统身份来华，专程驱车前往地震重灾区都江堰市慰问灾区人民，察看该市在地震中受损垮塌的房屋，走访了都江堰市民安置点，会见了韩国赴四川地震灾区救援队队长金永锡，并表示相信中国人民一定能够团结奋斗，克服困难，早日重建家园。

李明博表示，对华关系是韩国外交轴心之一，他高度重视进一步深化两国关系，同意将韩中"全面合作伙伴关系"提升为"战略合作伙伴关系"，为两国关系发展开辟广阔前景。青瓦台官员对此解释说：中国的外交政策分为"战略伙伴关系"和"非战略伙伴关系"两个范畴，中韩关系升格为"战略伙伴关系"非常有意义。而中国和日本之间的关系是"战略互惠关系"，比"战略伙伴关系"低一个层次。

李明博欢迎中国企业赴韩投资，支持韩方企业来华发展，促进双方中小企业间的合作。为此，韩方愿成为中国真正的伙伴，与中方共同努力，推进两国关系向更深、更广、内涵日趋丰富的方向发展，并为促进东北亚地区的和平稳定作出积极贡献。李明博对朝鲜最高领导人金正日多次访华给予积极评价，认为金正日经常去中国访问，就有很多机会看看中国式经济发展，对朝鲜经济会有好的影响，对南北关系的改善也会有积极作用。

三、韩国首位女总统：朴槿惠

生平：

1952 年，2 月 2 日出生于韩国大邱市。

1967 年，毕业于首尔圣心中学。

1970 年，毕业于首尔圣心高等学校。

1973 年，任韩国女童军名誉总裁。

1974 年，毕业于韩国西江大学电子专业。

1982 年，任韩国岭南大学理事长。

1987 年，获得台湾文化大学名誉文化博士。

1993 年，任韩国文化财团董事长

1994 年，任韩国文人协会会员。

1997 年，加入韩国大国家党。

1998 年，当选国会议员。

2004 年，当选大国家党代表（党魁）。

2008 年，获得韩国科学技术院名誉博士。

2012 年，12 月 19 日当选韩国第 9 任第 18 届总统。

1. 嫁给韩国的女人

朴槿惠于 1952 年 2 月出生于韩国第一家庭,是前总统朴正熙的长女。其父朴正熙 1961 年发动军事政变,开始掌控韩国,两年后当选总统,进驻青瓦台总统府,开始了对韩国长达十几年的铁腕统治。对于朴正熙的执政表现,韩国民众评价不一。有人称赞他对韩国实现工业化和经济腾飞作出了巨大贡献,提振国民士气,实现了"汉江奇迹"的经济飞速发展;也有些人斥责他是"独裁者",滥用权力,打压反对派。作为亲生女儿,朴槿惠不愿对先父的执政表现表明态度,称应该交由民众和历史评判。

朴槿惠年仅 9 岁时,便以"第一女儿"的身份随父亲入住青瓦台,幼年的青瓦台时光,朴槿惠是在欢乐中度过的,其父的独裁统治在韩国引发的"血雨腥风",似乎与她无关。然而,较早与政治结缘,使她的青少年时代伴随着一系列的悲剧性事件。1974 年刚刚大学毕业的朴槿惠,怀着渴求知识的憧憬前往法国深造,不曾想,几个月之后却传来母亲陆英修被暗杀的消息,她紧急中断学业匆匆返国奔丧。在一片悲恸的气氛中,22 岁的"第一女儿"朴槿惠,开始代行"第一夫人"的职责,时常陪伴朴正熙出席一些重要政治活动,并担任韩国女童军名誉总裁。那时,在韩国几乎所有重要场合,都能看到落落大方的朴槿惠的身影。

青瓦台的难忘岁月,给朴槿惠在政坛崛起埋下了伏笔。朴槿惠在回忆青涩岁月经历时表示,扮演了 5 年的"第一夫人",充分领略了政治的残酷,理解了什么是政治权力,也学习了如何处理国家大事。她跟随父亲活跃于韩国政坛,积累了大量的从政经验。

然而,"幸福时光"是如此短暂,不幸的事件接踵而至,母亲遇刺身亡5 年后,父亲朴正熙也被刺杀。在祭拜父亲朴正熙时,朴槿惠显得神色平静，直播行程的韩国电视台主播不由感叹："饱经风霜的朴槿惠，已是没有眼泪的女人。"父亲死后，朴槿惠被迫离开青瓦台，开始了将近 20 年近乎"隐居"的远离政治的生活，期间曾在女童子军、岭南大学和一家教育基金会等非政治机构任职。母亲和父亲相继死于非命，一度使她连呼吸都感到困难。在最困难的时期，她陷入苦苦的深思，试图重新找回生命的灯塔。

时间的流逝并没有磨灭朴槿惠的政治热情，1997 年朴槿惠加入了大国家党，预示着她"重出江湖"杀回政坛。1998 年 4 月，在大邱达城郡补缺选举中，她打出"为完成父亲未完成的事业尽一点力"的口号，以压倒性优势当选为国会议员，从此再次崛起于韩国政坛。

尽管首战告捷，在后来的几年内，朴槿惠除了出身与其他政客不同，并没有显示出多少过人之处。但机遇从来都是青睐有准备的人，2005 年 3 月韩国大国家党同新千年民主党联合弹劾了卢武铉总统，导致民众强烈不满，大国家党的支持率急剧下滑。在这种形势下，朴槿惠挺身而出，击败其他 4 位候选人当选大国家党代表。昔日的韩国"第一女儿"重新走到了聚光灯下，稳住了大国家党的阵脚。在朴槿惠的率领下，大国家党摆脱危机重新崛起，重夺第一大在野党的地位。

"只要给我一次机会，我将怀着切实的爱国心，拯救面临危机的韩国。"2007 年 6 月 11 日，一身红色套装、妆容精致的朴槿惠，手捧一束百合花，带着优雅的微笑，在位于首尔的大国家党总部，正式宣布参选韩国总统。此时，与她对阵的是前首尔市长、时年 65 岁的李明博。首次参选总统，朴槿惠以微弱劣势败北。

"东南亚的一些国家都已经出现了女总理、女总统，韩国为什么不行？"诚如此言，这一历史在 2012 年 12 月 19 日被改写。这一天，60 岁的朴槿惠经过激烈竞争，成功当选为新一任韩国总统。这位曾以撒切尔和英国女王为榜样的"冰公主"，成为改写东北亚地区近现代政治史的女性。重披战袍的朴槿惠，最终如愿以偿，一路荆棘迈向青瓦台。

"我没有家庭需要照顾，也没有子女可以继承遗产。国民就是我的家人，让你们幸福是我留在政坛的唯一理由。"这是朴槿惠的政治理想，也是发自内心的表白。

"我没有父母，没有丈夫，没有子女，国家是我唯一希望服务的对象。"作为韩国历史上第一任女总统，朴槿惠有一个妹妹和一个弟弟，她本人至今未婚，也没有孩子，因其性格坚定冷静，有人叫她"冰公主"或"三无女人"，熟悉她的人都评价她是"嫁给韩国的女人"。

2. 女强人的非凡之举

朴槿惠成功当选，有国内政治和国际环境多方面的原因，但主要还在于她的执政理念和政治策略得到国民的认可，而这也是她未来处理内政外交事务的基石。朴槿惠多次强调"国家至上"，称要把大韩民国建设成为一个"先进的国家"。在她看来，一个国家的发展还有非常重要的一点，就是国家领导人的卓越领导力。只有国民对领导人充分信任，才能实现整体和谐；如果人心涣散，国家就无从发展。她强调，一个国家的领导人必须没有私心，一切致力于国家的发展。

朴槿惠为以男人为中心的韩国政坛带来一股清风，她佩戴母亲的首饰，模仿母亲发型。许多韩国人认为，朴槿惠具备传统韩国妇女的温柔、有礼、安静和耐心，同时又继承了父亲的钢铁意志。

在世人眼里，朴槿惠似乎永远摆脱不掉"朴正熙女儿"的光环，这时常让她卷入对朴正熙时代功过的争议。可以想象，这光环既是她的政治资本，也是制约她发展的一个枷锁。作为韩国前总统朴正熙的长女，朴槿惠不仅是一位有着独特个性的政治家，也是韩国很多成就与苦难的化身。欣赏她政治才能的人把她比作"韩国的撒切尔夫人"，而反对她的人则称她为"政治遗产的继承者"。

然而，重新踏入政坛的朴槿惠，以其独特的政治风格，逐渐把自己从一个全国同情的人物中解脱出来，渐渐摆脱"朴正熙女儿"这个称号带来的阴影，呈现出属于自己的政治特色，做出了一件件令世人赞赏的惊人之举。当选总统之前，她最引人注目的举动就是推进与朝鲜的互信，建立更加稳定的朝韩关系。

2002 年 5 月 13 日，朴槿惠应朝鲜民族和解协议会的邀请，以韩国国会议员和"韩国未来联盟"创党准备委员会委员长的身份赴朝鲜访问，极为难得地受到朝鲜最高领导人金正日的热情接见。金正日饶有兴趣地听取了朴槿惠对设置朝韩离散家属常设见面场所、寻找朝鲜战争期间失踪者、邀请朝鲜足球队访韩等问题的看法，不仅与她亲切合影、共进晚餐，很痛快地同意了她提出的有关南北关系的建议，还特别允许朴槿惠通过板门店军事分界线，从陆路返回首尔，而不必再从北京绕一个圈子。这使得朴槿惠非常感激，体会到了金正日对自己的"特别关照"。朴槿惠事后说，在访问朝鲜期间，她多次"鼻子发酸，热泪盈眶"。

朴槿惠的访朝之行不由得让人们对她刮目相看。她是第一位访问朝鲜的韩国前总统子女，在当时朝韩关系既有进展又存在困难的情况下，作为朴正熙的女儿和在韩国政坛具有一定影响的女性，她对平壤的访问极具象征意义，受到了舆论的广泛关注。这次成功的平壤之行，给自称"爱国爱族"的朴槿惠增加了不少政治分数，让朴槿惠在韩国人心目中的地位大大提高。

3. 浓厚的中国情结

朴槿惠精通汉语，在多种场合显示出"流利顺畅"的汉语实力，她曾经获得台湾文化大学"名誉文化博士"称号，最喜欢的中文歌是《夜来香》和《甜蜜蜜》。朴槿惠从小学时便开始熟读《三国志》，非常喜欢赵子龙。她曾经开玩笑地说："回头一想，我的初恋是不是就是赵子龙啊，每当他登场的时候心总是跳得厉害。"

朴槿惠钟爱中国文化，尤其钦佩哲学大师冯友兰。父亲朴正熙写的一副中国书法"尔曹身与名俱没，不废江河万古流"，一直深深印刻在她的心里。先父朴正熙死后，朴槿惠和弟弟妹妹离开青瓦台，回到老屋中居住。这是一段令人难熬的艰难岁月，此时朴槿惠仅仅20多岁，却面临如此难以承受的考验和痛苦，是冯友兰的《中国哲学史》让她重新找回了内心的平静，陪伴她度过了最痛苦的时光，成为支撑她走过坎坷和磨难的巨大力量。她说："冯友兰先生的《中国哲学史》蕴含了让人变得正直和战胜这个混乱世界的智慧和教诲。"博大精深的中国文化润泽了她痛苦的心田，也塑造了"冰公主"坚定、冷静、刚毅的性格。2012年12月大选获胜之夜，她充满自信地站在首尔光华门广场内特别搭建的舞台上，展露出极富文化底蕴的优雅与娴淑。

朴槿惠重视发展对华关系，曾于2005年、2006年、2008年多次来华访问。2006年11月，朴槿惠应中共中央对外联络部邀请以国会议员身份访华，在北京接受采访时，颇有创意地提出一个大胆设想，她说："希望韩中两国能够开通海上轮渡，到时，韩国的年轻人可以开着车来中国游万里长城，中国的年轻人也能通过轮渡去韩国看演出。"

朴槿惠说，韩中两国人民的交往历史悠久，两国的风俗习惯也有很多相似之处，彼此感觉很亲近。如今在韩国，青少年学习汉语和中国文化的热情日渐高涨。在首尔开设的中国文化院对宣传中国文化与促进两国文化交流发挥了巨大作用。很多韩国青少年对张艺谋、巩俐、黎明等明星耳熟能详。与此同时，据她了解，中国也有很多青少年喜欢韩国的电视剧和流行歌曲，这已经成为两国互相了解、日趋亲近的重要基础。

朴槿惠是第一位精通汉语的韩国总统，就任总统后她多次表示，重视发展对华友好合作关系。中韩两国民众都热情期待着，朴槿惠能为提升韩国人民福祉，维护朝鲜半岛乃至东北亚的和平、稳定与繁荣做出贡献，期待着她在巩固和发展中韩友好关系过程中，作为一名杰出的女政治家而青史留名。

四、探秘韩国的经济军事实力

1. 创出独特的"东亚模式"

朝鲜战争刚刚结束不久，西方国家一位战时随军记者目睹当时韩国的窘境后，预言"韩国没有希望"了。而仅仅过了十几年，这位记者再次造访韩国，立刻对韩国产生浓厚的兴趣，他不顾十多年前的预言而大加赞扬韩国，惊叹韩国发生了奇迹。这个奇迹是怎么出现的呢？

1948 年大韩民国在政局动荡中诞生，此时的韩国是世界上最穷的农业国之一，它既无自然资源，又没有工业基础。朝鲜半岛的自然资源大部分在北部，日本殖民统治时期建立起来的工业也集中在北部，南部朝鲜剩下的只是少得可怜的轻工业和耕作技术落后的农业。

朝鲜战争结束后，韩国又面临着医治战争创伤，安置战争难民和失去家园的人以及解决通货膨胀等一系列问题。经济起飞前的韩国可以用几句概括，即人多地少，资源匮乏，工业落后，政局不稳，人民贫困。

如此贫穷落后的国家，自 20 世纪 60 年代初期开始其经济得迅速而持续的发展，20 世纪 80 年代成为"亚洲四小龙"已为世界所瞩目，如今已成为发达的先进工业化国家。

韩国的经济起飞始于20世纪60年代。1961年朴正熙通过军事政变掌握了国家政权，他吸取前任总统李承晚因政治腐败、经济停滞而垮台的教训，大刀阔斧地进行改革，并把发展经济作为其政府的最急迫任务，在上台不过几个月就制订实施第一个经济开发五年计划。韩国比较顺利地完成第一、第二个五年计划之后，改变了建国初期的落后面貌，也增强了国民的自信心。

在经济起飞10年的基础上，韩国从1972年开始实施第三个五年计划，在此期间，韩国经济由于受第一次世界性石油危机的冲击，一度陷于困境。经过努力，1976年开始经济得到恢复并高速发展。

1977年韩国开始第四个五年计划，基本思想是发展、均衡和效率，其目标是继续促进产业结构现代化，进行社会变革，加强技术革新，同时注意政治和社会领域的改革。1981年完成第四个五年计划之后，韩国经济得到持续稳定地发展，其发展势头已不可逆转。

韩国吸取过去经济建设过程中的经验教训，并在此基础上开始实施了第五个五年计划。这一计划一反过去只重视"经济开发"的状况，加强社会发展，其标题也由过去"经济开发五年计划"改变为"经济社会发展五年计划"。这一时期，韩国注意理顺经济、政治、社会等方面的关系，实现经济从总量增长型向质量效率型转变，提高生产效率，强化产品竞争力，向21世纪的发达国家目标作最后冲刺。到了20世纪90年代初期，在短短30年的时间里已经发展成为新兴工业化国家，有多项经济指标位居世界前列。

韩国经济的迅速发展，使其综合国力大大增强，韩国在世界上越来越引人注目，国际地位日益提高，成功举办了亚运会和奥运会。韩国经济发展的成功经验令世人重视，人们越来越多地要求韩国向其他发展中国家传授其发展经验，其他发展中国家的政府官员及受训人员也纷纷前来学习。

作为东亚国家，韩国30多年来的经济发展道路与日本、新加坡等国有着惊人的相似之处，被称之为"东亚模式"。它表现为：以儒家文化为基础，强大而有效的领导能力和企业家精神，有效的政府干预政策，国家为主导推行的出口导向的工业化发展战略，高水平的教育和优秀、廉价的劳动力，政治权威主义的影响使民主化进程相对迟缓。东亚模式不同于欧美模式，它是在东亚独特的历史文化传统、独特的政治经济环境中所产生的。

2. 腾飞的东亚"小龙"

建国之初，韩国经济的最大特点就是对美国援助的严重依赖。朝鲜战争以后，韩国在美国全球战略中的地位急剧上升，美国扮演了韩国"保护者"的角色，加大了对韩国的经济援助力度，帮助韩国进行战后经济重建。

经过 30 年的高速发展，韩国经济实现了奇迹般的腾飞。到 1995 年时，韩国国内生产总值达 4520 亿美元，在经合组织成员国中名列第 9 位，在世界排名第 11 位；人均国内生产总值 10076 美元，经合组织成员国排名第 20 位，在世界排名第 32 位。

进入 21 世纪以来，韩国经济保持了持续稳定发展。2011 年韩美签署自由贸易协定之后，韩国《朝鲜日报》在头版以醒目标题写道："韩国历时 135 年从世界边陲小国跃升为通商大国"，显示了韩国强大的经贸实力。

韩国从一个贫穷落后的农业国，实现华丽转身而成为一个现代化的工业国，说明韩国所走过的道路是符合本国国情的。但是，诚如世界各国没有一个固定不变的模式一样，国家的发展也没有永恒不变的模式，这就是世界各国不断调整、改革、探索新的发展道路的原因所在。

近年来，韩国经济也出现结构性困难，由此说明，过去的发展模式已不能适应今天客观环境的变化，与过去决裂虽然痛苦，但从长远看，只有进行重大的结构性调整，韩国才能走上一条新的发展道路，使韩国经济体制更趋成熟和完善，对外部世界具有更强的适应能力和应变能力。

从发展速度来看，韩国经济已远非"四小龙"时期可比。但是，韩国仍不失为东亚已经崛起的耀眼明星。韩国长远的宏伟目标是赶超美国和日本，目前虽遭受挫折，但韩国并未放弃这一宏伟目标。金大中早在几年前就指出："韩国要以东亚五大国之一的姿态进入大国行列，去创造我们民族主导历史的光辉明天。"韩国能否赶上并超过美国和日本，能否以大国身份在东亚起主导作用，这只有历史才能作出回答。

3. 没有指挥权的军队

韩国军队创建于 20 世纪 40 年代末期，是由美国驻韩占领军组建的。韩国建国之前，美国占领军当局在 1945 年下令成立韩国"国防司令部"，设立韩国陆军士官学校，并开始召募陆、海军人员，为建立韩国军队做了准备。

在美国占领军的扶植下，韩国首先建立了"国防警备队"，也就是陆军部队。陆军成立初期只有 8 个团，2 万余人。韩国海军是在"海防民团"的基础上建立的，成立初期称"海岸警备队"，后改为海军陆战队。韩国空军是最后成立的军种，美国占领军在韩陆军中建立了"陆军航空部队"，后来以这支部队为基础，成立了空军。空军成立初期只有 1100 多人，20 多架飞机。

李承晚就任韩国总统以后，美国占领军当局向韩国移交了韩国军队的指挥权。但是，它通过与李承晚政府签订的有关协定，仍然"继续掌握韩国治安部队的组织、训练、装备"和"作战监督权"，"保有对他们认为需要的韩国重要地区、设施的控制权"。在美国占领军的策划下，李承晚通过国会颁布了"国军组织法"，将"警备队"改称"国防军"，加速军队建设并拨出巨额经费用于加强国防和维持治安。韩国 1949 年的国防治安费占整个财政预算的 46%。因此，韩国军队在李承晚"接管"初期发展较为迅速。到朝鲜战争爆发前夕，已扩展到 10.5 万人，如果加上经过军事训练的 5 万多名警察，韩国的军事力量已达到 16 万人左右。

朝鲜战争结束后，美国一直拒绝全部撤出驻在韩国的军队。以《美韩共同防御条约》为标志，韩国和美国正式建立了军事同盟关系。条约规定："大韩民国给予美利坚合众国在双方共同商定的大韩民国领土以内及其周围部署美国陆、空、海军部队的权利。"通过条约韩美之间的军事联盟得到了进一步的加强。

美国总统尼克松执政时期，在"撤军"问题上的政策有所调整，美军准备分批从韩国撤出，同时敦促韩国政府加强"韩国军队的现代化"，以承担自我防卫的责任。卡特政府时期，美国以朝鲜北方军队的实力"远比美国所估计的要强大得多"为借口，停止执行撤军计划。里根当选美国总统后，更是强硬地宣布"美国终止从韩国撤军"，并声称"美军将无限期地留在韩国"。截至目前，美国仍在韩国驻有 3 万多名军事人员，各类作战飞机 70 多架。

美国停止撤军后，双方密切军事合作，迅速成立了"韩美联合司令部"。韩国军方宣布："成立联合司令部是为了遏制在韩半岛爆发战争，并且在韩国受到外来攻击时能够共同粉碎它。"联合司令部接受由两国参谋长联席会议主席组成的军事委员会的领导，通过下属的陆、海、空三军司令部行使作战指挥权。

近几年来，为了加强美军和韩军联合作战的能力，双方多次举行代号为"协作精神"的联合军事演习。演习规模最大的时候，双方参加人数近 20 万人。美国除投入最先进的陆海空武器装备外，还动用第 7 舰队的主力航空母舰参加美韩联合军演。

4. 能否敢对美军说"不"

韩国作为美国在亚洲的盟国之一，首先成了美国"新亚洲政策"的实验基地。根据"新亚洲政策"，美国从战后开始，源源不断地对韩国提供军事援助。据统计，自韩国军队成立以来，美国对韩国的无偿和有偿军事援助高达几百亿美元。

朝鲜战争期间，美国为了把日本作为朝鲜战争的后方补给基地，非常需要韩日之间的联盟，在美国的斡旋和推动下，韩国与日本的关系得到迅速发展，韩国总统朴正熙与日本佐藤内阁正式签订了《日韩基本关系条约》。根据条约规定，朴正熙在依靠美国的同时，美国与日本在军事上进一步加强了合作。在日本的资助下，韩国修建了从汉城到釜山的军用高速公路，恢复了"关釜轮渡"，从日本到汉城只需 11 个小时左右，韩国同日本紧密地联结在一起。朝鲜战争之后，美、日、韩为了加强在军事行动上的配合，多次举行三国之间的海、空联合军事演习。

随着韩国经济实力的增强，韩国希望摆脱美国束缚，实现"自主防卫"的愿望愈加强烈。朴正熙上台后宣称："在安全问题上依靠外国势力的时代已经过去。"韩国要由韩美军联合防御形成的"集团防务"逐步向以韩国为主导的"自主防务"转变。随着国际形势与美韩双方各自内部状况的变化，"自主防务"的呼声已引起军界越来越多的关注。

韩国认识到，尽管美国的军事援助给韩国的国防建设提供了前所未有的支持，但韩国总不能一劳永逸地在美国保护伞下过日子。"自主防务"能够刺激韩国军事工业和技术的发展，激发韩军的士气，培养军人的自豪感和荣誉感。依赖美国进行防务，图谋生存和安定是有损于自身形象和不光彩的事情，不可能真正培养军人的国防意识和爱国精神。

从武器装备的发展来看，基于高科技的美国武器体系并不完全适合韩国的国情军情。如果不建立自主研发的军事装备体系，韩国同美国差距会越拉越大。一旦美国停止提供更新的军事装备，将会使韩国陷入意想不到的被动之中。

美国决定从韩国撤走第 7 步兵师之后，韩国政府把自主防务提到日程，并采取了支持和扶持本国国防工业的各种措施。短短数年间，连步枪都不能生产的韩国，成功地研制出技术先进的远程导弹和多管火箭炮，生产出了与美国陆军装备 M-60A 型坦克性能相同的多种类型坦克。如今，韩国不仅能够大量生产诸如迫击炮、无后座力炮、火神式防空高射炮等基本武器，还能生产轻型坦克、装甲运兵车、直升机和驱逐舰，并能自主生产性能相当于米格-29 的战斗机。逐渐摆脱对美国的过分依赖，是韩军未来发展的一大趋势。

5. 韩国军事实力有多强

在朝鲜战争期间，韩国军队的人数有了急剧增加。虽然在战争中伤亡惨重，但是到 1953 年 7 月停战时仍有 16 个师，59.4 万人。

到 20 世纪 70 年代初期，韩国军队的总人数为 63 万人，另有 250 万人的"准军事部队"。20 世纪 80 年代初，韩国军队总人数略有减少，仍维持在 60 万人左右。但由于增添了飞机、舰艇、导弹等先进武器和装备，实力有了进一步加强。

进入 21 世纪以来，韩国在巩固"美韩合作体制"的前提下，大力推行"自主防务"战略。当前，韩国军队总规模为 69 万人，其中陆军 56 万人，海军 6.7 万人，空中 6.3 万人，预备役 305 万人，年度国防预算 270 亿美元，占政府财政预算的 15% 左右。韩国为实施其"战斗力增长计划"，准备拨巨款从美国购买重型武器装备。韩国还增加武器装备研制费，谋求自己生产坦克、飞机、导弹和舰艇。除了正规部队以外，韩国还提出，要将它的预备役人员逐步减少到 250 万人左右。

五、与中国的领土领海争端

1. 唇齿相依友邦情

中韩两国是隔海相望的邻邦，友谊源远流长。正如韩国一位学者所说，无论中国还是韩国，都找不到像韩中那样保持长久睦邻友好关系的其他邻国，在朝鲜半岛分裂为两个国家之前，中国和朝鲜半岛的政治、经济、文化交流已经有了 2000 年的历史。

中国的儒家思想，也就是朝鲜称之为"儒教"的思想，早在朝鲜半岛的三国（高句丽、百济和新罗）时代就传入朝鲜半岛。经过朝鲜王朝几百年的发展，儒教思想同朝鲜的现实紧密结合而融为一体，它不仅逐渐成为封建时代朝鲜民族"意识结构的基础"，而且几乎融入在朝鲜人的思维方式和行为方式中。

和儒教思想同时传入朝鲜半岛的是中国汉字。虽然今天韩国的汉字和中国的汉字在读音和含义方面已互不相同，但韩国人认为汉字为朝鲜民族创造独具特色的民族文化作出了巨大贡献。在漫长的岁月里，汉字和韩文并存，汉文和韩文混用，成为朝鲜文化的一个独特的现象。直到 20 世纪 70 年代，当时的韩国总统朴正熙为了弘扬韩国文化，下令废除中小学的汉字教学，中小学教科书一律使用韩文。但是，汉字已与韩国人结下不解之缘。据统计，目前韩语词汇的 70%来自汉语。

在文化交流的同时，中国和朝鲜半岛的政治、经济交流也已开始。早在朝鲜半岛的三国时期，高句丽、百济、新罗就经常遣使到中国，通过双方使节进行"朝贡""赐物"或互换"礼物"。取代高丽王朝而起的李氏朝鲜王朝建立后，与中国明朝建立了睦邻友好关系，双方的交往密切。特别是 16 世纪末，应朝鲜政府的请求，明朝出兵帮助朝鲜击退了日本丰臣秀吉的武装入侵之后，朝鲜更视中国为患难之交。

令人遗憾的是，由于"二战"以后美苏在全球的争霸态势以及由此造成的冷战格局，朝鲜半岛分裂为两部分，韩中两国在相当长一个时期里在意识形态上对立，在外交上互不承认，延绵了几千年的友谊中断，两国处于相互隔绝的不正常状态。

1992 年 8 月 24 日，中韩两国在北京签署建交公报，宣布两国正式建交，揭开了中韩关系史上的新篇章。

中韩建交后，中韩关系犹如冰雪消融，迎来了和熙的春天，两国政治、经济等各领域的关系迅速发展，尤其是发展经贸合作关系有着许多得天独厚的条件。两国同属东亚地区，国土毗邻，来往方便，山东半岛、辽东半岛和环渤海地区更具有地理位置上的优势。凭借他国不可比拟的地理优势，两国经贸关系的发展迅速驰入了快车道，中国已成为韩国第三大贸易伙伴，两国之间的经济贸易和人员往来也日益频繁。

2. 历史问题与疆域变迁

从地理上说，中韩两国没有陆地边界，不可能存在所谓"领土"的问题。但韩国《宪法》中规定"大韩民国的领土，包括韩半岛及其附属岛屿"，因此也就产生了所谓的"领土问题"。中韩两国领土争议主要集中在长白山天池和所谓"间岛"归属问题上。

"间岛"，原名"恳岛"，因清朝末期大批朝鲜民众越界垦殖而得名，位于图们江北岸我国境内，其范围大体为中国吉林省延吉、汪清、和龙、珲春4个县市。20世纪70年代以来，韩国经济快速发展，国内右翼民族主义抬头，开始重提所谓"间岛问题"，并一再声称"间岛"为韩国领土。

1984年9月，韩国部分国会议员联名向国会提出《关于确认白头山所有权之议案》，称公元1712年清朝政府竖立在长白山的定界碑，是"单方面强加于人的"，1909年中国和日朝签订的《间岛协约》是一项不平等条约。对于该项提案，韩国会外务委员会讨论后认为，该议案"以搁置起来为宜"，而未提交国会全体议员讨论。1992年中韩建交时，韩国也提出了长白山天池和所谓"间岛"的归属问题，而中国政府严正表态："中韩两国不存在领土问题。"实际上就是说"韩国没有资格对中国提出领土问题"。可以说，对于所谓领土问题，韩国在外交上是理屈且处于下风的。一是所谓中韩争议领土一直处于我国管辖之下，与我建交国均承认我国的领土完整；二是所谓中韩边界只是存在于韩国《宪法》中，现实中中国只与朝鲜交界，而中朝两国已于1964年3月20日签订了《中朝边界议定书》，除了鸭绿江、图们江中的少数沙洲、小岛归属未定之外，基本确定了中朝边界；三是因为韩国主张的所谓"间岛"归属问题其历史事实并不利于韩方。早在明朝和李朝建立之初，中朝两国边界即明确以鸭绿江、图们江为界河，直到清代，两国对此也从无异议。到了清朝晚期，由于清政府腐败无能，1909年与日朝谈判签订《间岛条约》时，中方是作出了重大让步的，而且之前清政府与朝鲜政府进行的几次共同勘界过程中，也稀里糊涂地把很多领土"让"给了朝鲜，因此韩国再提"间岛"归属问题实属是对中国倒打一耙的无赖之举。

尽管如此，近年来韩国国内对中国的"领土要求"仍可谓是方兴未艾。2004年9月，韩国几十名议员又联名提交《间岛协约》无效决议案，要求政府正式向中国提出收回所谓"间岛"的领土要求，并每年都参加9月4日所谓"间岛日"纪念活动。尽管中国与朝鲜边界问题早已得到解决，但韩国一些学者仍然主张长白山和延边地区及鸭绿江、图们江中的部分岛屿和沙洲为其领土。韩国一些学者甚至提出中韩"应以古高句丽和渤海国的疆域为界划分领土"。在学界以及媒体的鼓噪和压力下，目前韩国政界几乎无人敢于公开承认所谓"间岛"不是韩国"领土"，最多就是宣布搁置争议，不否认伪满州是中国领土，但又承认这一地区是"被中国侵占的韩国领土"。

中韩有着数千年的友好交往史，这是两国关系发展的有利条件。中韩之间不存在领土问题，这是两国关系发展的重要政治基础。近年来，韩国的部分学者就有关高句丽等历史问题的研究存在不同看法。在这个问题上，中国政府的立场是明确的。中国政府坚持认为，对于民族、疆域变迁史的研究，应该本着学术与政治分开，现实与历史分开的原则，正确对待，妥善处理，不要影响两国关系的正常发展。

3. 领海争议为何而来

中韩两国之间就黄海、东海大陆架的划界问题一直未得到很好的协商和解决，近年来引发了双方间一系列海洋权益和渔业资源的争夺，有时还发生了一些冲突。

黄海面积约 38 万平方千米，为浅海大陆架，其间由靠近朝鲜半岛一边、两侧底土不同的中国古黄河河道相区分，所以中国主张按自然延伸原则划界，即按古黄河河道与韩国划分黄海大陆架。但韩国主张按中间线原则划界。这样，中韩双方便产生了 6 万平方千米的争议区。

韩国早在 1970 年颁布《海底矿产资源开发法》时，即按中间线宣布了黄海石油勘探区；1972 年又宣布在黄海设立"海上特区"。1977 年公布"领海法"，规定"韩国与相邻或相向国家之间的领海边界，除非与有关国家另有协议，否则为两国之间的中间线"。实际上，韩国从自身利益出发，在黄海上位于中国的一边主张中间线原则，而在东海上位于日本一边又主张采用自然延伸原则。

从 1968 年开始，韩国就开始按照"中间线"原则对黄海大陆架进行空中和海上勘探，并将其周边海域划出了若干所谓的矿区。1991 年 5 月至 8 月，韩国在没有与中国达成协议的情况下，连续在中方黄海水域进行石油钻探活动，遭到中方强烈抗议。

在东海海域也存在与黄海海域一样的争议，中国主张按自然延伸原则与其划界，韩国则坚持中间线原则划分，两线之间便形成了 12 万平方千米的争议区，其中一部分海域中日之间也存在争议，形成中日韩三国共同争议区。一直以来，韩国在这一争议海域都是采取联合日本对抗中国的做法，与日本签署东海《共同开发大陆架协定》并联合在靠近中方一侧的大陆架进行石油钻探，这些动作均遭到中国的抗议。1974 年 1 月 30 日，韩国与日本通过谈判规定了共同开发区，共 8.2 万平方千米，我国政府对此表示强烈反对。

近年来韩国加强了在黄海、东海与我国争夺渔业资源的活动。随着韩海军警力量的增强，其巡逻警戒范围也逐渐扩大至远海，在其西海、西南海海域出动大批舰艇担负护渔警戒任务。韩军还在白翎岛、大小黑山岛和济州岛外海设置军事射击训练危险区，以阻止我国渔船前往捕鱼。在黄海海域，韩国还划定东经 124 度线为韩中领海分界线，一旦发现我国渔船越线即采取强硬措施，在这一海域驱扣我国渔船是经常发生的事。韩国还从 1994 年 7 月 11 日开始扩大西海海域渔场，将原定的渔场向西扩大了 3000 平方千米。从历史上看，这些海域一直是我国沿海渔民的传统作业渔场。

随着中韩渔业纠纷的增多，中韩两国从 1993 年 12 月 13 日开始举行渔业会谈，经过 10 余轮会谈终于 2000 年 8 月达成协议，并签署新的《韩中渔业协定》。协定生效以来，中方渔船在韩方专属经济区内作业受到严格限制，韩国对中国渔船"非法"作业的管制力度也越来越大。在协定生效后的前几年，韩国在管制中国渔船时采取的手段还是比较温和的，但随着韩国抓扣中国渔船数量不断增加，中国渔民与韩国海警部门之间的矛盾越来越深。

【专家点评】

高瞻远瞩，共创美好未来

　　中韩两国人民的传统友谊源远流长，友好交往为中韩关系史的主流，历史上曾留下许许多多的感人至深的友好佳话，两国还有着相同或相似的传统文化和价值观念，这是稳固与发展中韩关系的坚韧纽带。

　　韩国与中国有着共同的文化底蕴，这个底蕴就是传统的中国文化。韩国人与中国人之间，在文化形态与思维方式上有许多共通之处，所以，很多中国人认为，和韩国人交朋友，没有一种陌生感，因为他们的性格、观念和处世方式和中国人是差不多的，或者说能说到一块去，这是两国和两国人民能够友好交往的共同基础。

　　韩国人是善于学习的民族，即使是如今的年轻人，都对中国文化比较感兴趣。中韩两国建交以后，两国关系发展迅速，在中国是"韩流"滚滚，在韩国也是"汉风"劲吹。韩国大批的留学生来到中国，经济贸易方面的交往更加频繁。与此同时，韩国也非常重视把本国文化向外传播，推向世界。比如被称作"韩剧"的电视连续剧，动辄几十集甚或上百集。由于它贴近生活，清新活泼，所以老百姓很爱看。它们传播输入到中国，对于丰富中国文化的内涵，促进中国人对韩国的了解，也具有积极的意义。这些年学习韩语的人越来越多，大概与此不无关系。

中韩两国从正式建交，发展到建立"面向21世纪的合作伙伴关系"，再发展到建立"全面合作伙伴关系"，关系日渐密切，高层往来频繁，互信程度不断提高，不断拓展合作领域，深化合作层次，双方在国际事务和东北亚地区事务中保持着良好的磋商与合作，成为国际关系中的典范。进入21世纪以后，韩国已经跨入中等发达国家行列，并且加入了素有"富人俱乐部"之称的世界经济合作与发展组织，韩国经济发展过程中的经验教训都值得中国学习或引以为戒。当前，中韩经贸关系迅速发展，双边合作关系不断加强，相互依赖不断加深，并共同推动了东北亚区域合作进程。

中韩关系的发展虽已进入建交以来的最好时期，但仍存在尚需解决的现实问题和影响中韩关系发展的制约因素，诸如意识形态差异、美国因素、半岛的和平稳定等，都将对中韩关系的发展产生微妙的影响。历史和现实都已证明，中韩两国具有共同的地缘政治和经济利益，中韩两国关系的发展不仅符合两国人民的利益，而且还深刻地影响着本地区的和平与稳定，也有利于促进东北亚区域合作。所以，两国领导人高瞻远瞩，致力发展中韩合作关系，符合当今历史发展的潮流。

第三章

神秘面纱笼罩——朝鲜

　　20 世纪，对朝鲜半岛，对整个朝鲜民族来说，是不幸而痛苦的。1910 年，朝鲜丧失主权国家的地位，日本帝国主义开始对朝鲜半岛实行殖民统治，朝鲜民族陷入被异族奴役、剥削的悲惨境地。在日本帝国主义殖民统治的 36 年中，为争取民族独立，为获得民族解放，朝鲜人民不屈不挠，进行了英勇顽强的反抗和斗争。1945 年日本殖民统治宣告结束，朝鲜人民终于赢得了民族解放斗争的伟大胜利。可是，朝鲜人民刚刚把欢庆民族独立的锣鼓敲响，又一场战争———"冷战"，把朝鲜半岛推入了分裂的痛苦深渊。

一、走近你所不熟悉的朝鲜

1.一个传说中的国度

朝鲜民主主义人民共和国，简称"朝鲜"，位于亚洲东部中央的朝鲜半岛上，北隔鸭绿江、图们江与中国和俄罗斯相邻，东、西、南三面环海。朝鲜半岛总面积22万多平方千米，从北到南最长距离有1100多千米。

"朝鲜"一词，早在公元前7世纪就传入我国，而《史记》《汉书》等历史古籍中的记载更是屡见不鲜。朝鲜半岛与我国东北地区隔江相望，自古以来两国在政治、经济、文化方面有着密切的交往和联系，历史文化交流渊源流长。可以说，对朝鲜半岛的历史，我们是比较熟悉的。

朝鲜民族常以自称具有五千年历史而自豪。见诸史籍的传说称，古朝鲜人为"东夷"，意即东边的弓箭手。东夷人中有一个神话，传说立国者檀君系天上下凡的父亲和一位以熊为图腾的部落女子所生。据说他于公元前2233年开始统治，他的后代在朝鲜——"黎明宁静之国"，执政达1000余年。

在中国的战国时代，黄海西岸的东夷同周朝人发生冲突，这导致他们向朝鲜半岛迁移。当殷朝灭亡时，殷国遗臣箕子约在公元前11世纪进入檀君的辖土，引进殷国的文化。接着，由于中国东北地区的燕国入侵，古朝鲜在公元前3世纪丧失了辽河以西的领土。这时候，出现了铁器时代文明，战国诸国向东驱赶难民。

汉朝以后，朝鲜半岛南部的一些土著人开始吸收汉族的先进文化得到发展，建立了国家。正好中国东北的夫余族的分支高句丽族建立了一个国家而且打到了朝鲜半岛，又把首都迁到了平壤。

唐朝以后，在朝鲜半岛上建立了高丽王朝，定都在今天的开城；随后的朝鲜王朝，定都今天的首尔（汉城）。

历史上并没有朝鲜和韩国对立的存在。直到第二次世界大战结束朝鲜半岛才出现两个国家。20 世纪 40 年代末，虽然朝鲜半岛被分裂为两个国家，但是，朝鲜半岛两个国家的人民，有着共同的历史，共同的祖先。

朝鲜民主主义人民共和国成立后，由朝鲜劳动党执政，与韩国走上了完全不同的发展道路，建立了完全不同的社会制度。1991 年 9 月 17 日，朝鲜与韩国一起加入联合国。

2. 城市景象面面观

亲身去过朝鲜或从电视上看过朝鲜首都平壤的人，大都有这样的印象，平壤绿树环抱、鲜花盛开，是一个异常美丽、异常整洁的花园城市，在所见的平壤街道上看不到一片碎纸和杂物，高耸的"千里马"铜像和"主体思想塔"非常突出，一般的办公楼和住宅，其样式和中国内地一些城市非常类似，大概是以同样的思维方式修建的。平壤市的重点建筑，无论外观还是内部装修都接近中国北京、上海的水平；朝鲜的中小城市看起来要差一些，但也非常整齐和干净。

朝鲜城市的道路修得很好，但路上普遍车辆不多。像中国北京、上海、广州那样的汽车拥堵现象，在朝鲜较为少见。朝鲜也有一些高速公路，但看起来普遍车辆不太拥挤。

大概是普及教育的缘故，平壤的市民非常守秩序，在上公共汽车时或其他地方，他们都有礼貌有秩序地自动排队，显示了较高的素养。市民对外国人非常有礼貌，也非常照顾，见到时总是挥手致意，并让外国人优先。

平壤市民很注重自己外出时的形象，节日期间全体国民放假，大家纷纷走出家门游玩、散步，据说朝鲜市民都会穿上一套较新的衣服专用于各种社会活动，而在家里则换上较为简单和随意的衣服。平壤市民的衣着简洁大方，即使外出穿的服装，质地、色彩和样式也很朴素。

看电视也是市民的一项重要娱乐活动，朝鲜电视新闻较多，但多是端坐的播音员口述，图像报道不多。至于娱乐性节目多是大合唱和小合唱，多唱些朝鲜领导人的颂歌和革命歌曲，还有一些配音乐的风景。电视里也播一些朝鲜电影，多是歌颂朝鲜劳动党的影片，其中一部叙述金日成青年时期在中国东北参加朝鲜反日武装的故事片，朝鲜百姓大多家喻户晓。有趣的是，朝鲜的朝鲜语电视大约有近一半的单词发音和汉语类似，听起来有点像中国内地人听广东话。

3. 朝鲜的乡村什么样

我们对于朝鲜的好奇，就像西方人对中国一样。许多西方人心中的中国，至今还是落后和愚昧的象征，恰如有些人眼中的朝鲜。这有两个问题，一个在普通百姓这个层面，我们与朝鲜的交往还不太多；另一个是西方人戴着有色眼镜看待我们这些国家。当然，客观上来讲，我们有些东西确实和今天的朝鲜还是很相似的。

走进朝鲜的农村，每个村庄入口都有很多宣传标语，就像中国的乡村一样，远远地就可以看见。标题上面写的内容，大多是歌颂领袖、歌颂劳动的语言，或者是号召人民团结起来，为建设伟大的国家而奋斗。应该说，这一点与中国的村庄大同小异。

朝鲜农村最大的问题是缺乏交通工具，极少有公共汽车，很少有小汽车，所以你会经常碰到很多步行或骑自行车行走数千米的人。即使有交通工具，他们也不愿意走那些笔直的大道，公路沿线有很多检查点，所以人们更愿意走废弃的铁路沿线以避免检查。

从一些电视新闻中可以看到，朝鲜政府给铁路沿线的村庄修建统一的住房，不少地方都是三层的小洋楼。但由于建起来以后年久失修，有些小洋楼显得已经非常破败。

造成朝鲜农业困难的因素有很多，自然条件也不能忽视。在朝鲜北部，90%的土地是山地，而且部分庄稼是一季生产，如果遭到自然灾害的打击便一年绝收。对他们来说，自然灾害是个无奈的敌人。但是，国民秩序很好，干工作吃苦、认真，条件那么差，该怎么干就怎么干，不能不佩服朝鲜劳动人民的毅力与坚韧。

4. 全民义务教育说到做到

良好的国民教育特别是基础教育，是推动一个国家经济不断发展、飞跃的重要条件，资本主义国家的经验是这样，社会主义国家的经验也是这样。朝鲜良好的基础教育和相对发达的高等教育给人留下了深刻印象。

作为一个深受儒家思想影响的国家，儒家重视教育的思想在朝鲜有着深厚的文化底蕴。朝鲜在建国初期就开始重视教育的发展，即使在国家经济困难的境况下也不遗余力地发展教育事业，提高民族的文化素质。

1956 年，朝鲜开始实施初等义务教育制，1958 年实施中等义务教育制，1967 年实行 9 年制技术义务教育制，1975 年开始实行 11 年义务教育制，并建立了专科学校、工人大学、函授、夜校教育网等多方面、多层次的干部和劳动者正规学习系统。

金日成曾说朝鲜已经成为"教育之国"，这一点在今天看来也不为过。朝鲜实行的11年义务教育制度，普及全体国民，所有的朝鲜儿童都能得到免费义务教育，而这种免费是实实在在的，谁要逃学，全班同学都要去家访。所以包括边远山区，没有失学儿童，没有文盲。高年级的学生都能用自己掌握的知识很大方地介绍自己的国家，从他们的口气中，可以体会到他们对自己国家良好教育的自豪感。

1977年9月5日，朝鲜劳动党五届十四中全会通过了金日成提出的《关于社会主义教育的提纲》，把每年的9月5日定为教师节，提纲规定社会主义教育的基本原理、指导思想、内容方法，确立使人革命化、工人阶级化、共产主义化的教育任务，实行全面的义务教育制。

朝鲜对知识分子很重视，这一点我们从朝鲜劳动党的党旗上也可以很明显的看出来，朝鲜劳动党的党旗图案是锤子、笔和镰刀，笔在中间；主体思想纪念塔前的巨型雕刻也是工人、农民和知识分子三人组成，可见知识分子占有重要地位。

经过50多年的发展，朝鲜的教育事业获得了飞速的发展，目前，朝鲜几乎所有的劳动者都具有中学毕业以上的文化水平，在全国劳动人口中，平均每6个人中就有1名专业技术人员，知识分子的人数达到182万，这样的教育水平即使放在世界范围也是一流的。普及、相对发达的教育的效果虽然由于特殊的原因，暂时没有强烈地显示出来，但毫无疑问，这为朝鲜未来的经济发展储备了丰富而宝贵的人力资源，为未来的国家建设提供强大的智力支持。

5. 勤劳朴实的朝鲜女性

生活在朝鲜半岛的朝鲜族妇女善于在头上顶着东西走路，如盛满水的瓦瓮、装有衣物的包袱等，不但不会掉下来，而且还能走得很快……

这是朝鲜女性勤劳、朴实、勇敢坚强的典型形象。

朝鲜妇女堪称世界上最伟大的女性，她们具备妇女所有的美德。朝鲜的妇女在外面要从事繁重的体力劳动，回家还要做全部的家务。在朝鲜，谁家的男人如果做了诸如洗衣服这样的家务活，是会被人笑话的。男人回家以后什么都不做，女人背着孩子要做饭，洗衣服，打扫卫生。饭好了以后，要服侍男人和孩子先吃，自己往往就在灶房里吃几口。千百年来的传统使得这些朝鲜妇女任劳任怨，从来不抱怨命运对自己的不公平，每天就这样辛辛苦苦地劳作着。

朝鲜妇女在整个社会活动中担负着很重的社会责任，各行各业女性都发挥着很重要的作用，比如军人、警察、工程师、公务员、工人、农民。她们共同的特点是吃苦耐劳，温柔善良。因此有人说朝鲜男人是世界上最幸福的男人。

在朝鲜，女军人更是深受宠爱，从新义州至平壤，铁路经过几座山洞，女兵荷枪实弹，凛然而立，成为山洞威武的保卫者。每当火车经过时，都能见她们腰板挺直，威风八面。七月的日头，像火球一样悬在头上，她们站在无遮无拦的岗位，身着武装带，肩挎钢枪，汗水湿透了她们的军装，头发粘贴在脸上，然而她们始终如一，当火车离去后才轻轻地移动一下身子。

从电视新闻中可以看到，平壤交警几乎半数是年轻女性。女交警们上身着白色制服，下身着天蓝秀裙，一根白红相间条杠指挥棒握于手中。当要指挥一方车辆行动时，她们首先面对指挥车辆将彩棒正上举直，然后转身180

度，将棒指出方向，随后垂下。在室外 40 多度高温下，女交警工作一丝不苟。如若离开原位到附近处理事项，都是迈着标准的军人步伐走去。

尽管如此，朝鲜女子们工作起来却毫无怨言、兢兢业业。

6. 靓丽素雅的传统服饰

朝鲜人比较喜欢素白色服装，以示清洁、干净、朴素、大方，故朝鲜族素有"白衣民族"之称，自称"白衣同胞"。不论男女老幼皆喜欢穿素净的衣衫，显示出清静朴素的特征。

朝鲜男子爱穿"灯笼裤"，白色居多，"巴基"和"古克"就是其中的两种，实际上是指传统的朝鲜服饰"裤子"和"坎肩"。"巴基"裤裆裤腿肥大，穿着随便轻松，适合其盘腿席坐的习惯，裤腿有系丝带，以防风寒；再就是"古克"，一般套在"则高利"上衣的外面，多用绸缎作面，毛皮或布料作里，有 3 个口袋、5 个扣，穿上显得特别精神。男子的上衣较短，斜襟、宽袖、左衽、无纽扣，前襟两侧各钉有一飘带，穿衣时系结在右襟上方。外出时多穿斜襟以布带打结的长袍，现在改穿制服或西服。

女装一般都是白色，朝鲜妇女喜欢穿短衣长裙，这也是朝鲜族妇女服装的一大特色。在朝鲜语里，短衣叫"则高利"，长裙叫"契玛"，它们都是朝鲜族服饰中最具传统特色的服装。"则高利"是朝鲜族最喜欢的上衣，无纽扣，用布带打结，女性的在袖口、衣襟、腋下镶有色彩鲜艳的绸缎边，穿起来潇洒、美丽、大方；长裙是朝鲜族女子的主要服饰，多有长皱褶，可分为缠裙、筒裙、长裙、短裙、围裙。年轻女子和少女多爱穿背心式的带褶筒裙、裙长过膝盖的短裙，便于劳动。

7. 耳边又响起"桔梗谣"

"道拉基，道拉基，道拉基……"很多中国人对这首《桔梗谣》并不陌生，它是朝鲜族的传统民歌。中文大意是："桔梗哟桔梗，白白的桔梗哟长满山野，只要挖出一两棵，就可以满满的装上一大筐，这多么美丽多么可爱哟，这也是我们的劳动生产，满满地装上一大筐。"

桔梗是深受朝鲜族人民喜爱吃的一种野菜，可以用来腌泡菜，也是非常普遍的一种泡菜。

朝鲜是"歌舞之乡"，这首优美动听的民歌最初产生于江原道，后流传到朝鲜半岛。传唱的人很多，歌词并不统一，但曲调平缓流畅。传说"道拉基"是一位姑娘的名字，当地主抢她抵债时，她的恋人愤怒地砍死地主，结果被关入监牢。姑娘悲愤而死，临终前要求葬在青年砍柴必经的山路上。第二年春天，她的坟上开了紫色的小花，人们叫它"道拉基"（桔梗的朝鲜文），并编成歌曲传唱，赞美少年纯真的爱情。每年春天，朝鲜妇女都会结伴上山挖桔梗。由于她们平时按习俗不得出门，因此在外采桔梗时唱起这首歌，也表达了一种愉快的心情。《桔梗谣》音乐轻松明快，生动地塑造了朝鲜姑娘勤劳活泼的形象。后来，人们又把这首歌编成了舞蹈。

朝鲜十分重视音乐、歌曲的宣传普及。2005 年朝鲜中央电视台向全国重点介绍了一批优秀歌曲。《金日成将军之歌》《朝鲜之歌》《同志爱之歌》是朝鲜三大著名歌曲。

朝鲜的各种艺术团体很多，20 世纪 70 年代是朝鲜文化艺术创作的繁荣期。朝鲜文化艺术工作者先后创作、改编、演出了《卖花姑娘》《党的好女儿》等革命话剧，以及当时中国观众耳熟能详的一批朝鲜电影，如《鲜花盛开的村庄》。主要艺术团有血海歌剧团、万寿台艺术团、人民军协奏团、朝鲜人民军国家功勋合唱团、人民军军乐团等。

朝鲜很重视电影创作，20世纪70年代以来拍摄的代表影片有《安重根击毙伊藤博文》《卖花姑娘》等。朝鲜的电视剧由朝鲜广播电视委员会负责制作，近年来，一批大型电视连续剧深受观众喜爱。

8. 美国的制裁大棒管用吗

美国是朝鲜目前的主要对手，也是朝鲜的第一敌对国，同时更是当今世界最强大的经济、军事强国，美国的态度对朝鲜的政策走向至关重要。

不可否认，改变朝鲜的共产党政权一直是美国多年的目标，朝鲜也被美国列为仅有的几个"邪恶轴心"之一。但美国以武力推翻朝鲜的作法也遭到中、俄等许多国家，包括盟国韩国、日本的反对。在没有得到盟国支持的情况下，美国不太可能单独行动。美国屡试不爽的唯一作法，就是对朝鲜实施制裁。

朝鲜在经济上本来就不依赖西方，朝鲜不论战前、战后其经济与美国的关联度都甚小，美国手里并不捏有朝鲜"不可须臾或缺"的经济命脉，因此即使在冷战结束后的最艰难时期，制裁对朝鲜的杀伤力都是相当有限的，甚至有"越制裁，朝鲜越亢奋"之说。

西方国家的制裁，本来的目标是针对朝鲜领导人和朝鲜军队，但在朝鲜的特殊体制下，最后的代价只能由朝鲜民众来承担，领导人和军队的"抗打击能力"反而可能因此增强。

朝鲜在东北亚有着重要的战略位置，虽然朝鲜的政权被西方视为一种威胁，但对于东北亚国家或者在东北亚有着重要利益的国家来说，维持朝鲜的稳定是目前最好的战略选择，假如朝鲜真的崩溃了，给他们带来的可能不是收益而是灾难。

如今，美国对朝鲜的态度也发生了微妙的变化，逐渐改变了对朝鲜的强烈敌意，重返克林顿时期的"接触政策"。美国等西方国家认识到，一味地制裁，不但没有效果，有时可能适得其反。能够在变革中幸免于难，他们的统治也将从根本上得到改变。对美国来说，"和平演变"也不失为一种改变朝鲜政权的有效方法，而对朝鲜来说，何不将计就计，利用这样的机会发展自己，壮大自己的实力，从而真正的巩固政权呢？

9. "先军思想"铸造军魂

近年来，为了应对国内外的巨大压力，朝鲜一直强调"先军政治""先军思想"，把军队建设提高到最重要的地位，把军队作为维护政治和社会稳定以及对外政策的最重要的支撑点和基干力量，提出了"军队就是党、国家和人民""军事是国事中最大的国事"，竭尽全力发展军事力量，并于1998年提出了以军事为中心的"强盛大国"战略。《劳动新闻》编发的社论指出："从建设思想强国开始，把军队牢牢地造就成革命的支柱，以其威力掀起经济建设的灿烂发展"，"今天，在建设社会主义强盛大国中，重要的是把经济搞上去。这项任务只有通过先军政治才能得到实现"。

所谓"先军政治"，就是把军队而不是原来所说的工人阶级视为先锋队，放在优先和重要的位置上实行"先军后劳"的原则，强调军队是领袖的军队，军队必须绝对服从领袖的指挥，要用军队和军事的方法来领导管理和建设国家。金正日对"先军政治"的权威解释是：先军政治是朝鲜的基本政治方式，是带领朝鲜革命走向胜利的万能宝剑，军队是朝鲜的核心力量和主力军，军队就是人民、就是国家、就是党。

1998年以来，虽然朝鲜经济处于极端困难的境况下，但仍不遗余力地扩增正规军，并增加了大量的武器装备。在加强军队建设的同时，朝鲜还强化了全民武装化、全国要塞化，大幅度增加预备役力量，不断加强军用工厂建设、城市人口疏散、战备物资储备、防空演习等。这种以备战为经济发展第一目标的国内气氛，使得朝鲜很难把举国的力量转移到和平的经济建设的轨道上来。

朝鲜政府把军队作为经济建设的突击队，使之承担了一大批重点建设工程，军队成为朝鲜推进经济变革中能够调动的最可靠的得心应手的建设力量。如著名的安边青年发电站就是由军队的"青年突击队"负责建设的。在农业上，调遣大批军队平整土地，参加插秧和收割。为解决电力不足问题，还派军队下矿井挖煤。按照朝鲜媒体观点就是军队在社会主义建设的最艰苦最费力的战线上，树立了光辉的英雄事业。

重视"革命军人精神"在经济发展中的作用，鼓励全社会树立这种精神，以其推动恢复和发展经济。同时，在"先军思想"的指导下，朝鲜把国防经济作为整个国民经济的重点，集中力量发展为国防服务的经济，使国防经济在国民经济体系占有很大的比重。朝鲜推行经济变革的很多方面也是围绕着国防展开的，发展国防经济也将成为 21 世纪朝鲜经济发展的重点。

10. 军人为何在朝鲜受追捧

在朝鲜，人们见得最多的有两类人：军人和妇女。在这个高度政治化的国家，许多地方都有军人的踪影。在朝鲜女性的眼里，选择恋人时最吃香的男人有以下条件：大学毕业、曾当过兵、是劳动党党员。由此可见，军人在普通朝鲜人心目中的重要地位。

朝鲜人民军的军容军姿一向属世界一流。当年在朝鲜战争期间板门店谈判中，朝鲜人民军方面的南日大将，服饰一丝不苟，特别是在谈判桌前像一座山一样自始至终纹丝不动，令美国谈判代表叹服不已。

如今朝鲜人民军仍然保持了这个传统。人们在朝鲜各地见到的外出人民军官兵，哪怕只有一个人，也照样服饰齐整、昂首挺胸、迈着整齐有力的军人步伐。甚至他们在需要拿着或背着物品时，也要先把物品收拾得整齐美观，然后同样昂首挺胸地带着物品前进。

目前朝鲜实行义务兵役制，其陆军服役期长达 5~8 年。显然，较长的服役期有助于官兵养成良好的个人军事素质。而面对"三八线"上至今没有缓解的紧张军事对峙，朝鲜保留了一支以陆军为主体的较大规模军队，是现实的选择。

二、卓越的朝鲜历任最高领导人

第 1 任　"永远的国家领袖"：金日成

生平：

1912 年，4 月 15 日出生于平壤郊区的万景台。

1948 年，9 月 9 日当选朝鲜劳动党主席和内阁首相。

1949 年，6 月 30 日被推选为朝鲜劳动党委员长。

1950 年，6 月 25 日任朝鲜人民军司令官。

1953 年，2 月被授予朝鲜国家元首称号。

1956 年，4 月当选朝鲜劳动党中央委员会委员长。

1966 年，10 月当选朝鲜劳动党中央委员会总书记。

1972 年，12 月当选为朝鲜国家主席。

1992 年，4 月被授予朝鲜大元帅称号。

1994 年，7 月 8 日因心肌梗死在平壤病逝。

1. 领袖故乡万景台

万景台，是朝鲜两千万人民心中的故乡，是朝鲜锦绣江山中最美的地方。万景台的苍松翠柏间，是金日成主席的旧居。旧居门前常年盛开着艳丽的海棠花，红白相映，分外娇妍。金日成主席诞生在这个贫苦家庭的茅草房里，在这里度过了极不平凡的童年。

金日成的家庭，是一代接着一代为朝鲜人民的自由、独立和解放而坚决斗争的爱国者的家庭。

金日成的曾祖父是一个热诚的爱国者。当美帝国主义武装的海盗船从大同江侵入朝鲜时，他发动当地群众烧毁了海盗船。金日成的祖父和祖母是勤劳、俭朴的农民，解放以后，金日成成为党和国家的领导人，可是两位老人仍然住在万景台的茅屋里，过着简朴的农村生活。

金日成的父亲金亨稷，是朝鲜近代史上一位杰出的爱国志士，朝鲜民族解放运动的卓越领导人。他为争取祖国独立不懈地斗争，献出自己光辉的一生。金亨稷曾领着年幼的儿子，一步步登上万景峰，给他讲述爱国人民为保卫祖国进行的斗争，教他吟诵先辈的爱国诗章，在金日成幼小的心灵里，灌注了火一般的爱国感情。从童年起，金日成就受到爱国主义的熏陶，立下报效祖国的壮志雄心。在这里，仿佛还能看到童年时代的金日成和村里的小朋友作打击侵略者的游戏，以及一起锻炼身体的情景。

　　童年时期，金日成曾随父亲离开万景台来到鸭绿江边。12 岁时，他单独一人，长途跋涉，步行千里，返回故乡万景台。沿途亲眼目睹了祖国大好河山被日本侵略者践踏和广大朝鲜人民被任意残杀迫害的惨状，胸中燃起了保卫国家的火焰，内心深处打下了不可磨灭的烙印。

　　回到万景台后，他住在外祖父家，到附近的彰德学校学习。由于他勤奋刻苦，两年期间懂得了不少道理。学习期间，他听到了父亲不幸被捕的消息，年幼的金日成满腔悲愤，擦干泪水，告别家乡，离开万景台，奔向烽火漫天的战场。他领导朝鲜人民进行长期艰苦卓绝的斗争，终于赢得祖国的解放，实现了朝鲜人民的宿愿。

　　万景台，经历了漫长的苦难和不屈的斗争，终于放射出耀目的光芒。万景台是朝鲜民族坚贞不屈的象征，是朝鲜革命的播种机，也是朝鲜人民汲取力量的源泉。

2. 威权时代的国家舵手

　　金日成原名金成柱，是朝鲜劳动党、朝鲜民主主义人民共和国的创始人，生前分别担任朝鲜劳动党中央委员会总书记、朝鲜劳动党中央军事委员会主席、朝鲜民主主义人民共和国主席、朝鲜民主主义人民共和国国防委员会委员长、朝鲜人民军最高司令官。

　　朝鲜在 1998 年 9 月修改宪法，在修改后的宪法中，金日成被恭奉为"永远的国家主席"，从此以后，朝鲜不再设立国家主席一职，废除了象征国家元首的国家主席制度。金日成的遗体现被永久保存于平壤的锦绣山议事堂（现已改名为锦绣山太阳宫）。

　　社会主义国家的历史证明，权威领袖对一个国家的影响力是巨大的，有时候会超乎理论的鉴定和预测。他们的存在对于国家的影响是决定性的，也只有他们能够有权力改变一个国家的发展途径、发展体制。

　　在强调严格的计划经济体制、权威政治和主体思想的朝鲜，金日成就是朝鲜的权威人物，他能够决定朝鲜的发展，决定朝鲜的未来。

　　金日成是朝鲜民主主义人民共和国的缔造者，朝鲜人民久经考验的伟大领袖。金日成一生的经历可以概括为两大部分内容，一部分是他领导朝鲜人民把一个贫穷落后的国家建设成为一个社会主义国家，他把毕生的精力献给了朝鲜人民争取民族解放、维护独立和建设社会主义的壮丽事业；另一部分是他与中国人民水乳交融的关系，他是与中国关系最为亲密的一位国家最高领导人，这种亲密关系的形成主要得益于他领导的朝鲜抗日志士与中国抗日力量一起，进行了 10 多年的艰苦抗战，大家同生死，共患难，互相理解、包容，互相支持和关怀，用鲜血结成了友谊。而金日成更是把自己 20 多年的青春热血挥洒在中国东北的抗日战场上，支援中国革命，同时肩负着积极参加并促进朝鲜革命斗争和民族解放事业的重大使命。正因为这段不同寻常的经历，当朝鲜民主主义人民共和国成立后，他为中朝友谊的确立和发展作出了巨大贡献。

3. 最先提出"一国两制"

　　在朝鲜 2000 年出版的《朝鲜》画报上，刊载一幅宣传画，画面的内容是两个少女各持一壶共向一口坛中倒水，画的题目是《一定要实现民族的宿愿——祖国统一》，这体现了南北双方民族统一的真情实愿。

　　金日成生前曾说："如果南北方能实现民族统一，我的心就放下了。"他生前批阅的最后一份文件，恰恰是南北民族统一的内容，当他庄重地在文件上写下自己名字"金日成"三个字的一个小时后，安然坐椅上去世。

　　在金日成去世之前，他提出南北方建立"高丽民主联邦共和国"的方案，这是个"一国两制"的思考，基本思路是，在北方和南方互相承认和容纳存在于对方的思想和制度的基础上，成立北方和南方以同等资格参加的民族统一政府，在这一民族统一政府之下，北方和南方以同样的权限和义务分别实行地区自治。

可惜的是，这个愿望在他生前未能实现。

4. 逐渐"解冻"的治国思想

应该说，朝鲜真正进入变革时代，是从金日成去世以后的金正日时代开始的。但是，金日成晚年在治国思想和理念上的一些变化，为金正日接班后发起一系列改革运动起到了铺垫性的作用。

在朝鲜这样的以"权威领袖"为核心的国家，在仍然强调意识形态的特殊时代，一个国家想出现大的动作，只有一个人可以办到，那就是最高的"权威领袖"。

20 世纪 80 年代末 90 年代初的朝鲜就是这种情况，当时的朝鲜也只有金日成这样的"权威领袖"有力量进行"解冻"式的探索，也只有在他开先风之后，后人才能比较容易地进行更深层次的"解冻"。金日成晚年开始的"解冻"，虽然当时没有取得显著的成就，但它的一个深远的影响是自觉或不自觉地为后来的变革开了先风。因此，说金日成晚年的探索为金正日时代的变革作了必要的铺垫性的准备，提供了有利的条件，是符合客观情况的。

20 世纪 80 年代，为了吸引外资，在金日成的指示下，朝鲜发起了一场似乎远远大于其自主经济范畴的经济运动，它主动与日本、法国、联邦德国和中国香港等发达资本主义国家和地区接触，寻求同外国企业界进行合资的可能性。1984 年 9 月 8 日朝鲜颁布了《合资企业法》，主要是为了吸引外资和先进技术，开拓海外市场。1985 年 3 月 7 日朝鲜颁布了《合资企业税法》

以及其"执行章程"细则和《外国人所得税法》，规定合资企业的商品进口免征关税，而且利润税3年免征，根据利润水平税率可以下调25%，意在邀请包括未与朝鲜建立外交关系的发达资本主义国家在内的一切国家同朝鲜企业在朝鲜合作投资。

当然，金日成视新颁布的法规为主体哲学和国家独立思想的创造性扩展，而绝不是否定。他曾经作出如下阐述："自给自足的民族经济绝不是封闭的经济。相反，他要求在独立、平等和共同获益的原则上发展经济关系。"在这一基础上，朝鲜政府于1991年决定建立罗津—先锋经济自由贸易区，以求进一步改善日益严峻的经济形势。1993年10月，朝鲜颁布了《外国人投资法》等10多个法规，允许外国投资者可以在朝鲜领域内建立合作企业、合营企业，可以在自由经济贸易区内建立和经营外国人企业；朝鲜将向外国投资者和外国人投资者出租必要的土地，出租期最长为50年。

由于各方面的原因，金日成关于建立合资企业与罗津—先锋经济自由贸易区的设想，并没有取得预期的显著效果，但这些政策和实践却在朝鲜的封闭经济中打开了一个缺口，虽然作用不大，但带给朝鲜的效果和积极作用仍大于消极作用，这对于急于寻找解决经济困难的朝鲜领导层来说，具有非常重要的意义。同时，缺口既然打开，朝鲜就不可能退回到封闭的经济政策中去，这为金正日的变革作了铺垫，提供了条件和必要的准备。

5. 毕生追求期盼统一

朝鲜半岛本是一个统一的国家，第二次世界大战后期，在1943年11月的开罗会议上，中、美、英三国首脑确定了战后使朝鲜自由、独立的原则，并记入当时发表的《开罗宣言》。1945年7月的《波茨坦公告》对此再次进行了确认。第二次世界大战结束后，冷战气氛日渐浓厚，在美国的支持下，

1948 年 8 月 15 日，南方宣布成立"大韩民国"，同年 9 月 9 日朝鲜民主主义人民共和国在北部宣告成立，双方均称是代表朝鲜半岛的唯一合法政权。

朝鲜半岛陷入分裂状态后，由于受不同意识形态和国际冷战格局的影响，朝韩双方均以对方为敌，把"以我为主"作为统一的原则。朝鲜提出，朝鲜的和平统一应由朝鲜人民自己来实现，外国军队应立即撤出朝鲜半岛，在朝鲜实行统一选举，制定宪法，组成联合政府。而韩方则拒绝了朝方的建议，利用其已被联合国承认的合法地位，广泛争取国际上的支持。

朝鲜战争结束后，南北双方致力于提高综合国力、全面扩充军备，双方处于冷战对抗和严重的军事对峙状态。朝鲜最高领导人金日成，为实现朝鲜半岛的和平统一作出了许多努力，但由于朝、韩双方强烈的敌对态度和不信任感，原定于 1953 年年底举行的关于解决朝鲜问题的高级政治会议未能实现，1954 年的日内瓦会议也未能就朝鲜问题达成任何协议。1960 年 8 月，金日成主席提出了关于朝鲜自由和平统一的 6 项倡议，韩国在野党和青年学生掀起了一次要求南北交流、实现和平统一的浪潮。但是，1961 年朴正熙当选韩国总统，在统一问题上推行"胜共统一""扩充实力，以实现国土统一"的政策，将全面对抗的重点放在经济实力的提高上。金日成主席和朝鲜北方为实现统一的努力再次受阻。

从 20 世纪 70 年代起，金日成主席从民族大义出发，再次呼吁开始与南方接触和对话。1971 年 8 月 6 日，金日成郑重表示："愿意在任何时间同包括南方执政党在内的所有政党、社会团体和个别人士进行接触。"韩国对金日成提出的对话倡议立即作出了响应，以红十字会名义向朝鲜提出就离散家属问题举行会谈。1972 年 5 月，金日成接见秘密访问平壤的韩国中央情报部部长李厚洛，7 月 4 日，南北双方在平壤和汉城同时发表《南北联合声明》，并宣布成立南北协调委员会。金日成推动南北接触与和谈的努力，取得了重大进展。

1983 年，金日成先后提出自主和平统一三项原则、统一祖国五大纲领和高丽民主联邦共和国方案，表示要超越思想、信念和制度上的不同，促进统一大业，建立一个双方以对等资格参加的联邦共和国——高丽民主联邦共和国，同时实行政治、军事、外交、经济、文化等领域的全面交流，创造民族大团结的气氛，以统一联邦共和国的形式加入联合国。金日成的积极倡议，使南北对话进入实质性阶段。1988 年 7 月 7 日，韩国总统卢泰愚作出积极回应，发表了《为民族自尊与统一繁荣的总统特别宣言》。由于双方采取了较现实的态度，对话与交流取得了一些引人注目的成果。

金日成主席在 1990 年新年献词中提出："为了消除国家统一的障碍，实现南北双方自由往来以及全方位的开放，双方必须立即举行谈判。"为此，金日成建议举行由双方政府首脑和各党派领导人参加的高级会谈。这一倡议得到南方的回应，它促成了南北总理 3 次会谈，虽然未达成任何协议，但为促进双方交流创造了条件。南北两个国家加入联合国后，1991 年 10 月举行了第 4 次总理会谈，双方终于"首次在和谐的气氛中"就签署《北南和解、互不侵犯和交流合作协议书》草案达成一致，在第 5 次总理会谈上，南北双方共同签署了这一协议。这一协议是朝鲜半岛分裂 46 年来达成的第一个框架性文件。

尤其值得关注的是，到 1991 年年底，美国部署在韩国的核武器已全部撤离，美国还制订了分批撤出地面部队的计划，并暂停年度性美韩"协作精神"演习。

1993 年 2 月 25 日，金泳三在总统就职演说中向金日成主席表示："如果你愿意求得南北同胞的真正的和解与统一，并要就此问题进行商议，任何时候、任何地点我都可以和你会面。"

1994 年 6 月 18 日，金日成主席通过美国前总统卡特带信给韩国总统金泳三，建议举行南北首脑会谈，金泳三当即表示接受。在双方总理的倡议下，旨在为首脑会谈作筹备工作的双方代表会议于 6 月 28 日在板门店举行，原则商定首轮首脑会谈于 7 月 25 日至 26 日在平壤举行。这一举措，为打开南北对话僵局提供了新的契机，同时也缓和了一度紧张的南北关系。

和解之路坎坷曲折，其间风云变幻不定。非常不幸的是，1994 年 7 月 8

日金日成主席突然去世，使刚刚出现转机的南北关系凭添一些难以预料的新变数，特别是金日成主席去世后，朝鲜全国处于痛失领袖的巨大悲痛之中，韩国当局无端阻挠国内部分人士前往平壤悼念金日成。南北和平统一之路再次出现曲折和反复，金日成毕生为之努力的和平统一大业再度陷入困难境地。

第2任 "朝鲜人民敬爱的将军"：金正日

生平：

1942 年，2 月 16 日出生于白头山密营。

1953 年，在平壤红旗万景台革命学院就读。

1964 年，毕业于朝鲜金日成综合大学。

1970 年，任劳动党中央文化艺术部长。

1973 年，当选朝鲜劳动党中央委员会书记。

1980 年，当选劳动党政治局常委、军委委员。

1990 年，当选为国防委员会第一副委员长。

1991 年，任朝鲜人民军最高司令官。

1992 年，被授予朝鲜民主主义人民共和国元帅军衔。

1993 年，被推戴为国防委员会委员长。

1997 年，就任朝鲜劳动党中央委员会总书记。

2010 年，当选朝鲜劳动党中央军事委员会委员长。

2011 年，12 月 17 日在朝鲜逝世。

1. 探索"朝鲜式社会主义"

1994 年，金日成的逝世对朝鲜这种以领袖为中心国家的打击是沉重的。随着领袖的逝世，由他创立的"主体思想"的至高权威性也一度在朝鲜受到怀疑。实际上，自 20 世纪 90 年代初以来，朝鲜领导层对一些问题的看法就已出现了一些不同于以前的微妙变化。例如，20 世纪 90 年代初期，金正日在总结苏东剧变教训时指出：苏联东欧出现资本主义复辟，其首要的原因就是"没能以历史的主体——人民群众为中心去把握社会主义本质，从而没能把社会主义建设中加强主体、增强主体的作用作为基本问题抓起来"。在这期间，金正日所提倡的"人民群众为中心的朝鲜式的社会主义"暗示了这样一种可能性：朝鲜要坚持社会主义就必须把人民群众的利益放在首位，要以人民群众为中心去建设社会主义，要做到这些，朝鲜必须改进社会主义，必须根据人民群众的实际利益进行相应的变革。

东欧剧变和苏联解体之后，1993 年 12 月朝鲜劳动党六届二十一中全会认为，朝鲜进入了"国内外形势最为复杂和尖锐的时期"，"严重的国际形势和复杂的事态给朝鲜的革命和建设造成严重影响"。

1994 年朝鲜领袖金日成去世，接着连续几年农业欠收粮食不够吃，在严峻的形势面前，金正日提出朝鲜要坚定走"朝鲜式社会主义道路"。

早在 1991 年 5 月，金正日针对苏东解体形势，在题为《人民大众心中的社会主义是必胜不败的》讲话中，首次提出"我们式社会主义即人民大众心中的社会主义"概念。金正日认为，"苏东剧变"的原因，是这些国家的社会主义建设中犯了错误，而朝鲜党的路线、方针和政策是正确的，必须更加坚定走"朝鲜式社会主义"的道路。

1992 年年初，金正日在谈到社会主义建设的历史教训时称，由于时代在变化，历史在发展，马克思主义也不可能不具有局限性。一些国家社会主义遭受挫折的原因，在于没有坚持社会主义原则，根本还在于没有致力于改造人的工作。为此，金正日还加强了党员和群众的组织生活。朝鲜所有的劳动人民，工人、农民、妇女、青年、少年都参加了一定的组织，并且必须过严格的组织政治生活。

金正日的这些思想，构成了"朝鲜式社会主义"的基本框架。金正日所倡导的"朝鲜式社会主义"变革，主要限定在经济领域，并没有伴随相呼应的政治、思想方面的变革，经济变革呈现"一枝独秀"的态势。在思想领域，金正日并没有对主体思想做任何大的以适应经济变革的改变，特别是1999年以来，朝鲜极力强调用金正日思想统一全社会思想，没有金正日的思想，便没有"我们式"社会主义的未来，伟大的金正日同志的思想是主体革命时代的战斗旗帜。金正日同志的思想就是伟大的金日成同志革命思想的深化发展，是能够顺利地解决当今时代提出的任何艰难复杂的革命和建设问题的百科全书和宝剑，是在数十年的革命实践中毫无保留地显示出真理性和正当性的革命思想。要求全体党员和群众以金正日同志思想为生命线并作为斗争和生活的教科书，成为金正日思想绝对的信奉者、坚决的拥护者和彻底的贯彻者。

经济变革的"单刀独进"，并不能解决"朝鲜式社会主义"的所有问题。随着形势的发展，尤其是面临严峻的经济形势，为缓解困境，金正日采取措施向国际社会求援并开展有限度的对外经济合作与交流，进入21世纪，朝鲜通过外交活动为自己创造了相对宽松的外部环境，为内部的经济发展和调整赢得了时间。

与此同时，由于境外思想文化同时涌入，内部的不安定和外部思想文化的渗透，影响了人们对"朝鲜式社会主义"的信念，威胁着政治稳定。金正日一直担心"过度"的开放会带来资本主义腐朽思想的侵袭，对此金正日开始集中开展以反对境外思想文化渗透、维护国内政治稳定为目标的反"黄风"斗争。对于一贯重视思想教育工作的金正日来说，绝不会允许资本主义思想通过各种渠道腐蚀自己的民众，要求保持人民团结。只要朝鲜的国际环境不发生彻底的改变，朝鲜国内的思想戒备不消除，"朝鲜式社会主义"的开放与变革也就不可能是无所顾忌和全方位的，而只能是渐进和稳妥的。

2. 怎样进行经济改革

1994 年 7 月，金日成逝世，金正日被推举为朝鲜党和国家最高领导人，朝鲜进入金正日时代。经过短暂的权力巩固和变革酝酿，即 3 年的"艰苦的行军"后，朝鲜缓慢地开启了经济变革的闸门。截至目前，这场变革在不少方面已经显露出冰山一角，而在另外一些方面则仍难见其庐山真面目。由于朝鲜的相对"神秘性"，它的一些新变化并没有快速、及时地传达给外界。人们只能综合各方面的信息，从中探寻这些变化的内容及其细节，以及这些变化的深度、广度及其可能导致的后果。

金正日执掌政权后强调，将在计划经济的前提下，按照现实情况不断加强和完善对经济的管理，走出一条"朝鲜式"的现代化经济发展道路。那么，这条道路究竟是什么样的呢？按照金正日的话说，朝鲜没有"引入市场经济"，朝鲜要走自己"独立路线，要做世界做不到的事情"。

实际上，金正日决心进行改革，经过了一个比较长的认识过程。早在 1983 年，金正日曾非正式访问中国数星期，其间参观了包括深圳在内的东南沿海多个经济特区，回国之后在平壤曾发起一场对资本主义唯利是图、机会主义路线的批判运动。

从 20 世纪 90 年代后半期开始，金正日在坚持社会主义体制的前提下，一直在探索实行经济改革。

作为国家的根本大法，《宪法》在一个国家有着至高的权威性。1998 年 9 月 6 日，在金正日的主导下，朝鲜对《宪法》进行了部分修改，这次修订《宪法》是在金日成去世 4 年之后进行的，最能反映当时金正日的思想变化情况。新修订的《宪法》增加了新的内容："实行独立核算制，正确利用成本价、价格和收益这些经济概念。"特别是金正日访问中国的金融大都市上海时，重点参观了上海证券交易所、浦东开发区等地。他在浦东参观访问，当然不是为了看高楼大厦、立交桥等生硬的建筑，而是去了解浦东怎样吸引外国投资。金正日访问中国后不久，朝鲜劳动党机关报《劳动新闻》发表社论强调："要一面坚持社会主义原则，一面改善体制"，为即将实行的经济改革做准备。

金正日坚持走改革之路原因很多，既有外部世界的影响，也有内部的压力。而国内因素应该是促使金正日下决心推行变革的决定性原因。

国内方面，金正日在上台之初就迫切地希望并实际上推行了对金日成时代的经济体制的一些方面的重大调整，这与朝鲜当时严峻的国内经济形势有很大关系。朝鲜国土有限，只有 12 万多平方千米，且 80% 是山地，农业可耕地匮乏，土壤贫瘠，气候条件恶劣，农业形势多年不景气，加之粮食进口能力低等众多困难，朝鲜自己难以独力解决粮食供应问题。由于经常闹灾荒，有限的丰收并不能根本改善粮食供应情况，长期以来，朝鲜的粮食总库存与总需求有较大的缺口，粮食供应形势长期处于严峻状态。人们的吃饭问题一直是朝鲜的大问题，为了保证公民的基本生活需求，朝鲜长期实行粮食配给制，并制定了"关于国家粮食配给制规定"。根据规定，一般工人和办公人员每月领取两次配给券到粮店以国家规定的价格购买粮食。除了粮食以外的副食品也同样采用配给制。副食品是凭每户人口数规定配给量的配额券到国营商店购买，供应品种有酱油、辣椒酱等酱类和食用油、鸡蛋、肉类和白糖。

外部方面，冷战结束以后，朝鲜经历了重重考验与挑战：东欧剧变，苏联解体，致使朝鲜经济遭受致命打击；而西方国家对它实行的经济制裁又变本加厉，进一步加剧了朝鲜的经济危机，使其经济滑向了危险的临界点。其中，"苏东剧变"沉重打击了朝鲜经济的各个方面。"苏东"一直是朝鲜的主要支援国和贸易对象，东欧剧变和苏联解体，中止了对朝鲜的无偿援助，朝鲜也失去了对外贸易的主要市场，经济不可避免的受到严重冲击。

在这样的重重困难压力下，金正日断然作出大胆变革决定，应该说是一种必然。

3. 西方的评价众说纷纭

一个国家的政策走向与国家领导人的政治能力和智慧有关。在朝鲜这样特殊的国家中，金正日本人的作用与能力更加引人注目，也常常是西方媒体热议的对象。

1994年金日成去世后，国际社会尤其是西方国家普遍认为，朝鲜处于一个变化很大的危险期，金正日能否领导好一个国家还令人怀疑。从当时的情况看，金正日正式出任朝鲜最高领导人，其权威性远不及父亲金日成。金日成逝世后朝鲜领导层出现了一些异常，金正日的权威性在朝鲜国内也受到一定的挑战。

由于朝鲜的特殊情况，朝鲜国内有些反对金正日的力量还没有很好的组织起来，但他们仍然形成了一股不可忽视的、足以对金正日权威形成挑战的政治力量。这些力量的存在，使金正日政权受到强大压力。作为新上任的最高统治者，有必要向国内外证明自己能够承担这一职务，向国际社会表明朝鲜的政局并没有因为金日成的去世而发生混乱，自己能够带领朝鲜人民走出困境，走上真正的社会主义。

从金正日采取的一系列重大举措来看，他是成功的。

金正日虽然出身于一个"政治世家"，但他又不同于以前的那些"打江山坐江山"的革命前辈，他年轻时受过良好的教育，大学时就读于朝鲜最著名的金日成综合大学，攻读政治经济学。大学时代，他不仅学习了大量政治方面的知识，而且掌握了大量政治经济学的理论知识，特别是接触了很多西方的政治经济学知识，知道经济对政治的巨大影响作用。后来金正日陆续发表了大量的经济方面的文章，强调发展经济的重要性，在实际行动中也显示了对经济工作异常重视。从思想意识上来说，金正日也被国内外很多人称为"新思路的开拓者"，是一个能够随着形势的发展而不断开拓新思路、适应新形势的权威领导人。

金正日的思想较之上一辈已经有了明显的进步，他接触了更多的能反映时代进步的信息，并提出了一些更新、更具创新性的观念。如金正日所提倡的"人民群众为中心的朝鲜式的社会主义"暗示了这样一种可能性：朝鲜要坚持社会主义就必须把人民群众的利益放在首位，要以人民群众为中心去建设社会主义，要做到这些，朝鲜必须改进社会主义，要根据人民群众的实际利益进行相应的改革。

据西方媒体报道，金正日经常收集各种信息并热衷于进行分析，并从中看出，全球化与民主化已是不可阻挡的趋势，朝鲜早晚要被卷入其中，在这种情形下，与其等将来被动变革，不如自己采取主动。朝鲜进行更大、更深层次的变革，这是与金正日的利益与意愿相一致的。

朝鲜改革的发起人是国家领导人金正日，也只有他才有这样的能力。对于金正日推行的改革，外界有许多看法，褒贬不一，但大多持正面评价，且充满期待。美国《洛杉矶时报》称金正日"务实、谨慎、知识渊博"。金正日精力充沛，智商也很高，他对现代科技的热爱已为世人所知。金正日自己也透露说，他喜欢跟老百姓在一起，受不了官员们的僵硬思想。他说："我同官员们辩论，我一看见他们就讨厌，这些人墨守成规，不喜欢改变。"

因此，有西方媒体曾说，金正日长期在厚厚的帷幕内活动，低调，沉默，深居简出。但由于他的改革开放政策，使他在世界范围内的口碑不断提升。神情严肃、沉着冷静然而内心又充满激情、行动果断的朝鲜领导人金正日，不是一个只想要弄手段征服媒体的人，他是一个踏踏实实办实事的人，一个对国情和外部世界有深刻认识的国家领袖，一个果断扭转航向、将朝鲜导入现代国际社会的智者。

4. 他从中国学到了什么

金正日全面执掌政权后，一直在积极考虑学习中国、越南及老挝等国家所采取的改革与开放路线，并采取了一些尝试性措施，如仿效中国，在朝鲜半岛东北接近中国与俄罗斯边境的罗津地区建立了经济特区。

有媒体分析说，金正日是在出访俄罗斯和中国之后决定进行改革的，他的数次中国之行被认为是关键因素。苏联的剧变，使朝鲜失去了强大的依靠对象，金正日认识到，苏联式的过激改革不可取，但如果抱残守缺而不改革，同样是死路一条。

金正日清楚地记得，父亲金日成逝世前访华亲眼看到中国经济改革的巨大成就，回国后便向全党提出三个第一主义的纲领性指示：贸易第一主义，轻工业第一主义，农业第一主义。金日成也曾说过，中国的改革开放取得了举世瞩目的成就，这显示了邓小平建设有中国特色社会主义理论的生命力，朝鲜人民把它看做自己的成就一样感到高兴。中国 20 世纪六七十年代曾面临与朝鲜目前相似的处境，为何中国能够在短短 20 年间迅速崛起呢？这是金正日一直在关注和深入思考的问题。

金正日掌权后多次访问中国，参观中国的特区以及上海等沿海开放城市。中国实行对内改革对外开放的政策，渡过了难关，巩固了社会主义制度，并取得了不少成绩。尤其是中国通过改革开放，逐渐成为世界强国，不但保住了社会主义制度，而且扩大了社会主义的影响，这些变化对金正日的心理影响是很大的。

访华期间，金正日亲眼目睹了中国的发展，也巡视过中国经济发展较快的一些地区，对中国农业的欣欣向荣有着深刻的印象。这使金正日找到了使朝鲜摆脱花费大、效率低的经济困境的途径。像中国的改革先从农业开始一样，朝鲜的改革就是从最紧迫的农业问题特别是粮食政策下手的。

金正日于 2001 年 1 月参观了中国最大的工业城市上海，他当即表示要"以上海为模式，在朝鲜建设新的经济特区"。回国途中，在经过新义州时，金正日专门视察了轻工业产品工厂。同时，中国从自身利益考虑，也积极支持、非常希望朝鲜借鉴中国的经验实行改革开放，这对金正日是不能没有影响的，也是他不能忽视的。

金正日访问中国后，朝鲜随后也的确在经济革新方面出现了一些前所未有的动作，特别是新义州特别行政区的创立被认为是中国上海在朝鲜的翻版，这使国内外不得不重新评价中国在朝鲜经济变革中的示范作用。虽然朝鲜一直否认模仿中国，但就目前所能看到的材料看，金正日确实一直密切关注、研究中国的改革开放方式，在一些政策的制定、实施方面也在刻意或不刻意的参照中国的路径。

5. 朝鲜究竟有没有核武器

朝核问题并不是从金正日时代才开始的，而是肇始于 20 世纪 90 年代初。当时，美国根据卫星资料怀疑朝鲜开发核武器，扬言要对朝鲜的核设施实行检查。朝鲜则宣布无意也无力开发核武器，同时指责美国在韩国部署核武器威胁它的安全。第一次朝鲜半岛核危机由此爆发。

根据国际原子能机构的资料，朝鲜于 20 世纪 50 年代末开始核技术研究。20 世纪 60 年代中期，在苏联的帮助下，朝鲜创建了宁边原子能研究基地，培训了大批核技术人才。当时，朝鲜从苏联引进了第一座 800 千瓦核反应堆，使朝鲜核技术研究初具规模。此后，宁边成为朝鲜核工业重地。宁边核设施位于朝鲜首都平壤以北约 130 千米处，是朝鲜主要的核研究中心。宁边 5 兆瓦核反应堆属于石墨反应堆，于 1980 年动工，1987 年建成。这种核反应堆的废燃料棒可被用来提取制造核武器的原料钚。

1985 年 12 月，朝鲜加入《不扩散核武器条约》。按照该条约规定，成员国必须接受国际原子能机构对其核设施的检查，但朝鲜却一直拒绝接受其检查。

20 世纪 90 年代初，朝核问题升级。美国政府认为朝鲜在宁边的核反应堆已经能生产可制造两至三枚原子弹的钚。1992 年 5 月至 1993 年 2 月，朝鲜接受了国际原子能机构 6 次不定期核检查。

因担心朝鲜发展核武器，1994 年 10 月，美国与朝鲜在日内瓦签署了一项关于朝核问题的《朝美核框架协议》，朝鲜冻结其核设施，美国牵头成立朝鲜半岛能源开发组织，负责为朝鲜建造轻水反应堆并提供重油，以弥补朝鲜停止核能计划造成的电力损失。此后，宁边 5 兆瓦反应堆中 8000 根乏燃料棒被取出封存。2002 年 10 月美国总统特使、助理国务卿凯利访问平壤后，美国宣布朝鲜"已承认"铀浓缩计划，并指控朝鲜正在开发核武器。朝鲜则表示，朝鲜"有权开发核武器和比核武器更厉害的武器"。同年 12 月，美国以朝鲜违反《朝美核框架协议》为由停止向朝提供重油。随后，朝鲜宣布解除核冻结，拆除国际原子能机构在其核设施上安装的监控设备，重新启动用于电力生产的核设施，并于 2003 年 1 月 10 日发表声明，宣布退出《不扩散核武器条约》，但同时朝鲜表示无意开发核武器。

为使朝核问题和平解决，中国政府积极斡旋，于 2003 年 4 月促成由朝鲜、中国、美国参加的朝核问题三方会谈。同年 8 月，中国又促成由中国、朝鲜、韩国、美国、日本、俄罗斯参加的朝核问题六方会谈，并确立了通过谈判和平解决朝核问题的原则。截至 2008 年 6 月，六方会谈已进行到第 6 轮。

2007 年 2 月 13 日，朝核问题第 5 轮六方会谈第三阶段会议通过《落实共同声明起步行动》共同文件（2·13 共同文件）。根据文件，朝方同意关闭和封存宁边核设施,并邀请国际原子能机构人员重返朝鲜进行必要的监督和验证。同年 7 月,朝鲜关闭并封存宁边核设施。10 月 3 日,朝核问题第 6 轮六方会谈第二阶段会议通过《落实共同声明第二阶段行动》共同文件。根据这一文件,美国和朝鲜同意继续致力于改善双边关系,向实现建立全面外交关系迈进。11 月,朝鲜开始对宁边 3 个核设施实行"去功能化"。后因朝美在核计划申报问题上产生分歧,文件未能得到有效的落实。

2008 年以来,有关各方就此进行多次磋商,以推动全面、均衡落实这一行动方案。6 月 26 日,六方会谈发表主席声明,表示六方会谈落实共同声明第二阶段行动取得积极进展。朝鲜 26 日正式向朝核问题六方会谈主席国中国提交核计划申报书。美国白宫在确认朝鲜提交核清单的同时宣布,美国将部分解除对朝鲜的贸易制裁,以及着手将朝鲜从"支持恐怖主义国家"名单中删除。朝鲜于 27 日炸毁其宁边地区核设施的冷却塔。10 月 11 日,美国国务院发言人麦科马克宣布,由于美朝在朝鲜核设施验证问题上达成协议,美国决定将朝鲜从所谓"支持恐怖主义国家"的名单中除名。

但此后,由于朝美在朝鲜核计划申报的验证方法上存在根本性分歧,朝日在"绑架"问题上矛盾重重以及朝韩在是否将经济补偿与验证挂钩问题上争执不下,解决朝核问题的进程再次陷入僵局。

2009 年 4 月 14 日,朝鲜外务省在平壤发表声明,宣布退出朝核问题六方会谈,并将按原状恢复已去功能化的核设施。5 月 25 日,朝鲜中央通讯社发表新闻公报说,朝鲜当天"成功地进行了一次地下核试验"。6 月 12 日,联合国安理会一致通过第 1874 号决议,对朝鲜进行核试验表示"最严厉的谴责",并要求朝鲜今后不再进行核试验或使用弹道导弹技术进行任何发射。7 月 23 日,朝鲜官方证实最近试射了导弹。朝鲜外务省发言人在平壤发表讲话,重申朝鲜将不参加朝核问题六方会谈,并认为还有其他对话方式可以解决问题,但他没有说明有何种对话方式。目前,朝核问题几乎陷入僵局,各方虽多次努力重启六方会谈,但实际进展有限。

6. 怎样处理"天安"号事件

在金正日任领导人期间，朝韩关系上发生了一件影响深远的大事，即"天安"号事件。

2010 年 3 月 26 日晚，韩国的"天安"号警戒舰在西部海域值勤时因发生爆炸而沉没，舰上 104 名官兵中仅有 58 人生还。韩国打捞人员先后将"天安"号舰尾和舰首打捞出水，并在舰内发现 40 具船员遗体。事件发生后，韩国政府表示，将客观、科学、彻底地查明"天安"号事故的真相，追究相关责任。

韩国于 5 月 20 日正式发表有关事件原因的调查结论显示，综合各种证据来看，"天安"号是受到朝鲜小型潜水艇发射的鱼雷攻击而沉没的。

"天安"号沉没的地点位于朝鲜半岛西部海域，而韩朝在西部海域边界划分上一直存在分歧。"北方界线"是韩国在白翎岛、延坪岛、大青岛、小青岛、隅岛"西海五岛"水域单方面设定的海上分界线，朝鲜方面一直未予承认。自 1999 年以来，朝韩双方因为"北方界线"问题发生了 3 次严重军事冲突。

5 月 24 日，韩国总统李明博通过"对国民谈话"说："'天安'号警戒舰遭朝鲜突袭而沉没，朝鲜将为此付出代价。为了追究朝鲜的责任，从这一刻起，朝鲜船只不得再根据《南北海运协议》进入韩国海域航行，韩朝间贸易、交流与合作也将中断。韩国的领海、领空和领土如遭朝鲜的武力侵犯，将立即进行自卫。同时也将与国际社会进行合作，韩国将与有关国家紧密协商之后把这一事件提交联合国安理会，而将进一步强化韩美联合防御姿态。"

在"天安"号舰艇沉没后，朝鲜媒体一直没有报道该事件，也没有表态。但是，针对韩国将这一事件与朝鲜联系起来的做法，朝中社发表军事评论员文章认为，这是"令人遗憾的不幸事件"，但对韩国军方和一些右翼保守势力在真相还没有调查清楚前就把这一事件与朝鲜联系起来的做法表示强烈不满和愤怒。

2010 年 5 月 25 日，朝鲜因韩国海军"天安"号事件宣布全面冻结朝韩关系。朝鲜人民军总参谋部宣布了 7 项措施，以应对韩国就"天安"号事件对朝鲜采取的制裁措施。

中国认为，"天安"号沉没是一起不幸事件。当前朝鲜半岛形势十分复杂敏感，中方希望有关各方以半岛和本地区和平稳定大局为重，着眼长远，保持冷静克制，妥善处理有关问题。

日本明确表示，在"天安"号事件上，日本支持韩国，将尽最大可能与韩国进行合作。并就此事，日韩以及日美韩三国之间要建立紧密的联系。

"天安"号事件是在金正日任内朝韩之间发生的一个严重事件，双方各执一词，因没有更进一步的结论而被搁置起来。

三、现任朝鲜最高领导人：金正恩

生平：

1983 年，1 月 8 日出生于朝鲜平壤。

1996 年，之后在瑞士伯尔尼国际学院上学。

2002 年，之后就读金日成综合大学和金日成军事综合大学。

2010 年，9 月 27 日晋升为朝鲜人民军大将。

2010 年，9 月 28 日当选朝鲜劳动党中央军委副委员长。

2011 年，12 月 19 日被拥戴为党、国家和军队最高领导者。

2011 年，12 月 31 日被推举为朝鲜人民军最高司令官。

2012 年，4 月 11 日当选朝鲜劳动党第一书记。

2012 年，4 月 13 日被推举为朝鲜国防委员会第一委员长。

2012 年，7 月 17 日被授予朝鲜人民军元帅称号。

1. 政坛新秀朝鲜"80 后"

多年来，有关谁将接替金正日出任朝鲜领导人的传言一直不断。在朝鲜这个神秘色彩浓厚的国家，金正恩的名字首次为外界所关注，源于朝鲜中央通讯社 2010 年 9 月 28 日播发的一条军事任命消息。在这份任命中，李英浩被授予朝鲜人民军次帅，金敬姬、金正恩、崔龙海等 6 人被任命为大将。

这是金正恩的名字首次出现在朝鲜官方媒体中。在朝语中，"云""银""恩"三字的发音相近，金正恩的名字一度被译为"金正银"。在当天举行的朝鲜劳动党代表会议上，金正恩当选朝鲜劳动党中央军事委员会副委员长和朝鲜劳动党中央委员会委员，排名在政治局常委兼人民军总参谋长李英浩之前，仅次于金正日，"二号人物"的地位初次显现。

这次党代会后金正日与新的中央领导成员合影，在他的左面就座的是军队总参谋长李英浩和金正恩。回想起 1980 年朝鲜劳动党召开选举金正日为政治局委员的"六大"之后，金日成曾和新一届中央领导成员合影，在他右面就座的是国防部长吴振宇和金正日。时隔 30 年的两次合影，座次的安排极为相似，寓意明显。

10 月 8 日，朝鲜最高人民会议常任委员会副委员长杨亨燮证实，金正恩是金正日的儿子，他将会成为朝鲜的第三代领导人。杨亨燮对媒体公开表示：我们有伟大领袖家族一代代的保护，人民深感自豪。我们的人民拥护伟大领袖金日成主席和金正日统帅，现在也拥护金正恩大将。这是朝鲜官方首次公开确认这一消息。

10月10日，朝鲜举行规模宏大的阅兵仪式，庆祝朝鲜劳动党成立65周年。朝鲜国家电视台首次对阅兵式进行了全程直播，并开启电视直播公用信号，供各大西方电视台使用。朝方还主动邀请了众多西方媒体进行全程报道。金正恩跟随父亲金正日同台亮相，西方记者可以在台下自由拍摄，未见有受到任何阻拦。整个活动中，金正恩的曝光率很高。这意味着朝鲜在逐渐推动金正恩的国内政治形象公开化之后，也在同时加快他的国际形象公开化步骤。

10月25日，是中国人民志愿军抗美援朝60周年纪念日，金正恩随父亲金正日来到装饰一新的平壤体育馆，共同出席在平壤举行的纪念大会，与来访的中国军方高级官员亲切交谈。在此之前，金正恩和父亲一起，来到位于平安南道桧仓郡的中国人民志愿军烈士陵园，向毛岸英和其他志愿军烈士墓送了花圈。这是金正恩在公开场合很重要的一次露面。

11月6日，朝鲜一位老资格的重要领导人赵明录逝世，朝鲜官方通讯社朝中社发布的治丧委员会成员名单中，金正恩的名字排在金正日之后，最高人民会议常任委员会委员长金永南、内阁总理崔永林、总参谋长李英浩之前，表明朝鲜官方发出明确信号，金正恩正式成为他的父亲金正日的接班人，金正恩在国家的政治地位已经上升到第二位。

外界对金正恩还知之不多，金正日的名字在朝鲜从20世纪70年代起已经家喻户晓，但直到1984年8月7日才被正式确定为接班人。1992年4月，金正日晋升至朝鲜民主主义人民共和国大帅之列，一年后出任国防委员会委员长。金正日是一步步逐渐走上领导核心最高位置的，相比之下，金正恩确定领导地位的时间要短很多。

2. 继承先辈开创的业绩

金正日的突然病逝，不仅令朝鲜人民非常悲痛，也引起了国际社会的广泛关注。朝鲜在年轻领导人金正恩的统率下将走向何方？

几十年来，从金日成到金正日，在冷战结束，国际格局发生天翻地覆变化的时代背景下，坚持既定方针，顶住内外压力，顽强地生存了下来。尽管它是仅有朝鲜半岛半壁江山的国家，但它的举动多次牵动世界大国的神经。朝鲜领导人的一举一动，都会成为国际传媒的重要消息。甚至连他们的健康信息，都会成为世界新闻媒体用心捕捉的热门话题。金正恩接过父亲传下来的政治接力棒，他的思维方式与处世风格，将会对朝鲜的内外政策及半岛局势产生什么样的影响？

金正恩接班的消息传出后，最迅速作出反应的当属韩国，总统李明博立即召集政府各部门首长举行紧急会议，要求他们密切关注金正恩的动向，在军事、经济、社会生活和外交等领域采取应对措施，以维护国家安全和社会稳定。中国、美国、俄罗斯、日本除以通常的外交礼节向金正恩表示祝贺外，还以不同的方式进行紧急沟通，保持政策协调，以共同维护朝鲜半岛的和平与稳定。

金日成是朝鲜党、国家和军队的缔造者，是一代开国元勋，他为朝鲜的解放与建设做出的功绩举世公认。金日成的继任者金正日，在十分困难的境况下，承受来自韩国、美国和一些西方国家的巨大压力，以其"桀骜不驯"的顽强性格和机智灵活的外交策略，带领国家逐渐走出困境，平稳发展经济，逐渐改善民生。尽管外界有不少关于他的消极评论，但在他主政的17年间，半岛实现了基本和平，朝鲜保持了社会稳定，百姓没有经受颠沛流离之苦。金正日应该得到一个正面和公平的评价。

金正恩的长相、发型、服饰及处世风格，与金日成、金正日颇为相似。金正恩公开露面时，喜欢头发向后梳，并且修剪得很短。这个发型在朝鲜被称为"年轻"或"雄心壮志"式的发型，英姿勃发、富有朝气且充满活力，在平壤很时髦也很时尚，很多年轻人都排队等待剪类似的发型。朝鲜国家通讯社朝中社引用理发师的话说，短式、中长式和方形发型在如今的年轻人中间比较流行。

在政坛正式亮相之后，金正恩在 2011 年 11 月朝鲜经济工作会议上表示："国民经济要在 3 年内恢复到 20 世纪 60 年代到 70 年代的水平，过上吃米饭、喝肉汤、住瓦房、穿绸缎的生活。""米饭肉汤"是金正恩的祖父金日成曾提出的口号。金正恩在公开场合发表重视经济的言论，表明金正恩要遵循祖父的思想，沿着父亲开创的道路，在经济建设上展现领导地位。随着金正恩这位朝鲜"80 后"在政坛亮相，朝鲜迎来承上启下的新的历史时期。

3. 力主"换帅"谋"转型"

2012 年 7 月 16 日，官方的朝中社发布消息，朝鲜劳动党中央政治局于 15 日召开会议决定，因李英浩"患有疾病"，解除朝鲜人民军次帅、总参谋长李英浩的朝鲜劳动党中央政治局常委、政治局委员、党中央军事委员会副委员长等一切职务。李英浩于 2010 年 9 月朝鲜第三次党代表大会上被推举为党中央军委副委员长，被视为朝鲜军方的核心人物。

这条消息虽然只有短短 3 句话，几乎搅动了整个世界的神经，"罕见""不寻常""令人震惊"成为媒体最高频的用词。朝鲜方面称，李英浩被解职是由于健康原因，但关于朝鲜政权的种种猜想"悬疑剧一般""一环套一环"地在西方媒体间散播。

7 月 18 日，朝中社再次发布消息，朝鲜次帅玄永哲已经被任命为人民军总参谋长，正式成为李英浩的继任者。当天，朝鲜电视在转播庆祝金正恩获得元帅称号的人民军官兵大会时，将玄永哲介绍称为"朝鲜人民军总参谋长玄永哲同志"。据报道，在此之前，玄永哲刚刚于 16 日被授予次帅称号，此前他是朝鲜人民军大将。

朝鲜军方高层近来的人事变动引发国际社会关注，众多分析人士认为，这些出人意料的决定发出明显信号：金正恩正在按照自己的意愿对朝鲜发展道路进行调整。

金正恩执政以来，多次强调经济建设的重要性，多名有经济工作背景的年轻官员得到提拔，这是一个明确的信号。在发布"免除李英浩一切职务"消息的同时，朝中社还播发了一条消息：朝鲜人民军最高司令官金正恩 15 日向朝鲜人民军内务军第 3154 部队模范军人致感谢信，感谢他们在国家重要项目建设中发挥重要作用，鼓励更多的军人以此为榜样，投向国家建设之中。

韩国方面分析认为，金正恩有意改变过去的一些强硬政策，试图在国际上改变自己的形象，他领导下的朝鲜将转向以经济建设为主导。

四、解密朝鲜的经济军事实力

1. 逐渐摆脱经济困境

朝鲜位于亚洲大陆的东北部，两面环海。东南隔朝鲜海峡与日本相望，北枕鸭绿江、图们江与中国相邻，东北与俄罗斯相接。东北端有不冻港罗津港，西海岸的南浦港是最大的国际贸易港，国内有公路、铁路交通网络，地理条件较优越。日本、韩国的资金和技术，中国的援助，俄罗斯的资源，可以迅速、便捷的到达朝鲜。朝鲜早在金正日时代就把北部作为对外开放的一个窗口，积累了一定的对外开放经验以及必备的制度化、法制化管理体制，同时也有一定水平的基础设施。

20 世纪末，朝鲜经济扭转了连续 9 年负增长趋势，开始复苏。尤其是 2000 年朝韩首脑会晤后，朝鲜半岛形势出现前所未的缓和局面，在此背景下，朝鲜积极调整内外政策，国家经济正逐渐摆脱 20 世纪末"苦难行军"时期的困境。

朝鲜奉行的是中央集权式的社会主义计划经济体制，经济的管理和运营主要通过中央宏观调控实现。1998 年，朝鲜提出建设"社会主义强盛大国"的总体目标，把它提升到国家发展战略的高度，并重新定义了"自力更生"的概念，强调要重视实际利益，破除经济管理中的旧观念，确立了走"自立民族经济路线"的发展道路。

为从根本上克服经济困难局面，1998 年朝鲜劳动党中央对经济管理机关进行了大刀阔斧的整合，改政务院为内阁，明确了其掌管国家全面建设的职责；精简政府机关，整合职能重复、类似的部委，精简了政府副总理职位，任命专家型人才担任内阁成员。2003 年，朝鲜劳动党中央再次对政府机关进行人事调整，充实了一批"务实型"官员，在深化经济改革方面迈出了更大步伐。

建设强盛大国目标和自立民族经济路线的确立，使朝鲜继提出"苦难行军"和"强行军"之后，在经济建设方面有了更加明确的方向和更加强劲的动力，政府经济管理部门的整合提高了工作效率。自 2000 年之后，朝鲜经济连续多年实现了正增长。

2. 粮食问题有所缓解

朝鲜国土面积 12.3 万平方千米，山地约占 80%，实际耕地面积占国土总面积的 16%。由于受半岛温带季风气候影响，降水量不均，经常出现水旱灾害，水土流失严重，土地贫瘠，粮食单产量不高。长期以来，朝鲜优先发展重工业，造成了产业结构失调，对农业的投入不足，导致农业生产缺乏后劲，农用生产资料短缺，农业集体经营管理体制限制了农民的生产积极性。

粮食问题是困扰朝鲜多年的老大难问题。朝鲜年均需粮量 500 万吨左右，而缺粮最多的年份粮食不足量甚至超过 300 万吨。20 世纪 90 年代后朝鲜几乎连年发生自然灾害，粮食严重不足。1994 年至 1997 年是朝鲜缺粮最困难的几年，每年都依赖国际社会提供大量粮食援助。

为摆脱粮食短缺的困难局面，朝鲜近年来非常注重发展农业，并积累了许多适合朝鲜实际情况的农业生产经验。为扩大耕地面积，改良农田，朝鲜在全国范围内开展土地平整运动。金正日多次专门视察和指导各道的土地平整工作，指示做好土地平整和植树造林等国土管理事业。金正日还指示在全国开展种子革命运动，培育优良品种，多积肥，多种土豆等产量大的作物和两茬作物，多养鱼、家畜，建立畜牧业基地。通过不懈努力，朝鲜粮食产量近几年有所增长，到 20 世纪末年产量曾达到 400 万吨。

国际社会同时向朝鲜提供了大量的人道主义援助，从而使其缺粮状况有了一定程度的缓解。从 2000 年开始，朝鲜发表新年献辞，没有再像前几年那样明确强调把解决全国居民的吃饭问题作为农业生产的首要任务。2001年，朝鲜把经济建设的重点和核心转移到"整顿现有的经济基础"和"对全国经济部门进行现代化技术改造"方面。2003 年，朝鲜提出了新的口号，即在"我们的社会主义强盛大国迎来了新的局面"的情况下，"要使国家的面貌发生根本性的改变，人民过上不再羡慕南方的幸福生活"。

尽管朝鲜的缺粮状况有所缓解，但目前仍然不能完全满足自身需要。在 2003 年 4 月朝韩第 10 次部长级会谈中，朝方要求韩方提供粮食和化肥援助，其中要求提供的粮食数量为 50 万吨。

与此同时，朝鲜还强调大力发展以生产日常消费品为主的轻工业，以改善人民的生活水平。朝鲜认为："体现制度第一主义最重要的是使人民生活水平得到决定性的提高。"政府号召全国在"获取实利"的原则下，加快轻工业的现代化，多生产人民生活必需品，让人民逐步过上幸福满意的生活。

3. 打开国门"走出去"

近年来，在朝鲜半岛局势总体趋向缓和的环境下，朝鲜对外实施全方位、多元化外交战略，扩大与世界各国特别是与经济资源互补国家间的经贸合作。坚持推进与韩国经济合作，密切与邻国中国、日本、俄罗斯的传统贸易关系，扩大与东盟、欧盟以及西亚、非洲国家间的新型贸易伙伴关系。

自 1988 年以来，朝韩贸易额连年攀升，2002 年增至 6.4 亿美元，2003 年突破 7 亿美元。目前，韩国官方和民间每年平均对朝经济援助额，已分别突破 5000 万美元和 4000 万美元。

在同其他国家贸易关系方面，朝鲜对外贸易对象和领域不断拓宽，进出口总额呈上升趋势。目前朝鲜已与 100 多个国家和地区建立了贸易关系，与意大利、澳大利亚等西方国家签订了鼓励投资、经济合作和贸易结算等协议，与印度尼西亚、马来西亚和新加坡等国签订了防止双重征税和投资保险协议，德、英、法等国已表示愿同朝鲜发展经济合作与交流。

朝鲜国内的投资政策不断放宽，投资环境不断改善，许多外国企业与朝方企业建立了合资、合作关系，并在平壤开设了企业办事处。朝鲜 2010 年的对外贸易总额达到 20 多亿美元，与主要贸易伙伴中国、韩国、日本的双边贸易额大幅增长。

此外，朝鲜近年来新组建了一批适应海外市场的企业，采取"走出去"的办法开展对外经贸合作。朝鲜对外建设总会社等各建筑企业派出数千名专家和技术人员，在俄罗斯等几十个国家和地区开展工程和劳动承包，承造铜像、纪念碑等艺术作品，进行房屋装修和公园造景，为国家赚取大量外汇。很多非洲国家的总统铜像、纪念塔和博物馆等都是朝鲜公司的作品。

4. 朝鲜军力究竟有多强

由于朝鲜情况的特殊性，国家军事实力究竟如何，鲜为外界所知。国外媒体的报道，大多有猜测和评估的成分。美国媒体报道称，朝鲜拥有总兵力 105 万人，预备役人员约达 500 万人，年度国防预算占财政预算的比例约为 15%。韩国媒体披露，朝鲜军队总兵力 119 万人，陆军拥有 4000 多辆战车，13000 多门火炮；海军拥有舰艇 740 多艘，潜艇 70 多艘；空军拥有战斗机 820 多架。

朝鲜陆军是主要的军事力量，与韩军相比，优势并没有媒体渲染的那么绝对化，数量优势并不明显，且装备比较陈旧，主战坦克比韩国落后一个时代，陆军航空兵更是远远落后于韩国。另外，朝鲜军队平时补给训练也不及韩国。

朝鲜重视发展空军，在 20 世纪 60 年代初期，根据和苏联签订的合作协议，获得了米格—19 型战斗机和 S—25 型地空导弹，1965 年以后，朝鲜开始接收米格—21 型战斗机和 S—75 型地空导弹。20 世纪 80 年代以后，朝鲜空军接收了一批米格—23 战斗机以及米—2、米—4、米—8 和米—24 等多型号直升机。在 20 世纪 80 年代末，朝鲜从苏联引进了一批米格—29 型战斗机，这是目前人民军中最现代化的战斗机。朝鲜获得的苏制以外的直升机是民用型，外界猜测经过改装后安装了武器装备。

20世纪90年代以后，由于经济困难、苏联解体等因素，朝鲜很少再从国外获得先进的武器装备，只能通过从国外合法进口或其他途径来组装战机。由于缺少燃料，空军的正常训练受到制约。韩国媒体报道，1990年以后，韩国的雷达就很少捕捉到朝鲜军机训练的踪影。

根据美国有关研究机构猜测，朝鲜空军有10多万名作战人员，500多架战斗机，轰炸机和武装直升机各接近100架，多用途直升机近300架，约300架运输机以及200多架教练机，战斗机的主力机型为苏制米格系列。总体而言，朝鲜空军虽然机队规模庞大，飞行员也很勇敢，但是武器装备过于陈旧落后，人员缺乏必要的飞行训练。

朝鲜海军舰艇主要有护卫舰、登陆舰和快艇，大部分部署于东海。相对于水面舰艇而言，朝鲜重视潜艇的发展，将其作为海军的利器。朝鲜海军于1973年从国外引进潜艇，1976年开始，在新浦造船厂和马养岛造船厂自行建造。目前朝鲜共有20多艘独力建造的鲨鱼级潜艇，此类型潜艇可搭乘19名艇员和6名潜水员，潜水深度180米，水下排水量277吨，航程可达2700海里，装备2个鱼雷发射管，能搭载16枚水雷，部分潜艇可以支援特种作战，还具备发射鱼雷功能，有较强的水下作战能力。

朝鲜的弹道导弹部队，也是一支重要的威慑力量。据美国媒体报道，朝鲜目前拥有各型中远程导弹800多枚，其中"劳动1号"导弹70至95枚，"劳动2号"导弹50至75枚，"大浦洞1号"导弹150至200枚，洲际弹道导弹25至50枚。驻韩美军高级官员甚至认为："朝鲜的短程导弹已在准确率和机动性方面实现了划时代的飞跃。"

五、朝鲜与中国的边界

1. 鲜血凝成的战斗友谊

中国和朝鲜自古以来就是唇齿相依的友好邻邦。1949 年 10 月 6 日，两国建立外交关系。1950 年朝鲜战争爆发后，中国人民志愿军与朝鲜军民并肩浴血奋战，朝鲜劳动党、政府和人民，无微不至地关怀和爱护中国人民志愿军。金日成主席和朝鲜其他领导人，多次看望和勉励志愿军指战员，还经常派出艺术团体和功勋演员为志愿军演出。

在艰苦的战争期间，朝鲜人民虽然面临着极大的困难，仍然把粮食送给志愿军战士。千里冰封的寒冬季节，宁愿自己挨冻，也把房子和热炕让给志愿军住。无论男女老少，冒着枪林弹雨帮助运送物资和抢救伤员，冒着敌机轰炸不分昼夜地修桥铺路，保证前后方运输畅通，有不少人为保护志愿军伤员牺牲了自己的生命。

从 1958 年 2 月开始，中国人民志愿军全部撤出朝鲜，朝鲜政府在平壤市建成"中国人民志愿军友谊塔"，整修各地的中国人民志愿军烈士墓，向参战的志愿军全体官兵授予"祖国解放战争纪念章"，将志愿军赴朝参战 8 周年的 1958 年 10 月定为"朝中友好月"。

志愿军部队分批撤出朝鲜时，金日成主席和朝鲜党政领导人，不顾国事繁忙，分别亲自到撤军部队驻地看望、慰问和欢送志愿军，亲自出席欢送大会和欢送宴会，金日成还向志愿军撤军部队授予巨幅锦旗，亲自为撤军部队官兵佩戴朝鲜祖国解放战争纪念章和朝中友谊纪念章。

每支归国部队在离开驻地前和行进途中，都收到朝鲜人民赠送的大批珍贵礼物。其中，有老太太珍藏几十年的结婚戒指，有祖传几代的宝剑，有战时逃难的纪念物，有用布口袋装着的战场上的泥土，有小学生的作业本，有姑娘的绣花荷包，件件物品都凝聚着朝鲜人民对志愿军的深情厚谊。

1958年10月25日，中国人民志愿军官兵乘坐最后一列撤军列车离开平壤回国，这天是中国人民志愿军抗美援朝8周年纪念日。从此，10月25日被确定为抗美援朝纪念日。

2. 传统睦邻友好合作关系

1961年7月11日，两国签署了中朝友好合作互助条约，中朝两国一直保持着传统的睦邻友好合作关系。虽然由于20世纪六七十年代特殊的历史经历，中朝关系一度"冷淡"，但两国之间的特殊感情并未消失。

冷战结束后，随着苏东剧变，朝鲜的最大、最重要的盟国苏联退出历史舞台，中国在朝鲜外交的地位逐渐取代了苏联，成为朝鲜的最主要的"伙伴国"，是朝鲜最大的援助国和依靠国。

自从朝鲜和中国在20世纪50年代签订"易货协定"以来，中国一直是朝鲜对外贸易的稳定对象国，特别是20世纪90年代以后，中国基本成为朝鲜第一大贸易对象国。进入21世纪，两国的贸易额依然迅速、稳定地增加，目前已超过6亿美元，占到朝鲜整个对外贸易的近30%，如果把中国香港、中国澳门地区的数字包括进来，所占比重将更加突出。与此同时，中国在朝鲜的影响也随之上升，被西方称为当今世界唯一能够对朝鲜产生重大影响的国家。

国家之间经济关系的发展不仅涉及资本、技术等因素，还涉及语言沟通、政策法规运用等非经济因素。这方面，中朝之间社会主义制度的相似性和两国人民之间的历史认同感，促使中朝的经贸往来愈加紧密。在不同的历史时期，两国领导人密切交往，中朝睦邻友好合作关系不断发展。

2012 年 8 月 13 日，朝鲜领导层实力派人物张成泽访问中国，他在国内担任多个领导职务，是朝鲜劳动党中央政治局委员、朝鲜国防委员会副委员长、劳动党中央军委委员、中央行政部部长兼中央指导部第一副部长，人民军大将。张成泽夫人金敬姬是金日成之女、金正日的妹妹，朝鲜轻工业部部长、劳动党中央委员，人民军大将。

张成泽此次访华，使用最多的头衔是"朝鲜劳动党中央行政部部长"，并没有使用"朝鲜国防委员会副委员长"这个头衔。根据中朝双方共同披露的消息，张成泽此次访华主要是出席中朝两个经济区开发联合指导委员会会议，两个经济区是指朝鲜的罗先经济贸易区和黄金坪、威化岛经济区，它们分别与中国的吉林延边地区和辽宁丹东地区毗邻。由此可见，朝鲜最高领导层高度重视推进朝中经济交往与合作。

3. 与中国的领土领海争议

在一般人的印象中，中朝边境的主要特征是"两江一山"，即鸭绿江和图们江，以及两江中间号称两江发源地的"长白山"。中朝两国于 1964 年正式划定边界以前，两国边界除陆地接壤部分外，双方习惯以鸭绿江、图们江为界。

需要注意的是，这里所说的长白山，与习惯上人们所说的"长白山脉"不是同一个概念。"长白山脉"是呈连贯状态中国东北边境山地的总称，而

"长白山"是一个山头，这个山头最典型的特征，就是中间有个由火山口积水而成了"天池"，也就是中国所称的"长白山天池"。如果从地理形态上来看，长白山及其周边的一些山体，其实是位于长白山脉的一组山体。

1962年，中国总理周恩来和朝鲜金日成主席代表中国和朝鲜两国政府在平壤签订了《中朝边界条约》。条约共5条，第1条内容主要划分了两国边界的走向；第2条规定了界河中的岛屿和沙洲的归属原则；第3条规定了界河上边界的宽度，任何时候都以水面的宽度为准，两国共同管理、共同使用，包括航行、渔猎和使用河水等，以及鸭绿江口外水域的划分原则；第4条主要规定了本条约签订后即成立两国边界联检委员会，开始联检；第5条规定了换文方式。根据《中朝边界条约》第4条的规定，中朝边界联合委员会完成了两国边界的勘察、竖桩和确定界河中岛屿和沙洲的归属任务，明确和具体地勘定了两国的边界。

1964年3月20日，中国外长陈毅和朝鲜外长朴成哲分别代表两国在北京签订了《中朝边界议定书》。根据这个议定书的规定，双方于1964年勘定了两国边界的具体走向。中朝边境线全长1334千米，其中陆界45千米，水界1289千米。后来双方于1972年至1975年间进行联检，确定沙洲、岛屿61个，其中划归中方13个。2000年10月，中朝边境口岸及其管理制度第三轮会谈在北京举行，草签了协定。1990年开始，中朝双方进行第二次边界联检，双方在部分岛屿的归属上产生分歧，因存在部分未决岛屿而搁置。

朝鲜与中国在黄海大陆架划分问题上存在分歧。黄海面积约38万平方千米，为浅海大陆架。目前，黄海大陆架的界线尚未划定。中国与朝鲜在黄海大陆架是相邻共架国，中国主张按中间线划界，朝鲜则主张以纬度等分线划界。这样，中朝便产生了3000多平方千米的争议区。

【专家点评】

共同的期盼与希冀

朝鲜民主主义人民共和国是中国最亲密的友好邻邦，中国人民对朝鲜人民怀着无比深厚的感情。当朝鲜最高领导人、朝鲜人民"敬爱的将军"金正日突发急病不幸逝世之后，与全体朝鲜人民一样，中国人民也陷入巨大的悲痛之中。

朝鲜官方媒体报道说，金正恩在金正日逝世后第一天起就开始统一处理国家全盘工作，在他的领导下"朝鲜所有工作都在毫不动摇地进行"。悲痛之余，金正恩已经担负起沉甸甸的国家和社会责任。金正恩发出的指示、作出的决定、采取的措施成为各媒体争相报道的重要内容，成为国内关注的焦点。国际社会都把目光聚焦到金正恩领导下的朝鲜国内局势、半岛局势和地区形势上来。年轻的金正恩，承载着朝鲜党、国家和人民太多的期盼和希望。

金正恩全面主政以后，已经确立了一个秩序井然的领导体制。应该说，朝鲜继续沿着金日成、金正日生前确定的方向前进是有基本保障的。朝鲜新的领导体制形成之后，金正恩面对改变经济困难的任务，首先需要改善对美关系，缓和与韩国关系，以打破外部封锁，使国家尽快繁荣起来。同时，还要以灵活务实的姿态，平衡国内各方政治力量，回应人民的新要求和新期待，这些，都是对金正恩执政智慧的考验。

年轻的金正恩能否带领自己的国家应对外部世界的诸多挑战？能否团结全体国民实现富裕和强盛？这些问题会由未来的事实回答。但目前有一点是应该看到的：经历了太多磨难的朝鲜党和人民希望尽快实现繁荣富强，同时他们也明白，实现这一愿望的前提是稳定与和平。鉴于朝鲜的特殊国情，目前正是需要金正恩这样一个能够统一和凝聚人心的代表和象征。

第四章
隐秘的草原之国——蒙古

　　"蒙古国"是以本民族的名称而得名的。"蒙古"一词由"勇敢"和"朴素"两个词素结合而成。另有人认为，蒙古高原的鄂嫩河上游原有座蒙山，附近有蒙河，生息在这一带的部落即称"蒙古"。蒙古国是典型的人稀地广的国家，相对人均可支配资源相当丰富。

　　提起"蒙古人"，不少中国人眼前浮现的差不多就是一望无际的大草原上，扬鞭跃马或住蒙古包的朴实的蒙古人。去过那里的人都会赞美辽阔的草原、广袤的戈壁和成群的牛羊，是一幅内陆国家典型的风景画。在很多中国人印象当中，蒙古国就是广阔无垠的大草原，白色的毡房，奔驰的骏马，淳朴的牧民，遍地的牛羊，似乎跟我们印象当中的内蒙古没有太大区别。那么真实的情况到底怎么样？让我们带着种种猜测走进这片鲜为人知的草原国度。

一、通向神秘的蒙古国

1. 外蒙古是怎样"独立"的

鸦片战争是近代中国的奇耻大辱,清朝政府的腐败懦弱在帝国主义侵略者的炮舰下暴露无遗。沙俄窥视到这种局势,认为吞并蒙古地区时机已告成熟。于是,沙皇尼古拉一世指示西伯利亚总督穆拉维约夫:"先从经济上渗透蒙古,然后逐步从政治上全面控制蒙古地区。"

穆拉维约夫心领会,首先通过调查了解蒙古地区的情况,收集情报,分析形势,制订出吞并蒙古地区的侵略计划,史称"穆拉维约夫计划"。报请沙皇恩准后,穆拉维约夫派遣亲信德斯伯持·齐诺维奇等,潜入蒙古地区煽惑蒙古王公脱离清朝,接受沙俄的"保护"。

第二次鸦片战争后,清政府更趋虚弱,腐败无能,沙俄乘机武力相逼,强迫清朝政府签订不平等的中俄《瑷珲条约》,割去我国黑龙江以北 60 多万平方千米的领土;通过中俄《北京条约》,又获得在我国蒙古地区大量侵略特权。英、法、美、德等西方资本主义势力也乘机相继侵入蒙古地区,大量倾销工业产品,控制蒙古经济命脉,派遣传教士推行殖民主义的侵略文化。东方兴起的日本帝国主义发动甲午战争,与正在图谋吞并我国东北和蒙古地区的沙俄开展明争暗斗,最终于 1904 年爆发了日俄战争。

1911 年 10 月 10 日，中国的武昌起义暴发，沙皇以保护"蒙古君主"为由派遣军队进驻库伦（乌兰巴托）。当武昌起义的消息传到库伦后，沙皇指使驻库伦领事唆使哲布尊丹巴集团宣布"独立"。12 月 3 日，哲布尊丹巴颁布"独立文告"，并举行"大蒙古帝国日光皇帝""登极"仪式，宣布成立蒙古"独立"政府，同时成立由王公、上层喇嘛组成的议院。至此，外蒙古在形式上宣告"独立"。

1921 年蒙古人民革命党领导的人民革命取得胜利，7 月 10 日在库伦（乌兰巴托）成立君主立宪政府。1924 年 11 月 26 日废除君主立宪，成立蒙古人民共和国。1945 年 2 月关于结束第二次世界大战的雅尔塔会议规定："外蒙古（蒙古人民共和国）的现状须予维持"，并以此作为苏联参加对日作战的条件之一。1946 年 1 月 5 日，当时的中国政府承认外蒙古独立。1992 年 2 月其国名正式改为"蒙古国"。

2. 蒙古有哪些宝贝矿藏

蒙古国深居亚欧大陆腹地，属东亚，是世界第二大内陆国（第一大为哈萨克斯坦），地处蒙古高原。东、南、西三面与中国接壤，北面同俄罗斯的西伯利亚为邻。大部分地区为山地或高原，平均海拔 1600 米。西部为山地，阿尔泰山自西北向东南蜿蜒。

蒙古幅员辽阔，领土面积达 156.65 万平方千米，相当于 4 个日本，2011 年全国人口 280 万。蒙古资源丰富，除了畜牧业资源外，还有大量的煤炭、石油和金、银、铜、铁矿资源。

蒙古是一个矿产资源丰富的国家，经普查探明的有 80 多种，3000 多个矿点。

蒙古幅员辽阔，土地肥沃，虽然无霜期稍短，但仍有多种农作物适合在此栽培和种植。由于缺乏经验和技术，在水利灌溉、农业机械化等方面较为落后，蒙古农业发展较为缓慢。

　　蒙古是一个保持原始草原风貌较好的国家，对外国投资者及游客具有很大吸引力。蒙古的湖泊较多，位于蒙古国北部的库苏古尔湖是蒙古国最大的湖泊，其水域总面积为 2760 平方千米，素有"东方的蓝色珍珠"之美誉。库苏古尔湖的动植物群落与位于其东部 200 千米外的俄罗斯贝加尔湖有相近的起源。

3. "那达慕"是相亲大会吗

　　"那达慕"是蒙古语的译音，意为"娱乐、游戏"，以表示丰收的喜悦之情。据铭刻在石崖上的《成吉思汗石文》载，那达慕起源于蒙古汗国建立初期，早在公元 1206 年，成吉思汗被推举为蒙古大汗时，他为检阅自己的部队，维护和分配草场，每年 7 至 8 月间举行大聚会，将各个部落的首领召集在一起，为表示团结友谊和祈庆丰收，都要举行那达慕。起初只举行射箭、赛马或摔跤的某一项比赛。到元、明时，射箭、赛马、摔跤比赛结合一起，成为固定形式。后来蒙古族人亦简称此三项运动为那达慕。

　　那达慕已有近 800 年的历史，一直在蒙古草原上流传和发展，深受蒙古族群众的喜爱。那达慕上的各项活动是力与美的显现、体能和智慧的较量、速度和耐力的比拼，比较全面地展示了在草原上生活的民众的综合素质，也是蒙古族文化传统的重要载体。

　　那达慕大会多半选择在牧草茂盛、牛羊肥壮的七八月举行。古代和近代的那达慕盛会都要进行男子"三艺"——摔跤、赛马和射箭的竞技赛。当代的那达慕大会除了进行男子三项竞技外，还增加了马球、马术、乌兰牧骑演出等新内容，同时举行物资交流会等。

4. 蒙古人为什么爱习武

蒙古人特别喜爱习武。男孩长到了 13 岁，就开始练习射箭。古时的蒙古各部落，都有担负保卫任务的甲士，选择甲士的标准是看其力气的大小，而力气如何要用拉牛和射箭来判定。各部落的甲士从十几岁就开始习箭，甲士分为两种，普通甲士是一般士兵，青甲士是上等军人，类似今天的军队指挥官。

青甲士的家中平时要常备盔甲。这种家庭的男孩子从小就要练习骑马，并注重练习射箭。各部落都有练兵的场所，挂有靶牌，也有专门的练习场地。平时在家练习，遇到正月会、七月会、十月会以及每年的习武会，蒙古人都要集中部落的甲士、兵士赛马、赛骑射、比力气。习武会上要请有经验的老年人指导，指导他们马上骑射的方法。在习武会上获胜的年轻人，则被称为草原上的"世界英雄"。

蒙古人的习武练兵没有专门的教官。由于古时的蒙古人都自愿当兵，所以蒙古的战斗力特别出名。从古到今，蒙古各部都出现过一些优秀射手，这是他们的习俗所致。

到了清朝，这种情况也没有改变，被被清政府所利用。现在的蒙古军人和各户男人，都有在马上开枪射猎的能力，这种枪法的练成都是来源于打猎。在围猎、诱猎、堵猎、突破猎群、超越、围歼、放猎、收猎等活动中，练就了军人的作战本领，也练就了出发、打仗、驻防等战术。在爱兵习武风俗的影响下，练就了蒙古人的军事才能。

5. 蒙古包都是圆的吗

　　在很多人的印象中，蒙古人都是住在蒙古包里的。其实，蒙古的居住形态，经历了一漫长的演变过程。古时候，蒙古人居住的房屋，都是圆形、拱顶的隐蔽窝棚。以粗大的树为中柱，用草围起来搭成茅棚而住。后来，人们在生活中变得有经验，利用在高处山岗挖洞居住，以后又发展为用木头做成各种房屋，从此，有4个柱子、12顶墙的房就出现了。如果把这种房子盖得很好，要花几十万两银子。因为要用最好的木材做柱子，要选最直最好的柳树，破成四棱的方子做墙，外边随着季节用毡子或皮子、布围起来，里边则用布、绸等较软的东西做里。房屋里铺毡子，有的在毡子上边铺上绒布。

　　这种房屋分为两种：一种名叫布日贺（简易窝铺），另一种名叫蒙古包。布日贺为圆形，远看像扣着的半球形，有门无窗，顶上有圆形能看见天空的小孔；有盖，天气不好就关上盖；屋里正中有火炉。西北两边为贵座，除房主以外别人不能坐，外来的客人则进门坐在东边，特别尊贵的客人可以坐在西面，自己家的子女也不准坐在西面，要把西面的坐尊为父母之仪。

　　明朝时，靠近长城一带的蒙古人虽然过着游牧生活，但大多建造房子居住。清朝后，蒙古族的房子大量发展，特别是满族皇帝的公主嫁给蒙古王公后，凡有公主的地方都用青砖和石头建造了瓦房。汉族人去得多的地方，蒙、汉族的房子不易区别。农业地区蒙古人所住的和汉族没有区别。不种地的蒙古人，还是按照早先的习惯进行游牧，住房也不断随着人畜移动而搬迁。

6. 蒙古族衣服有何特色

古时，蒙古人用一种护腰，扎在光身上。据说，人们开始是用一种植物叶子做衣遮体，后来不少地方以兽皮为衣。人们打猎取皮做衣，蒙古人的打猎习惯因此形成。以后人们越来越有办法，周朝时绸缎和各种布匹出现，针线也出现，南方的商业也发达起来。唐朝时，绸、布之类的商品发展到北方蒙古地区。

在这种发展过程中，蒙古人的衣服也在不断地改变，也有人穿漂亮的绸布衣服了。那时，虽然知道穿好的，但不懂得随着季节的变化而变换。只分冬夏两季的衣服：冬天穿皮衣，一直到夏天；夏天穿上单衣，一直穿到秋末才换。

衣服虽有几种，但不太重视穿裤子，男女都要有护膝。至今北方蒙古地区妇女也不重视穿裤子，不论穿多好的衣服，都穿一条白单裤，这纯属蒙古人的原始习俗。

早年蒙古人的衣服，一般来说，男人的衣服袖长襟宽，衣长而肥大；妇女的衣服袖短而肥，衣长而宽大。现在衣服的种类越来越多，皮毛的、棉的、单的，样子和汉族的有些差别。蒙古人的衣着，从古以来变化很大，开始是护腰，后来穿有领的衣服，两襟用带系上；再后来技术提高了，衣服合体，有领有袖，有襟有带；再以后，开始用上了钮扣。

蒙古族的衣服有很多是从汉族、藏族等兄弟民族那里学来的。纯蒙古的衣服并不多，其原因是游牧生活和常年处于战乱而四处迁徙。蒙古人穿的衣服，因住帐篷、蒙古包或住相对固定的房屋而有所区别。

7. 你认识哪些蒙古文字

　　历史上蒙古的文字变化很多，平均每70年文字就更新一次。目前蒙古使用的文字是以苏联为代表的斯拉夫民族通用的西里尔文字（新蒙文）。

　　从13世纪始至20世纪末的700年间里，蒙古已先后使用过回鹘文、方块字、索云宝、竖体蒙文等近10种文字。20世纪30年代，蒙古曾经计划使用拉丁文字，1931年曾作出"关于用拉丁文字书写公文"的决定，1944年又作出"全民使用拉丁文字"的决定。但是由于当时的政治体制，蒙古还是按照苏联的建议，使用了斯拉夫民族通用的西里尔文字。从1944年算起，蒙古使用西里尔文字也有60多年了。可以说，随着时代的变革，蒙古文字一直都在变化。

　　蒙古人最初从回鹘文（老蒙文）向西里尔文字（新蒙文）过渡时，用了整整一代人的时间，即使是现在，一些上了岁数的老人也会经常写错字。现在蒙古的一切公文和作品全部是用西里尔文字书写的，如果改用拉丁文字书写，将会带来许多困难。为此，一些专家学者对文字改革持反对意见。他们认为，文字是文化的载体，作为蒙古民族文明精华的母语及文化，正在面临失传的危险。母语是民族文明的核心，应该保留老蒙文，尽可能避免使用外来词，以突出民族特色。

　　自1990年以来，蒙古开始一系列文字改革，计划放弃长期使用的西里尔文字，改用世界通用的拉丁文字。实际上，蒙古人早已开始使用拉丁文字。在乌兰巴托街头的一些网吧、咖啡馆的招牌，有很多用的是西里尔和拉丁两种文字。现在蒙古人发电子邮件或用手机发短信都是用拉丁文字。一些学者也在积极推动文字改革运动，甚至有学者认为，拉丁语是欧洲文明之父，掌握了拉丁字母，就等于打开了与世界沟通的大门。近年来，使用西里尔文字还是使用拉丁文字，一直是蒙古学术界争论的焦点。

8. 最西化的亚洲国家

蒙古人在苏联影响下生活了 70 多年，近年来，受国家政治生活变化的影响，蒙古人的生活习惯有些逐渐西化了。

20 世纪 90 年代，蒙古开始了一系列的政治和经济改革，政治上由原来的一党执政变为多党执政，实行的是议会制。经济上由计划经济向市场经济过渡，并实现了私有化。自由市场改革增加了外国投资，对破产的国有企业实行了私有化，并使首都乌兰巴托新出现了许多饭店、夜总会、餐馆和夫妻店。

蒙古是亚洲第一个在政治上和经济上成功转制的国家，被美国称为"亚洲各国实行民主的楷模"。西方的文化和思想也随之涌入，人们的穿戴更加西化，英语是人们尤其是年轻人必须掌握的外语。与亚洲其他国家相比，蒙古被认为是"亚洲最西化的国家"。

现今的蒙古人，吃的是西餐，穿的是西服，说的是俄语，过的是西方的节日。蒙古人的平均收入远低于中国许多城市，但蒙古人，尤其是首都乌兰巴托人衣着西化、时髦的程度，远超过中国内地的一般百姓。女人们拥有的衣服数量不是很多，但都相当考究；男人的皮鞋总是擦得很亮。国家机关的工作人员上班时，男职员要穿西装、皮鞋，女职员要穿套装衣裙或正装，一点都不能马虎。逢年过节或有纪念意义的日子，蒙古人都互相送鲜花、亲吻和拥抱。有 60% 以上的蒙古女人吸烟，因为吸烟被视为"时髦"的表现。

9. 为何视美国为"第三邻国"

从地理位置上来说，蒙古距美国很远，更不像与中国、俄罗斯那样为邻，蒙古官员常说，在他们眼中，美国是除俄罗斯和中国以外的"第三邻国"，为什么把美国看做"第三邻国"呢?

近年来，蒙美关系发展迅速，蒙古将美国视为自己的"第三邻国"，积极发展对美"战略伙伴关系"，希望借此来保障国家安全。此外，经济利益也是蒙美关系密切的一个重要原因。2004年10月，美国通知蒙古，称蒙古被列入美国2005年的"千年挑战基金"，美国通过该基金会向蒙古提供了2.85亿美元无偿援助。美国还促使在蒙古设立联合国国际维和部队训练中心，开展联合演习。蒙古维和人员已经参与在伊拉克、阿富汗和其他一些国家的行动。正是这种全方位合作使蒙美关系越来越密切，越来越牢固。

二、蒙古历任总统的真实生活

第1任 政治改革奠基者：彭萨勒玛·奥其尔巴特

生平：

1942年，出生于蒙古扎布汗省一个牧民家庭。

1965年，毕业于苏联列宁格勒矿业大学。

1965年，加入蒙古人民革命党。

1967年，任蒙古沙林河煤矿总工程师。

1972年，任蒙古燃料、动力工业和地质部副部长。

1976 年，当选蒙古人民革命党中央委员。

1981 年，9 月任燃料、动力工业部长。

1985 年，任国家对外经济联络委员会主席。

1987 年，任对外经济和联络部长。

1990 年，3 月当选为蒙古大人民呼拉尔主席团主席。

1990 年，9 月任蒙古国总统。

1993 年，6 月在首次全民直选中再次当选总统。

1997 年，3 月宣布退出人民革命党。

1. "国家太落后了，必须改革"

1990 年 9 月 4 日，蒙古人民共和国电台向全世界播送了一条特大新闻，在蒙古第 12 届大人民呼拉尔第一次会议上，48 岁的彭萨勒玛·奥其尔巴特登上了蒙古国家元首的宝座，成为蒙古人民共和国成立 66 年来第一任实权总统。

奥其尔巴特是在蒙古政局动荡，经济困难之时出任总统的。1989 年 11 月以后，在苏联、东欧局势影响下，长期推行一党统治，政局比较平静的蒙古也出现了动荡和剧变。蒙古人民革命党被迫大幅度调整了内外政策及党和国家的领导机构。在政治上，决定实行多党制、总统制和议会民主制。与此同时，蒙古大人民呼拉尔主席团和部长会议也进行了改组，而长期从事经济工作的奥其尔巴特就任蒙古大人民呼拉尔主席团主席，同年 9 月当选为蒙古人民共和国首届总统，集党、政、军大权于一身。1991 年 11 月 21 日，蒙古人民共和国改国名为"蒙古共和国"。

奥其尔巴特是一位经济技术专家，有较丰富的经济领导经验，20 世纪 80 年代中期，他担任国家对外经济联络委员会主席、对外经济联络和供应部部长等职务，考察过很多国家，有英、美、法等西方发达国家，也有日本这样的亚洲发达国家。他认为，蒙古有广阔的土地、丰富的资源，但是却利用得不好，"国家必须改革，太落后了"。当时，他在苏联《世界回声》杂志发表一篇关于发展经济的文章，对苏联的经济制度进行了猛烈抨击。要知道，那时候在苏联杂志上刊登这样的文章是相当不容易的，他也曾受到来自国内各方面的压力。

奥其尔巴特推行的改革源于1984年，在首都乌兰巴托的苏赫巴托广场，爆发了要求改革的群众运动，他撤换了蒙古人民革命党的总书记、大呼拉尔主席团主席泽登巴尔。

1990年3月，奥其尔巴特成为大呼拉尔主席团主席。同年9月，在局势激荡的时期，他成为原执政党及各革新党派共同认同度最高的人物。在此期间，奥其尔巴特竭力使各派避免对峙，缓和了国内的政治危机，并领导制定了蒙古新宪法，确立多元化的政治经济制度。同年9月他被选为总统。

1992年2月，蒙古人民共和国更名为蒙古国，修改国旗国徽，正式宣布放弃社会主义制度，实行多党制。之后，奥其尔巴特宣布退出蒙古人民革命党，加入民主党，并被民主党提名为总统候选人，在大选中以多数票胜出，再次被选为总统和武装部队总司令，直至1997年卸任。奥其尔巴特也因此成为以两党候选人身份前后两次出任总统的罕见人物。

2. 让蒙古成为"亚洲一虎"

奥其尔巴特就任总统之际，正值蒙古经济困难之时。劳动生产率下降，国家预算亏空增加，多种工业、农牧业产品的生产没有完成计划，市场供应紧张，人民生活水平下降。面对这种局面，奥其尔巴特决心进一步加快蒙古经济、政治改革的步伐，声称"改革是蒙古政治的奠基石"。

在经济改革方面，奥其尔巴特的奋斗目标是使蒙古在经济上成为"亚洲一虎"。在他看来，要实现这一目标，必须"从中央计划经济向公认意义上的市场经济过渡，有效地进行经济生活的民主化"。他预言："沿着市场经济这条道路发展下去，到本世纪末（20 世纪末）蒙古可能变成亚洲另一个经济强国。"他认为蒙古目前已具备了向市场经济过渡的条件，即将转入市场经济的实施阶段。在此阶段将采取措施建立市场经济的初级结构，开辟金融市场和证券市场，发行股票，开辟外汇交易市场，建立股份银行，取消价格控制以及吸引外资等。在所有制问题上，他主张多种所有制并存，但强调国家所有制在国民经济结构中应占有主导地位。

3. 发展全方位对华关系

奥其尔巴特是蒙古对外开放政策的积极奉行者，他上台伊始，即宣布蒙将坚定不移地奉行不结盟政策，同世界上所有国家发展友好、平等的合作关系。同时强调坚持国与国关系中不使用武力原则，支持裁军，撤走在别国领土上的军队和军事基地，和平解决地区冲突，保证普遍安全，协力解决人类面临的共同任务。

奥其尔巴特出任总统后，进一步加快了对外开放的步伐。他多次宣称：蒙将大力实行对外开放政策，不仅同中国等社会主义国家发展友好合作，还要同西方国家发展平等的友好关系与合作。

在同中国关系方面，他认为"全面发展同中国的传统关系，是蒙古外交的首要任务"，宣称"不论现在、过去、将来，都要把发展同中国的关系视为重要任务"。1990 年 5 月奥其尔巴特在蒙第 11 届大人民呼拉尔第 9 次会议上称："我不久前访问中国的意义在于使业已完全正常化了的蒙中关系和合作进入了新阶段，巩固了两国关系与合作的政治基础。"又称"访问后发表的联合公报表明，两国将为促进和巩固世界和亚太地区的和平与安全，为加强各国人民的相互理解和支持而进一步合作"。他称赞中国的和平外交政策对世界和亚太地区安全与合作事业作出了贡献，并表示"完全支持中国提出的和平共处五项原则"。

4. 下台之后当大学教授

奥其尔巴特20世纪90年代初就主张放弃一党制，实行多党制，认为"实行多党制是蒙古政治体制改革迈出的一大步"。他推动实行"自由选举制度"，强调"尊重人权"，"各政党应进行政治对话与政治协商"。关于经济体制改革，他主张实行"计划经济与市场经济相结合的由国家调节的市场经济体制"，发展多种所有制和多种经济成分。对外主张开展全方位的外交，奉行不结盟政策，重点发展同西方发达国家的经贸关系，同中、俄保持"等距离外交"。

奥其尔巴特作为第一任蒙古国总统，使蒙古完成了最艰巨转型，带领这个国家从一党制的社会主义国家（蒙古人民共和国）转型为多党制、全面私有化的国家（蒙古国）。与原苏联阵营的中亚国家相比，蒙古的和平转型备受国际社会赞扬。作为这段非常岁月里的关键性人物，奥其尔巴特被称为"亚洲首位带领共产主义国家以和平方式过渡至民主制度的元首"。用奥其尔巴特的话说："没想到，蒙古在亚洲成为第一个走上共产主义道路的国家，也是第一个放弃共产主义、走上民主主义道路的国家。"

卸任总统职务的奥其尔巴特，作为国家宪法法院委员，不能担任任何党政职务，他实现华丽转身，来到蒙古科技大学担任教授。他学生时代有关矿产学的知识派上了用场，给学生们教授这方面的知识，传授矿产研究的理论和经验。

第 2 任 从牧民到总统：那楚克·巴嘎班迪

生平：

1950 年，出生于蒙古扎布汗省雅鲁县。

1968 年，在苏联列宁格勒一所技术工程学院学习。

1972 年，毕业于苏联列宁格勒制冷中等专业学校。

1980 年，毕业于苏联敖德萨食品工艺学院。

1987 年，毕业于莫斯科社会科学院，哲学副博士。

1987 年，任蒙古人民革命党中央委员。

1990 年，任蒙古人民革命党中央书记。

1992 年，任蒙古人民革命党副主席。

1992 年，7 月当选为蒙古国家大呼拉尔（议会）主席。

1996 年，7 月任大呼拉尔蒙古人民革命党党团主席。

1997 年，5 月 18 日当选蒙古国总统。

2001 年，5 月再次当选总统。

1. 幸福的平民家庭

1997 年 5 月 18 日，蒙古国举行新一届总统选举。这是蒙古第二次直接总统选举，蒙古人民革命党总统候选人巴嘎班迪以 60.8% 选票的优势击败对手、民族民主党和社会民主党总统候选人、时任总统奥其尔巴特和蒙古传统统一党总统候选人贡布扎布，当选蒙古第二任总统。

巴嘎班迪出生于雅鲁县一个富足的牧户家庭，其父那楚克通晓医术，有5个子女，巴嘎班迪最小。据说他母亲生他时难产，以精湛医术蜚声乡里的父亲遂决定今后不再要孩子，并给自己的儿子起名巴嘎班迪，意为"小小子"。生活在优越环境里的巴嘎班迪从小和兄长一起玩耍长大。

巴嘎班迪身材瘦小，蓄着漂亮的小胡子，爱穿时髦的西装。他卓越的演说技巧和平民百姓保护者的形象赢得了人们的爱戴。一位西方外交官说："他本人是个相当拘谨的人，但他在蒙古人中确实受欢迎。蒙古人认为他关心他们的福利。在蒙古人心目中，他是一位十分有性格魅力的人物，尽管表面上不苟言笑。"巴嘎班迪为人拘谨、正派，人们常常称赞他的演说能力。

巴嘎班迪拥有一个幸福的家庭，其妻阿扎德苏伦·奥云比列格比他小1岁，是他的同乡兼校友，比他低一级。巴嘎班迪在乌兰巴托白酒和啤酒联合工厂工作时，两人结婚，育有一儿一女，那时奥云比列格正在乌兰巴托上大学，既要做贤妻良母又要读好功课，实在不易。大学毕业后，奥云比列格做了近20年的中学蒙语教师。长期的讲台生涯使她患了职业病，无奈于1993年辞职在家专心相夫教子。她说自己从不参政，料理好家务，让丈夫安心从政是她最大的愿望。阿扎德苏伦·奥云比列格曾经担任慈善机构"为了人的美好"基金会主席。

那楚克·巴嘎班迪原是一位在苏联受过教育的工程师，他脱离了牧民生活开始从政生涯，才47岁就担任了这个国家的最高职务。

2. 难以摆脱苏联印记

巴嘎班迪在他的蒙古人民革命党内是经济上的保守派，不过，在蒙古

1990 年从苏联的阴影中摆脱出来以后，巴嘎班迪却无法使自己摆脱苏联的标记。

巴嘎班迪出生的时候，蒙古作为苏联卫星国的地位决定了他一生的发展方向。他于 1968 年中学毕业后，就开始到苏联求学，在列宁格勒的一所技术工程学院学习；1972 年毕业后返回蒙古，在乌兰巴托的一家啤酒和酒精厂工作；尔后再赴苏联，到敖德萨学习食品生产技术。

他的从政生涯要从 1980 年算起，他在那一年成为蒙古人民革命党的活动分子，后来升到了该党在蒙古中部一个省的党委领导人职位。巴嘎班迪在最后一次留学苏联期间，在莫斯科的社会科学院获得了哲学副博士学位。这次回国后，他就再也没有去过苏联。

3. 高调纪念成吉思汗

历史上成吉思汗带领蒙古人消灭中原各分裂势力，使蒙古草原和中原大地联成一体而成为民族英雄，蒙古经常举办纪念成吉思汗的民间活动。巴嘎班迪上台后颁布一道总统令，要求全国开展大规模活动纪念成吉思汗诞辰840 周年。为此，在乌兰巴托举办了各种声势浩大的纪念活动，在文化公园还建立了纪念雕塑。有的媒体认为，巴嘎班迪的总统令是提高蒙古人民凝聚力的重要措施。

巴嘎班迪认为：成吉思汗是一个蒙古民族值得骄傲的人物，他在 800 多年前统一分散的蒙古各部落，建立了蒙古大帝国，成吉思汗的名声永远留在了蒙古民族的心目当中；在 800 年前能够创立这样大的国家伟业，这对今天来说，也是值得学习的。巴嘎班迪在接受中国中央电视台采访时谈到，成吉思汗是蒙古的，更是世界的，全世界的人们都在纪念他，都在学习他，这是十分了不起的事情。

与高调纪念成吉思汗的思想相一致，在对外政策方面，巴嘎班迪主张保持"多支点外交"政策的连续性，并视情况积极改进，充分利用能够加快蒙古经济和社会发展的外部条件，用政治外交方法保证国家的独立和安全。他认为，从蒙古的国家利益和安全考虑，同中俄两大邻国在平等互利的基础上发展睦邻友好合作关系意义重大。同时，蒙古也应与西方发达国家以及国际组织密切合作，加入亚太地区政治和经济一体化进程。

巴嘎班迪主张发展对华友好合作关系，并曾于 1991 年、1994 年、2004 年多次访问中国。

第 3 任 倡导"全球化"：那木巴尔·恩赫巴亚尔

生平：

1958 年，6 月 1 日生于蒙古乌兰巴托市。

1980 年，毕业于苏联莫斯科高尔基文学院。

1990 年，任国家文化艺术发展委员会第一副主席。

1992 年，6 月当选蒙古国家大呼拉尔委员。

1992 年，8 月被任命为政府文化部长。

1996 年，7 月任蒙古人民革命党总书记。

1997 年，6 月任蒙古人民革命党主席。

2000 年，7 月 26 日任蒙古政府总理。

2004 年，6 月当选大呼拉尔主席。

2005 年，5 月 31 日当选蒙古国总统。

1. 从强势总理到强势总统

在蒙古国，人们把恩赫巴亚尔称为首屈一指的、成熟的政治家，2005 年 6 月出任总统前曾就任蒙古总理和议长。

恩赫巴亚尔 1985 年加入蒙古人民革命党，1996 年成为人革党总书记，一年之后当选党主席，2001 年再次当选党主席。他的政治生涯则开始于 1992 年，是年他当选大呼拉尔委员（议员），并兼任文化部长，从此官运亨通，于 2000 年 42 岁时出任蒙古国总理，是人革党和政府的领军人物。

他就任总理后，蒙古经济进入稳步增长时期，政府推行私有制经济改革，蒙古民族工业逐渐恢复。2003 年蒙古经济增长率由原来的 1% 增长到 5.5%，2004 年甚至达到了 10.6%。同时，政府还制订并实施了扶贫计划和区域发展战略长期规划、修建"千年路"、在边境建立自由贸易区、土地私有化等政策，人民的生活水平不断提高。

他任总理的几年间，蒙古同中国确立了睦邻互信伙伴关系，同俄罗斯确立了睦邻传统伙伴关系，发展与两邻国的关系成了他的主要政治主张。2005 年，他当选总统后，按规定让出议长职位并退出人革党，但他在蒙古政坛保持着强有力的影响。

2. 被视作"亲苏派"

那木巴尔·恩赫巴亚尔 2008 年 5 月访问莫斯科时，曾要求俄总统梅德韦杰夫恢复两国在苏联时期的联系，并邀请梅德韦杰夫当年访问蒙古。当时，恩赫巴亚尔是梅德韦杰夫担任总统后接见的首位外国元首，可见俄国对这位蒙古总统的重视。不巧的是，梅德韦杰夫应恩赫巴亚尔的邀请次年迅即访蒙，此时恩赫巴亚尔已经下台，接待梅德韦杰夫的是新任总统额勒贝格道尔吉。

在苏联时期，蒙古"实际上"被称为苏联的第 16 个加盟共和国。冷战结束后，俄罗斯并没有像苏联那样重视同蒙古国的关系，这是俄罗斯的失策。当时俄罗斯实行收缩战略，使得作为俄罗斯传统势力范围的蒙古一直处于俄外交边缘。基于这一背景，蒙古国的外交政策不得不从过去对苏联的"一边倒"转向重视中、美、日多国的"多支点"外交，从 20 世纪 90 年代中期开始，蒙古一方面不断修复与中国的关系，另一方面也积极与美国、日本等国家发展联系。

苏联解体后，蒙古的国际地位有了很大改变。如果说，蒙古过去在经济和政治上很大程度依赖苏联，那么恩赫巴亚尔上台后，选择了完全自主、独立和"多点支撑"的外交政策，并立即付诸实施。因此，尽管恩赫巴亚尔也有青年时期在苏联求学的背景，但完全把他归为"亲苏派"，是不符合实际情况的。

2004 年，恩赫巴亚尔总统访问美国，两国建立基于共同民主价值观和共同战略利益的全面伙伴关系。美国则通过多种方式对蒙古进行政治、军事、经济的"立体渗透"。

2005 年 11 月，美国总统布什对蒙古回访，4 个小时的旋风式访问成为首位访问蒙古的美国总统。这是蒙美合作自 1991 年开展以来的最高潮，此后布什又答应向蒙提供 2.85 亿美元的"千年挑战基金"援助。美国正是看中了蒙古的重要地缘战略位置，才在冷战结束后采取多种措施，大力发展与蒙古的关系。这其中，遏制俄中两国的战略意图十分明显。

但是，恩赫巴亚尔总统特别表示，蒙古发展与美国的关系，不会影响蒙古两个邻国即中国和俄罗斯在蒙古的利益。在实际行动上，推进蒙俄关系的步伐明显加快。

2000 年，时任俄罗斯总统普京访问蒙古国，双方签署《乌兰巴托宣言》，为两国关系的恢复提供了法律基础。2006 年，恩赫巴亚尔总统访俄，双方签署《莫斯科宣言》，蒙俄关系从此进入全面恢复阶段。此后，俄总理和总统接连访蒙，标志着蒙古已从俄罗斯的外交边缘重新回到了外交中心。俄罗斯的外交政策重新把蒙古国列为重点之一，凸显了"中亚一直被俄视为不容他人染指的后花园"的思维。从长远角度来看，俄罗斯加强与蒙古的关系，有利于在亚洲开展新的战略部署，形成新的亚洲战略态势，以进一步抵御北约和美国的渗透。

3. "七月骚乱" 身陷危机

2008 年 6 月，蒙古举行国家大呼拉尔（议会）选举，因反对党指控选举舞弊而引发暴力抗议事件。7 月 1 日晚上，数千名示威者围攻并纵火焚烧蒙古人民革命党党部大楼，示威者聚集到乌兰巴托市最大的广场上，其间与警方发生冲突，并向警察投掷石块。

7 月 2 日，蒙古选举委员会宣布，蒙古人民革命党在议会选举中获得 76 个议席中的 44 个，以微弱优势取得胜利；另一主要政党民主党获得 27 个议席。反对党对有争议的选举结果感到愤怒，首都乌兰巴托的抗议事件演变成大规模骚乱，造成 5 人死亡，另有 329 人受伤。

民主党领导人额勒贝格道尔吉称"不会接受选举结果"，示威者与警察发生冲突，并火烧执政党总部。形势进一步恶化。为了控制局势，恩赫巴亚尔总统承认了有关选举舞弊的指控，但呼吁保持冷静。随即下令进入紧急状态，签署命令允许警方对示威者使用武力。警方和军队封锁了首都乌兰巴托市中心的部分地区，实施了从晚上 10 点到早上 8 点的宵禁，军人乘坐装甲车在乌兰巴托街头巡逻。

4. 博学多才兴趣广泛

恩赫巴亚尔是一位学者总统，他在文学、历史、佛学等领域都颇有造诣。他1980年毕业于莫斯科高尔基文学院，是个俄罗斯通。此后他还曾到英格兰北部的利兹大学就读，深受西方文化的熏陶。他曾将蒙古的传统史诗翻译成英文、并将英国作家狄更斯和其他西方作家的作品翻译成蒙文。和绝大多数蒙古人一样，恩赫巴亚尔笃信藏传佛教，他参加总统竞选时，首先就是去蒙古最大的寺庙甘丹寺祈福，他曾经翻译过佛经，他的7本佛学理论书籍已经出版。

值得一提的还有他的语言天分。他同俄罗斯人交流从不用翻译，包括他同俄罗斯领导人的会谈，也是自己用俄语直接交谈。在出访英语国家时，他也不带英文翻译，而是自己直接用英语交流。

生活中的恩赫巴亚尔又是另一番模样，一次他和很多媒体记者一同下乡，互相打赌讲笑话，竟把自己多年签字用的银制钢笔输了出去。

恩赫巴亚尔喜欢运动，兴趣广泛，国际象棋、自行车、乒乓球、排球、足球、篮球等样样在行。在运动场上，若没有人指点，你不会发现这位略微发福的运动健将就是蒙古政坛的风云人物。蒙古政府定期与外国使团组织系列文体比赛，恩赫巴亚尔每次都踊跃参加。有一次，蒙古政府部门与驻蒙外交使团进行足球友谊赛，时任总理的恩赫巴亚尔在场上生龙活虎，被冲撞跌倒后马上爬起来继续冲抢；最后，蒙古政府队凭借恩赫巴亚尔一记漂亮的头球取得了胜利。

恩赫巴亚尔有一个幸福美满的家庭，妻子朝勒蒙·鄂嫩知识渊博且有亲和力，目前是蒙古儿童基金会会长，他们育有4个孩子。

5. 访华必乘中国民航

恩赫巴亚尔从不讲排场，作为总统出国访问是可以乘坐专机的，他曾经以部长、总理、总统的身份多次来华访问，乘坐的都是中国民航班机。

对于发展蒙中关系，恩赫巴亚尔说，蒙古首要外交方针是发展与中国和俄罗斯两个邻国的关系。蒙古重视发展与中国的友好合作，蒙中关系在积极地向前发展。他强调，蒙古总统、总理和大呼拉尔主席都曾访问过中国，中国领导人也成功访问了蒙古，两国政治关系发展良好。

他说，近年来，两国经贸合作快速发展。蒙古从中国进口货物到国内市场上出售，以满足居民对商品的需求。蒙古正在利用中国政府的贷款和援助实施大型项目，蒙中合资兴建的位于蒙古苏赫巴托尔省的"图木尔廷敖包"锌矿就是中蒙合作典型的例子，他希望蒙中能继续在大型项目上深化合作，比如在铁路、公路、电力运输和线路建设等方面的合作。

在文化交流方面，恩赫巴亚尔说，蒙古有数百名大学生到中国留学。通过学习，他们掌握了先进的知识，这是件好事。蒙古公民最少应懂三门外语，即汉语、俄语和英语，用汉语和俄语同两个邻国交往，用英语同其他国家交往，蒙古希望在汉语教学方面与中国进行合作。

他还要求政府重视与中国内蒙古自治区的合作。他说，中国的蒙古族很注重保护自己的文化、语言和风俗习惯，在这方面，蒙古可以与他们进行合作。他说，内蒙古在发展农牧业方面积累了经验，蒙古的专家应前去共同研究进行合作。

恩赫巴亚尔发展对华经济合作的主张表现出了他的务实作风。蒙古只与中国、俄罗斯和哈萨克斯坦接壤，没有出海口，蒙古国内基础设施落后，有些地方水、电和道路等基本设施尚不完备，是一个市场成本很高的国家。中蒙有 4700 多千米的边界线，有 12 对常年和季节性口岸，加上中国企业技术和环境适应性强，蒙中合作取得了丰硕成果。

三、蒙古国现任总统：查希亚·额勒贝格道尔吉

生平：

1963 年，3 月 30 日出生在科布多省一个牧民家庭。

1981 年，毕业于额尔登特市立高中。

1983 年，赴苏联利沃夫军事政治学院学习。

1988 年，从利沃夫军事政治学院毕业。

1989 年，任蒙古民主联盟主席。

1990 年，任《民主报》总编辑。

1992 年，当选国家大呼拉尔委员。

1993 年，任蒙古政治教育学院院长。

1994 年，任蒙古民族民主党主席。

1996 年，7 月任国家大呼拉尔副主席。

1998 年，4 月 23 日任蒙古政府总理。

2004 年，8 月 20 日第二次出任总理。

2005 年，任蒙古民主党主席。

2006 年，1 月 13 日被迫辞去总理职务。

2008 年，当选国家大呼拉尔委员。

2009 年，5 月 25 日任蒙古国总统。

1. 从媒体业步入政坛

1963 年 3 月 30 日，蒙古草原依旧千里冰封，额勒贝格道尔吉出生在科布多省一个牧民家庭，兄妹 8 人，他排行最小。与先辈们不同，他 16 岁时搬家到额尔登特，后进入额尔登特铜矿企业当了修理工。次年被征召进入军队服义务兵役，后来当过革命青年团支部书记。服役期间，额勒贝格道尔吉能说会道，善于处理人际关系，上下级都很喜欢他，多次在军队报刊上发表诗歌，使他获得了前往苏联利沃夫军事政治学院留学的机会。20 岁就离开大草原去苏联学习，这也为他的一生奠定了基础。

1988 年，额勒贝格道尔吉从利沃夫军事政治学院毕业，获得军事新闻学学士学位。回到蒙古，额勒贝格道尔吉任军方《红星报》记者、军队文学社主任。1990 年苏联解体后，额勒贝格道尔吉创办了蒙古国的首家民营报纸《民主报》，并出任该报总编辑，从此步入政坛。

1994 年，额勒贝格道尔吉创建了蒙古第一家民营电视台——老鹰电视台，这个电视台原先是由蒙古广播公司经营，他经手以后，改由美国一个非营利组织和蒙古媒体集团共同经营。由于额勒贝格道尔吉在创建和争取媒体自由上的努力，2000 年蒙古记者协会授予他"媒体自由之星"的称号，这将他彻底推入了公众视野。

额勒贝格道尔吉仕途一帆风顺。在随后的几年里，他两次当选国家大呼拉尔委员、历任国家大呼拉尔副主席、政府总理、国家大呼拉尔多数党团主席，成为蒙古政坛举足轻重的人物。

担任蒙古总理期间，他促成了保障新闻自由以及公共集会的立法。之前由政府经营的报纸、电视台以及广播电台等被转为由独立的民营公司经营，政府的掌控越来越少。

1998 年，他首次出任总理，但仅仅 3 个月后就因为银行合并引发了政治危机而下台。在党派斗争不断、新总理迟迟选不出来的情况下，额勒贝格道尔吉又担任 4 个月的代总理。此后，不知是额勒贝格道尔吉认为自己的仕途出现危机，还是在能力上有待提高，他逐渐退出政坛，暂时中断政治生涯，远赴美国哈佛大学深造，以图东山再起。

2. 先当总理后当总统

额勒贝格道尔吉在政坛消失几年之后，又是如何突然崛起登上总理宝座的呢？

2002 年，就读于美国哈佛大学并取得约翰·肯尼迪学院公共管理学硕士学位之后，额勒贝格道尔吉回到蒙古。他的出现，引起了民主阵营一些人士的不安，他们害怕自己的地位受到冲击，额勒贝格道尔吉因此遭到排挤。

2004 年 6 月，蒙古举行第四届国家大呼拉尔选举，然而在"祖国—民主联盟"公布的候选人名单中没有额勒贝格道尔吉的名字。就在许多人为获取候选人资格争得不可开交的时候，额勒贝格道尔吉却离开了首都乌兰巴托，到全国各地举办讲座，就国家的发展问题发表见解。这一做法使他在民间重新树立了威信。在人们看来，额勒贝格道尔吉不再是当年那个担任总理第二天就坐直升机去打猎的毛头小伙子了。

此次国家大呼拉尔选举的结果出人意料。在议会的 76 个席位中，执政的人民革命党只得到了 36 席，"祖国—民主联盟"获得的席位却远远超出了预期目标，得到了 34 席。双方在议会中几乎平分秋色，形成了蒙古历史上从未有过的政治局面。由于双方都没有获得法律规定的多数席位，无法单独组阁，只能建立联合政府。经过协商，最后商定国家大呼拉尔主席由人民革命党提名，政府总理由"祖国—民主联盟"提名，持续了近两个月的政治危机得到了缓解。就这样，"祖国—民主联盟"将内部三党一致认可的额勒贝格道尔吉推上了总理宝座。

额勒贝格道尔吉擅长协调和平衡关系，人民革命党与"祖国—民主联盟"认为只有他才能胜任这个职务。额勒贝格道尔吉出任总理后，首要的任务是协调各方，制定统一的施政纲领，在组阁时平衡各党利益，保证新政府高效、稳定地运行。事实证明，他在这些方面做的都很出色。

3. 要做"民主的总统"

2009 年 5 月 25 日，乌兰巴托晴空万里。在忐忑不安的气氛中，蒙古总统选举委员会宣布：蒙古民主党候选人、前总理查希亚·额勒贝格道尔吉以 51.24% 的得票率赢得大选。选举结果的出炉，让经历了 2008 年"七月骚乱"的人们松了一口气。

尽管选举委员会还没有正式公布官方结果，但额勒贝格道尔吉和他的支持者已经来到首都的广场上庆祝。曾经引发骚乱的人民革命党总部大楼门前，如今摆上了新总统的庆功宴。已被宣布下台的前总统恩赫巴亚尔在一份声明中说："结果显示大多数选票投给了民主党候选人额勒贝格道尔吉先生。首先，我尊重这样的结果；其次，我要感谢那些支持我的人们。"

民心思变、希望发展，是额勒贝格道尔吉能够以微弱优势胜出的主要原因。额勒贝格道尔吉的政治立场以拥护民主、自由意志闻名，他自己也以和平民主运动的发起人自居。在苏联留学期间，额勒贝格道尔吉开始接触到"开放性"以及言论自由、经济自由等概念。回到蒙古后，他与其他有相同兴趣的人会面，试图将这些理念散布给大众，为此持续受到蒙古人民革命党官方的压制。

1989 年 12 月 10 日早晨，蒙古第一次公开的拥护民主游行在乌兰巴托举行，额勒贝格道尔吉正式宣布蒙古民主联盟成立。在接下来的几个月里，他多次组织集会游行、绝食罢工，教师与劳工也展开了罢工潮。无论是在首都还是乡间，民主运动受到越来越多民众的支持。

2000 年，他成立了蒙古自由中心———一个以提倡人权、言论自由和教育自由为目标的非政府组织。他还经常出席蒙古国内或国外官方或私人组织及大学的演讲，议题包括了对国际安全的新挑战以及经济的自由和成长等。

近几年蒙古国的经济社会发展滞后，执政当局未能及时采取有力的措施。蒙古国拥有丰富的矿产资源，但大多数矿权掌握在个人手中。尽管政府正极力收回大型矿产项目的一定股份，但阻力巨大，过程艰难。此外，受国际金融危机影响，蒙古国物价上涨，金融领域面临资金短缺，房市、车市陷入低迷，工业生产基本处于停顿状态。而经济社会发展不力致使选民不满情绪增加，期望新总统上台能带来新变化。

额勒贝格道尔吉迎合民众渴望摆脱经济困境的这一心态，在竞选纲领中明确提出建立公正社会、政府施政为民、建立公正的司法体制、增加对牧区的政策扶持等。他还承诺提高政府对儿童的补助金，向每名公民发放 250 万图格里克（1 美元约合 1400 图格里克）的矿产开发福利，使人民真正成为矿产资源的主人。这些主张赢得了多数选民的拥护。

此外，民众希望平衡政坛上的政治力量。由于人民革命党在 2008 年的议会选举中获胜，而民主党和其他小党在政坛缺少发言权，成为"弱势群体"。额勒贝格道尔吉在竞选中采取了有效策略，联合了除蒙古人民革命党以外的其他政党，特别是得到了在议会中拥有议席的公民意志党和绿党的支持。他提出使蒙古国成为"公民自由、政体开放、外交友好"的国家，争取了众多年轻人的支持。

额勒贝格道尔吉选举当天在会见选民时表示，将做"民主的总统、人民的总统"，并将保持外交政策的连续性。如何发展经济、将国民经济带入快车道，落实竞选承诺，协调与议会和政府的立场，以及提高民主党的政绩等，都将是额勒贝格道尔吉面临的主要挑战。

4. "西学"渊源有何影响

额勒贝格道尔吉曾于 1998 年和 2004 年先后两次出任蒙古国政府总理，曾任蒙古民主党主席。据俄《独立报》披露，所有这些，都有美国的暗中支持。美国总统布什在 2005 年 11 月访问蒙古时，高度评价时任政府总理额勒贝格道尔吉。布什表示，额勒贝格道尔吉是蒙古民主改革的先驱，他所领导的政府在政治、经济、民主改革方面做出了成就。在蒙古的政党中，布什对民主党给予很高的评价。布什的到访同时也是对额勒贝格道尔吉的一针强心剂。

在美国哈佛大学的留学岁月，使额勒贝格道尔吉系统接受了西方的民主思想，他发誓要与腐败绝缘，并称将使蒙古国的民主发展成绩在世界范围内得到承认和尊重。

曾与布什称兄道弟的额勒贝格道尔吉上任后，蒙古将"向西走"还是"向东走"？更是引起了外界的普遍关注。额勒贝格道尔吉复杂深厚的"西学"渊源，很可能使蒙古的外交政策全面"西倾"。2005 年，时任总理的额勒贝格道尔吉在会见美国总统布什时突出强调"我们是同学"，在此后发表的两国联合声明中，将建立"基于共同民主价值观和战略利益的全面伙伴关系"作为声明的主要内容。

2009 年 6 月 18 日，额勒贝格道尔吉正式宣誓就职蒙古总统，他被外界解读为亲西方的总统。此次选举结果，被媒体称为"亲苏派"的恩赫巴亚尔被公认为亲西方的反对党领袖额勒贝格道尔吉所取代。额勒贝格道尔吉的胜利，被许多西方人看成蒙古脱离俄罗斯势力范围的又一场"颜色革命"。外界评论分析道，额勒贝格道尔吉将会在外交政策方面对西方更为开放，以此作为推行"第三邻国"战略的一部分，遏制俄罗斯和中国的影响。

5. 周旋于中俄两大国之间

额勒贝格道尔吉执政后，认识到蒙古国是个地缘政治极其特殊的国家，一方面要坚定地选择民主化和市场经济道路，另一方面要坚持"多支点""平衡"的外交政策，借自身的资源优势，周旋于中俄等大国之间，寻求自己的利益最大化。而面对来自俄、中、美、日、印度、巴西等国对蒙古资源的强烈需求，额勒贝格道尔吉常常难以做出决断。

蒙古国矿产资源丰富，奥尤陶勒盖铜金矿、东方铀矿、阿斯嘎特银矿、塔温陶勒盖煤矿等在世界上都是数得着的大矿。额勒贝格道尔吉承诺，要将矿产资源收益惠及普通百姓。蒙古媒体称："蒙古国夹在中俄之间，两个邻国，一个是天上飞的龙，一个是西伯利亚森林沉睡的北极熊，政府的确左右为难。"蒙古过去是苏中两国利益碰撞的舞台，现在，俄中两国在蒙古是竞争与合作并存。

俄蒙关系和中美关系在最近几年都提升至"战略伙伴关系"，这对蒙古来说也是挑战。总统额勒贝格道尔吉表示："我们无法选择自己的邻居，但我们知道如何与中俄两个邻居打交道。俗话说，宁可与妻子吵架 3 次，也不与邻居吵架 1 次。蒙古希望与中俄两国尽可能通过谈判解决分歧，与中俄平等发展关系。"

由于历史和地缘原因，蒙古成为中俄相互制衡必不可少的战略伙伴。几十年来，蒙古的广袤领土一直是俄中两国的缓冲器或竞争赛场，在讨价还价方面"除了羊绒并没有什么能拿出手的"，不想"与邻居吵架"的额勒贝格道尔吉，面临的挑战巨大，对俄中两个邻居怀有很复杂的心态。他曾这样说道："与中国和俄罗斯打交道很难，而我们要同时与这两个国家周旋。"

额勒贝格道尔吉曾于 2006 年以民主党主席身份和 2010 年以蒙古国总统

身份访华。对于中国，额勒贝格道尔吉一方面希望借助中国经济发展带动蒙古国经济。中国已连续 13 年是蒙最大对外贸易伙伴和主要经济投资国，中国是离蒙最近的市场，也是最大的投资来源地。不考虑中方的利益，无法解决蒙能源项目的发展问题，因为矿产品开采出来后会面临巨大的运输成本。但另一方面，额勒贝格道尔吉又担心对中国这个南方邻国的过度依赖。他认为，蒙古国是个小国，如果过分依赖某个国家会威胁国家经济安全。

对于俄罗斯，额勒贝格道尔吉当选总统仅两个月，即邀请俄罗斯总统梅德韦杰夫访问蒙古，邀请俄总统访蒙的正式理由是出席苏蒙军队在哈拉哈河畔战胜日军 70 周年庆典，但从中也可看出蒙发展对俄关系的重视。

蒙古地理位置特殊，因此，既要通过卖资源来振兴经济，又要在国家安全、主权独立、外交等方面考虑长远利益，小心翼翼、做出谁也不想轻易得罪的姿态，对额勒贝格道尔吉的智慧和能力是一个极大的考验。额勒贝格道尔吉在总统选举中获胜后立即表示，将与中、俄两大邻国发展友好关系。

在严峻的地缘政治现实面前，额勒贝格道尔吉不得不决定将“资产”三分给中美俄的做法。

6. 喜爱运动热心体育

额勒贝格道尔吉担任总统后，签署了一项旨在增强蒙古国人民体质、提高体育运动水平的总统令即《蒙古国全民健身计划》，号召全体公民积极参加社会体育运动，增进身心健康。

根据总统令，蒙古国政府将每年的 4 月对全体公民进行身体素质测验，并在客观评价的基础上采取相应措施，争取使每一位公民能够在身心健康的前提下参与国家建设和其他各项活动。

由于历史原因和经济水平所限，蒙古国各级学校的体育教育及体育教学环境有不少欠缺。针对这一情况，蒙古国总统在命令中特别强调，要加强各级学校，尤其是大中专院校的体育教育，更新体育设施，扩充体育场地，让大中专学生能有一个较好的接受体育教育的环境。

蒙古国全民健身计划的另一个目的，是为国家培养更多的竞技体育人才。额勒贝格道尔吉在国家宫亲自会见了北京奥运会拳击冠军巴达尔乌干等著名运动员，并当场"聘请"他们为自己的编外体育顾问。

北京奥运会金牌获得者巴达尔乌干等回国后，倡议成立蒙古国"携手创造辉煌"非政府组织，支持总统提出的《蒙古国全民健身计划》，以"爱国主义精神与蒙古民族风俗习惯""具备竞争能力的健康的蒙古人""理想与未来"等为主题，在蒙古国 21 个省进行巡回演讲，宣传体育运动和健身知识。

额勒贝格道尔吉赞赏"携手创造辉煌"非政府组织的做法，并对他们表示感谢，他呼吁为了蒙古国在体育事业上取得更大的成绩，大家应该携手共进。

四、蒙古经济与军事实力掠影

1. 游牧经济占据主体

蒙古国拥有大片草原和戈壁，草原占据 82% 的国土面积，代表了世界上现在最大的公共牧场区域，游牧生产是蒙古经济的支柱，有 45% 的人口直接或间接从事畜牧业，畜牧业产值占 GDP 的 15%。对蒙古人来说，放牧是深深根植于这个国家历史进程的一种重要的生活方式。

长期以来，粗放的游牧经济是蒙古国经济的主要特点，国家的财富就在于牛群、绵羊群、骆驼群和马群。生产特点是"集中放牧，分散经营"，具有以牧场、草原为本，靠天吃饭的游牧经济的主要特征。"分散经营、集中放牧"的有组织生活，是蒙古人主要的生产形式，被称作以家庭与部落相统一的"阿寅勒"经济。

蒙古以游牧生活方式为主，过着独特而悠久的经济生活。几个世纪以来，牧民们一直是随着季节的变化迁徙牧群，仍然保持着半游牧的生活方式。居住在城镇的蒙古人无论是从文字上还是从情感上都跟土地有着千丝万缕的联系，尤其对马充满了溢美之词。风景和动物是蒙古人生活的重要组成部分。

在如今蒙古的270万居民中，有2/3的人仍然过着游牧生活。他们在没有栅栏的广阔土地上，放牧奶牛、牦牛和骆驼，其他人则生活在乌兰巴托以及首都以北公路沿线的小城镇里。

蒙古是内陆地区，长时期以来是以牧业为主，工业基础非常薄弱，经济发展受到诸多限制。1921年以前，蒙古处于极端贫穷和落后的状态，畜牧业是国民经济的唯一部门，主要农牧业土地属封建主和寺院主所有。从1948年实行计划经济，执行了8个"五年计划"和1个"三年计划"。由于受东欧和苏联政治形势急剧变化的影响，蒙古原有的计划经济体制开始瓦解，1990年以后蒙古国经济体制开始了从计划经济过渡到市场经济的进程。随着财产私有化、物价放开、外贸开放、改革银行体制等重大措施的实施，旧的经济体制完全解体，同时也导致生产大幅度下降，1990—1993年国民经济曾连续3年负增长。

1992年年初以来，蒙古政局趋于稳定。2000年以来，经济增长势头开始向好，2008年经济增长速度达8.9%，国内生产总值28.56亿美元，人均国内生产总值1064美元。

蒙古经济经过几十年的发展，其结构已从单一的畜牧业经济转向包括农牧业、工业、建筑业、运输邮电业等多门类的经济体系，但工业基础薄弱和单一计划调节的模式在一定程度上阻碍了经济的发展。蒙古政府提出实行市场经济、对外开放政策以后，采取了一系列措施，收到了明显的成效。

2. 蒙古军事实力有多强

蒙古的总兵力约有 2 万人，其中包括边防部队 5000 人，内卫部队 900 人，建筑部队 1500 人，民防部队 500 人。另有预备役部队 13.7 万人。蒙古是一个完全的内陆国家，军事力量主要由陆军和防空军组成。

蒙古陆军兵力 8500 人，共编有 7 个摩步旅，1 个炮兵旅，1 个轻步兵营，1 个独立营。苏制 T 系列坦克 650 辆，装甲侦察车、步兵战车和装甲输送车 840 辆，牵引炮、火箭炮、迫击炮和反坦克炮 970 门。

蒙古国土防空军兵力 500 人，编有 1 个歼击机中队，共有战斗机 9 架，武装直升机 12 架，运输机 42 架。高炮 150 门。地空导弹 300 部。

蒙古军队是一支精干的军事力量，正从冷战时期的重型部队向现代化军队转型，当前缺少现代化的装备，很长的一个时期里也极少参战。自 1999 年起，蒙古开始派遣特种部队成员奔赴西撒哈拉、刚果、阿富汗等热点地区，并于 2003 年 9 月派兵进驻伊拉克，从而使外界一睹蒙古军队的风采。美国媒体曾有这样的评价：蒙古军队装备非常落后，这支军队的训练项目，仍以骑马、射箭和摔跤为主，他们的 T—55 型坦克，比伊拉克人作战时使用的 T—72 型坦克还要老，而且配备的是 20 世纪六七十年代的苏制 AK—47 步枪，带到伊拉克的 19 门大炮全都需要修理。在一些比较发达的国家，这种坦克已经进了博物馆。他们头上戴的是冷战时期的钢盔，看上去就像帽子大小的饭碗。在他们抵达伊拉克后，这些钢盔就会被美国的"凯尔夫"防弹纤维头盔取而代之。

五、与中国的睦邻友好关系

1. 经济发展相互依存

中蒙两国人民有着传统的友谊。近几年来，经过双方的共同努力，两国之间的友好关系在各个领域，特别是在经贸领域的合作取得了令人满意的发展。

蒙古是中国的重要邻邦之一，与中国有 4700 多千米长的边界线，分别与内蒙古、甘肃和新疆相邻。目前，中蒙两国政治关系已经提升为睦邻互信伙伴关系，两国关系发展良好。中蒙经贸发展迅速，两国文化、教育和科技等领域的合作也在不断扩大。

十几年前，蒙古的依赖对象主要是苏联，其与中国的边境大都是关闭的。20 世纪 60 年代初，由于中苏关系趋于紧张，蒙古禁止播放中国音乐，不准中国艺术团和杂技团表演。如今，蒙古把中国视为发展双边关系的最优先考虑。这种巨大变化反映出，蒙古对外关系的变化更侧重于中国。

目前，中国是蒙古的最大贸易伙伴，也是蒙古最大的投资国。截至 2010 年，中国已连续 11 年保持蒙古国最大贸易伙伴地位，连续 12 年保持对蒙最大投资国地位，2009 年双边贸易额近 24 亿美元，对蒙投资 1.16 亿美元。蒙古国出口产品的 60% 都出口到中国，蒙古人食用的生鲜食品和使用的日用品几乎都是产自中国，中国产品的普及促进了蒙古国民生活水平的提高。许多蒙古人将蒙古经济能够以 8%左右的速度增长，归功于起火车头作用的中国经济。

蒙古国一直以来注重改善投资环境，蒙中两国在矿业、畜牧业、过境运输等经贸领域的合作潜力巨大。蒙古国的矿产品、畜牧业产品需要与中国市场相结合，产品加工需要与中国企业直接合作。据蒙古方面的统计，目前有 1100 家中国公司在蒙古经商，蒙古大概有 100 家中国餐馆，纺织业中大约 50%为中国企业。中国企业在蒙古的皮革业中也占据主导地位，羊绒业也已完全被中国企业所控制。

2. 双边交往日益密切

蒙古与中国有着共同的陆地边界，全长约 4710 千米。1962 年 12 月 26 日，《中华人民共和国和蒙古人民共和国边界条约》在北京签订，中国总理周恩来和蒙古国部长会议主席尤睦佳·泽登巴尔分别代表中蒙两国政府在条约上签字。

大多数蒙古人可以在不办签证的情况下去中国，因此出现了一种像雪鸟南飞的景象。2010 年来往于中国的蒙古人多达 40 万人。近年来，前往蒙古的中国人数量也不断增加，目前已接近 20 万人，占外国人在蒙古人数的 60%。汉语广告牌和商业标志在乌兰巴托市随处可见。

蒙古官员说："有人认为蒙古的内陆经济不具有竞争优势，其实，只要与中国连在一起，它就会有竞争优势。蒙古的独到之处在于它是中国的一个邻国。中国市场仿佛是一个黑洞，具有巨大的磁吸效应，任何东西如铜、铁、锌等，都会受到其强烈吸引。"

　　中国政府正在实施西部大开发计划，越来越多的资金和技术投向正在发展中的西北地区。蒙古突然发现，就在距其几百英里之外的地方，一座座现代化城市和一条条高速公路正在兴建之中。中国的快速发展，将使蒙古受益。

　　在蒙古人的眼里，中国已经成为蒙古新的经济楷模，近年来蒙古国内开办了30多所中文学校。每年开学之际，蒙古学生为争取有限的到中国留学的名额而展开激烈竞争。蒙古官员感慨地说："十几年前，如果你提出想学中文，似乎有点不可思议，而现在这种情况非常普遍。过去蒙古学生学的主要外语是俄语，现在越来越多的蒙古人在学中文。"

【专家点评】

运筹于大国竞争的"旋涡"

　　很久很久以前，蒙古人祖先沿着苍狼白鹿的路线，化铁熔山，挣脱兴安岭温暖的怀抱，昂然直向世界。蒙古原为中国的一部分，在沙皇俄国的策动下独立，成为一个主权国家。作为中国人，我们不仅要知道莫嫩草原的辽阔，肯特山的灵气，大沙漠的浩瀚，阿尔泰山峰的雄伟，库苏古尔湖人间仙境般的风光，更应该了解蒙古的历史和现实，熟悉我们的北方近邻——蒙古国。

　　蒙古地处中、俄两大邻国之间，地缘上的封闭性使得蒙古这个内陆国家必须把同中俄两国保持睦邻友好合作关系放在优先位置，这是冷战后蒙古实施开放性外交新战略的基石所在。为此，蒙古一再重申，要彻底避开中国同俄罗斯过去的敌对关系，与这两个国家开展等距离外交。同时，出于历史和现实安全方面的考虑，蒙古也注意发展全方位的对外交流与合作，争取美、日、欧盟等发达国家的政治经济支持，努力在各大国相互竞争和制约的"旋涡"中，力保蒙古本国的安全、稳定与发展。

蒙古国地处中、俄两大邻国之间，其国土东、西部分别与东北亚、中亚国家相邻，战略地位十分重要。因而，蒙古国寻求"开放的、不结盟的、多支点的"外交政策，也给美、日、欧盟等对蒙古施加战略影响带来机遇。特别是北约的战略触角已伸抵中亚及中国的西部边境，而美日军事同盟日见成型，蒙古国的外交政策走向，事关本地区国际关系格局及战略平衡态势。蒙古本身虽然国力有限，但在地区力量格局中将会产生不容忽视的影响。蒙古的对外政策不仅关系到本国的国家利益和安全，而且也将影响到本地区的大国关系格局和地区安全。从这一点看，蒙古的对外战略调整及发展动向，值得引起高度关注。

目前，蒙中关系已经被提升到"睦邻互信伙伴关系"的层次，蒙古与中国不存在重大的原则性争议问题，今后，发展长期稳定的蒙中睦邻互信伙伴关系仍是蒙古外交政策的首要方针之一。